古墳時代政権の
地方管理経営戦略

藤田和尊 著

『古墳時代政権の地方管理経営戦略』
―― 目　次 ――

序　章　本書の構成と目的　5

第1章　鏡の副葬位置からみた前期古墳と葛城の勢力　11

　　第1節　鏡の副葬位置からみた前期古墳……………………………… 11
　　　　1. はじめに　11　　2. 甲冑と鏡―その大量副葬―　13　　3. 鏡保有形態の卓越する地域　16　　4. 頭部集中と頭足分離　33　　5. 鏡配布者の二相　39　　6. 小　結　51

　　第2節　馬見古墳群と原葛城氏…………………………………………… 63
　　　　1. 葛城の範囲　63　　2. 原葛城氏の提唱とその事績　65　　3. 鏡の配布と副葬法　67　　4. 鴨都波1号墳と原葛城氏　70

第2章　陪冢の展開　77

　　第1節　畿内中枢部における陪冢の展開……………………………… 77
　　　　1. 陪塚の特徴　77　　2. 特定遺物の大量埋納と陪冢　78　　3. 陪冢制　81　　4. 陪冢の初現と終焉　89　　5. 陪冢制の止揚と後期の群集墳　92

　　第2節　地方における陪冢の展開　96
　　　　1. 地方で陪冢を伴う古墳の性格　96　　2. 派遣将軍の葬られた古墳　98　　3. 陪冢とは認めないものの例示　102　　4. 小　結　104

第3章　河内政権肯定論と大和に対する経営戦略　109

　　第1節　河内政権肯定論………………………………………………… 109
　　　　1. 古墳時代中期と河内政権論　109　　2. 従来の諸説　110　　3. 甲冑保有形態からの河内政権肯定論　115

　　第2節　中期畿内政権の大和に対する経営戦略…………………… 123
　　　　1. 奈良県内における中期中小規模墳の分布　123　　2. 大和の勢力に対する包囲網の形成　134　　3. 大和における河内政権期の王宮の所在と性格　140

第3節　葛城氏の盛衰と葛城県の成立……………………………… 147
　　　　　1.はじめに 147　2.南葛城に前期古墳が稀薄な理由 147　3.葛城氏
　　　　　の盛衰と中期畿内政権 149

　　　第4節　葛城県における蘇我氏と巨勢氏の考古学的動向……… 156
　　　　　1.はじめに 156　2.條ウル神古墳の被葬者像 157　3.二上山白色凝
　　　　　灰岩製家形石棺と巨勢氏 159　4.葛城県への巨勢氏の進出姿勢 162
　　　　　5.小　結 163

第4章　中期畿内政権の地方に対する経営戦略 167

　　　第1節　中期畿内政権の九州地方経営戦略…………………………… 167
　　　　　1.はじめに 167　2.副葬品を再装備する日向の新興勢力 167　3.派遣
　　　　　将軍による直接経営 176　4.牽制・懐柔された在地勢力 179　5.派遣
　　　　　将軍と緩衝地帯の配備 181　6.経営戦略の諸相 184

　　　第2節　中期畿内政権の東国に対する経営戦略………………… 190
　　　　　1.派遣将軍とその系譜 190　2.東国の甲冑出土古墳とその周辺 191

終　章　5世紀代における倭国軍の編成について 201
　　　　　1.はじめに 201　2.地方の前方後円墳の甲冑保有形態 201　3.軍事
　　　　　動員された兵士 206

藤田和尊著『古墳時代政権の地方管理経営戦略』について
　　―解題にかえて―……………… 山口大学人文学部教授　田中晋作 217

刊行によせて―あとがきにかえて― ……………尼子（藤田）奈美枝 229

　　　　　　　　　　　　　　図表目次

図1　鏡副葬位置模式図 …………… 24　　　図5　全国における2つの型の分布 …… 37
図2　大和・佐味田宝塚古墳［46］の　　　　図6　箸墓古墳（左）と新山古墳（右）…… 66
　　　遺物出土状況 ………………… 29　　　図7　佐味田宝塚古墳（左）と
図3　大和・天神山古墳［49］の　　　　　　　　　　西殿塚古墳（右）…………… 66
　　　新旧測量図と墳丘端 ………… 31　　　図8　新山古墳の主体部 ……………… 68
図4　近畿地方における2つの型の分布 … 35　図9　佐味田宝塚古墳の遺物出土状況 … 68

図10	妙見山古墳の主体部 …………69	図34	老司古墳の甲冑出土位置 ………118
図11	大丸山古墳の主体部 …………69	図35	鋤崎古墳の甲冑出土位置 ………118
図12	福泉洞11号墳における鉄鋌上の人体埋葬の状況………80	図36	奈良県内の中期中小規模墳と王宮の分布………………133
図13	西䓗山古墳の遺物埋納用施設と埴輪列から折り返した墳丘中心位置…80	図37	室宮山古墳の竪穴式石室と長持形石棺………………151
図14	野中古墳の遺物出土状況………82	図38	掖上鑵子塚古墳……………153
図15	野中古墳第1列の甲冑保有形態…83	図39	南郷ハカナベ古墳……………156
図16	室宮山古墳と陪冢ネコ塚古墳……87	図40	ドンド垣内5号墳……………156
図17	川合大塚山古墳と陪冢九僧塚古墳 ………………88	図41	條ウル神古墳の横穴式石室……158
図18	仲哀陵古墳と周辺の古墳………90	図42	巨勢谷の横穴式石室と條ウル神古墳の横穴式石室の相似性……159
図19	清寧陵古墳と小白髪山古墳……92	図43	條ウル神古墳の家形石棺蓋……160
図20	日向・女狭穂古墳と陪冢………98	図44	九州地方における中期型甲冑出土古墳の諸類型………168
図21	吉備・両宮山古墳と和田茶臼山古墳………………99	図45	中期型甲冑装着状況……………169
図22	丹波・雲部車塚古墳と陪冢……99	図46	中期型甲冑の編年………………172
図23	播磨・壇場山古墳と陪冢………99	図47	甲冑出土古墳の諸類型…………173
図24	播磨・玉丘古墳と陪冢…………99	図48	塚原地下式横穴A号墳の甲冑保有形態………………174
図25	山城・久津川車塚古墳と陪冢…99	図49	六женки原6号墳の甲冑保有形態…174
図26	伊賀・殿塚古墳と陪冢…………101	図50	島内地下式横穴139号墳の甲冑保有形態………………174
図27	その後の美旗古墳群……………101		
図28	上野・太田天神山古墳と陪冢…101	図51	九州地方における地域属性分布…182
図29	日向・西都原72号墳と周辺の古墳………………103	図52	上野・太田天神山古墳とA陪冢…190
図30	日向・松本塚古墳と周辺の古墳…103	図53	上野・鶴山古墳[20]の甲冑保有形態………………191
図31	常陸・舟塚山古墳と周辺の古墳…103	図54	東国の甲冑出土古墳の甲冑保有形態………………192
図32	常陸・玉里権現山古墳と周辺の古墳………………103		
図33	上野・保渡田八幡塚古墳………103		

表1	対象とした古墳一覧表……………17	表12	奈良県内出土の中期型甲冑諸類型……………………137
表2	4・5面の鏡を有する古墳の鏡副葬位置………………28	表13	横穴式石室規模（玄室）の比較 158
表3	鏡大量副葬（類型1）…………28	表14	家形石棺規模（蓋）の比較……158
表4	鏡大量副葬（類型2）…………28	表15	九州地方における中期型甲冑出土古墳………………170
表5	鏡大量副葬（類型3）…………28		
表6	鏡大量副葬（類型4）…………28	表16	九州地方における地域属性表…183
表7	特定遺物の大量埋納がみられる古墳（陪冢）……………79	表17	東国の中期型甲冑出土古墳とその甲冑保有形態……………193
表8	陪冢制を採用できたと見込まれる古墳被葬者………86	表18	地方における前方後円墳の甲冑保有形態1………………202
表9	陪冢を伴う古墳累計表…………96	表19	地方における前方後円墳の甲冑保有形態2………………204
表10	中期前葉の地方における甲冑出土古墳の2類型………118	表20	日向の地下式横穴の甲冑保有形態………………207
表11	奈良県内の中期中小規模墳……125		

序　章
本書の構成と目的

　本書は主として、古墳時代前期および中期の畿内政権による、各地域に対する経営戦略の一端を論じることを目的としている。無論、考古資料で扱えることは限られるし、経営戦略の表現が大仰に過ぎることは自覚している。
　ただ、古墳時代の中央と地方（周縁）の関係性を考古資料から述べようとするとき、例えば墳丘の築造企画、石室形態の類似性、三角縁神獣鏡の同范鏡などを通じて、中央との強い関係性や繋がりが指摘されることがある。
　これはより安定した再配分関係の形成を目的としたものであることは推測に難くない。では、その強い関係性をもって、中央政権がその地方に対し、何を行いどのようにしようとしていたのか、または中央政権がその地方勢力に何をさせようとしていたのか、を問うたときには、橋頭堡や足掛かりといった評価にとどまることが多く、周辺勢力との関係など、具体的な側面まで論じられることは稀であったと思う。
　本書の第１章では鏡の副葬位置の検討から、前期古墳の鏡はかつて小林行雄が唱えたように椿井大塚山古墳や備前車塚古墳の被葬者から配布されたわけではなく、大和の勢力から配布されたものであること、その大和の勢力には２系統があり、大王家の勢力とともに馬見古墳群の勢力が各地に下向することにより、鏡とともにそれぞれに異なる宗教的因習を伝えたとみられることを述べた。また、前期の馬見古墳群の被葬者については、原葛城氏（プロト）とでも称するべきものであることを論じた。
　第２章では陪塚をより厳密に定義し、その条件に見合うもののみを「陪冢」と表記することを提唱して、議論に際しては大形墳の周辺に所在する中小規模墳と陪冢とを厳密に区別して扱わなければならないことを述べた。
　陪冢は古市古墳群の成立とともに出現し、畿内中枢部においては武器・武具集中管理など政権の存立基盤である重要な職掌を原初的官僚である陪冢被葬者

が担ったこと、すなわち陪冢制の高度なシステムが運用されていたことを述べた。また、陪冢の終焉は継体大王の規制によるもので、その時期の古市古墳群では陪冢制の体裁を保つためにやむなく、過去に築造された中小規模の古墳を陪冢のように見せかける位置に古墳を築造したり（仲哀陵古墳）、併行する時期の比較的規模の大きい前方後円墳を後円部側の中軸上に配する（仲哀陵古墳、清寧陵古墳）など疑似陪冢と称したものが生み出されたことを論じた。

地方において陪冢を有する古墳については1/5000のスケールによって、判明しているものはすべて図示した。地方において陪冢を有する古墳は、政治システムとしての陪冢制は採用できておらず、陪冢を配するという見かけのみを踏襲するものであるが、竪穴式石室に長持形石棺を納め、月岡パターンの甲冑保有形態で大量の甲冑を副葬するという注目すべき特徴がある。月岡パターンは畿内および周辺の特定の中小規模墳にみられる墓山パターンと共通する甲冑保有形態であることから、地方において陪冢を有する古墳は畿内からの派遣将軍であることを論じた。

第3章では古墳時代前期から中期に移行するにあたり、主導する勢力に交替があったことを再論した。その上で、中期畿内政権にとっては本貫地ではなく、経営する対象となった大和に対して、いかなる経営戦略が採られたかを中期中小規模墳の分布により検討した。結果、大和の中期中小規模墳は前期古墳の分布の稀薄な地域に選択的な集中傾向をみせ、その多くが中期に入ってからの新興勢力であることを指摘した。

山城と伊賀に放たれた派遣将軍と合わせ、これら中期中小規模墳は、大和の旧来の勢力、佐紀盾列古墳群の勢力に対する包囲網を形成したものと解釈した。また、この時期の大和の王宮は、中期中小規模墳が集中する地域と重なることから、前線基地の役割を果たしたものと理解した。

また、大和の中でもとりわけ前期古墳の稀薄な地域である南葛城に、中期に入ると突如、当時大和最大の墳丘規模で陪冢も伴う室宮山古墳が出現する意義を論じ、葛城本宗家がその後、滅亡するまでを盟主墳の変遷と合わせて論じた。そして朝廷の直轄地となった葛城県において、6世紀以降、蘇我氏と巨勢氏がどのように関わるかについて予察した。

第4章では地方に対する経営戦略の具体例として、九州地方と東国を取り上

げた。九州地方では派遣将軍による直接経営は日向、筑後、肥後になされるが他と同様に一代限りであること、前期以来の伝統的な大首長の甲冑保有形態は劣っており、牽制策の対象となっていること、その大首長の所在地の間隙を縫うように、優秀な甲冑保有形態の中小規模墳を含む古墳群が配されており、これは在地の中小の首長に対する懐柔策によるもので、緩衝地帯となっている状況を論じた。

　その過程で、日向の地下式横穴墳およびそれと墓域を共にする封土墳の中には、冑や頸甲の装備が不足した状況を補うために、副葬品を取り出してきて再装備している事例があること、その「元の古墳」の甲冑保有形態は優秀であること、日向への派遣将軍である女狭穂塚古墳の被葬者は、前期以来の西都原古墳群の被葬者集団の中に入り込み、同古墳群を含む南北 30kmにわたる広大な緩衝地帯を形成することに成功していること、筑後への派遣将軍である月岡古墳の後任として在地で甲冑集中管理体制を引き継ぐのは塚堂古墳の被葬者であるが、内部主体は横穴式石室となっており、中期畿内政権は後任が在地化することには無頓着であるかのように思えることなどを指摘した。

　東国については甲冑出土古墳の密度が九州地方ほどは高くないため、個別の地域の状況を指摘する程度に止まらざるを得ないが、上野への派遣将軍も太田天神山古墳の被葬者一代限りで、その後任として在地で甲冑集中管理体制を引き継ぐのは鶴山パターンの甲冑保有形態を採る鶴山古墳の被葬者であること、その竪穴式石室も在地化したものであることを述べた。

　また、甲斐についても鶴山パターンの甲冑保有形態を採る豊富大塚古墳が存在することから、同墳に先行して築造される前方後円墳で、陪冢を有し、竪穴式石室、長持形石棺、甲冑保有形態が月岡パターンとなる可能性のある古墳を見出す必要を述べたほか、常陸については関東地方第 2 の墳丘規模の古墳として知られる舟塚山古墳は、実は九州地方の大首長のように、牽制される対象であった可能性などを指摘した。

　終章では好太王碑文の辛卯歳（391年）の渡海を皮切りに倭国軍の朝鮮半島への軍事侵攻が始まるが、その 5 世紀代の倭国軍の軍事編成について若干の考察を行った。中期の前方後円墳の甲冑保有形態を示し、多くを占める第Ⅲ類型（▲〇型）〜第Ⅶ類型（××型）は甲冑保有形態に規制がかかっており、まして

や短甲単独の第Ⅶ類型（××型）では対外戦闘は不可能であることから、それが動員されたとは考えがたいこと、したがって国造軍は未成立で、文献史学でも国造の成立は6世紀とする理解が有力であることを述べた。

また、甲冑出土の中小規模墳をそれに当てる見解もあるが、これも同様の理由であり得ないことを述べた。結論として中央豪族が古墳を築造することの無かったような階層の兵士を率い、かれらは甲冑や武器のフルセットを貸与され、帰還時には返却するといったものであったことを述べた。

以上のような本書の構成について、古墳時代前期については第1章で政権が大王家と原葛城氏の2者を中心に運営されていたことを述べるなど、全く独立した論になっているように見えるかもしれないが、原葛城氏は中期に移行するにあたっての鍵となる存在として少し掘り下げることも試みている。

第2章の陪冢に関する検討は、続く第3章で中期畿内政権の大和に対する経営戦略を、さらに第4章で九州地方に対する経営戦略を論じるための前提的理解を論じたものである。

そして、第3章の大和と第4章の九州地方に対する検討は、冒頭で掲げた課題に一定程度は迫り得たのではないかと自負する。過剰な本書の表題については、先駆的な試みとして御寛恕を請う次第である。

その際に鍵となったのは手前味噌ながら、甲冑保有形態の検討により、牽制された側の被葬者の古墳か、懐柔された側の被葬者の古墳かの判別が可能であったことだと思う。

この中期畿内政権による牽制策と懐柔策の使い分けは、牽制する対象となった旧来の大首長を打ち破ることができるほど強力なものではないが、徐々に孤立させ、自らの下へ引き込む事を目的とするのであれば有効な手段となろう。

したがって前期や後期にもこの牽制・懐柔策は用いられたと思われるが、前期については鏡の配布による懐柔策しか見えてこない。あるいは、鏡を出土した古墳と周辺の鏡を副葬しない併行期の古墳との、埋葬主体や他の副葬品を通じての比較や、個々の古墳から出土した鏡群の質を比較できれば認識が可能となるかもしれないが、これは今後の課題である。

後期については終章でわずかに触れた。尼子奈美枝が、各古墳の副葬品の馬具組成に金銅装馬具をどの程度含むかにより、A類、B1類、B2類、C類にラ

ンク分けし、それを横穴式石室の規模と対比、検討すると共に、旧国単位でその構成を比較し、旧国間の格差を抽出することに成功している。これは中期の政権による地方の首長層格付けの手法を踏襲し、表象のための道具を甲冑セットから馬具セットへと転換したものとみることができる。では、その旧国間の格差が牽制・懐柔策たり得たかといえば、その側面も皆無ではなかろうが、実戦で用いられる甲冑に対し、装飾性の多寡をもって表象とするという馬具では牽制・懐柔策の実効性はさほど望めそうにない。しかしながら、実は尼子の言う古墳時代後期の各地域の古墳間および旧国間の格付の表象こそが、考古学と文献史学上の国造制との接点となり得るのかもしれない。

　以上、本書の内容と目的とするところを搔い摘んで記した。本書を手に取って頂いた際の理解の一助となれば幸いである。

第1章
鏡の副葬位置からみた前期古墳と葛城の勢力

第1節　鏡の副葬位置からみた前期古墳

1．はじめに

　前期古墳に普遍的に副葬される銅鏡（以下、鏡）については明治年間から主として型式学的研究が今日に至るまで盛んに行われ、多大な成果を収めてきた。
　とりわけ、小林行雄1961『古墳時代の研究』に収録されることになる、1950年代後半にたてつづけに執筆された、三角縁神獣鏡の同笵鏡とそれを副葬する前期古墳に関する一連の研究は、その時点での高い到達点を示すものとして、また、前期古墳時代を語るときに欠くことのできないものとして、今日に至るまで高い評価が与えられてきた。
　この小林の、いわゆる「同笵鏡理論」については、多くの研究者から多種多様な批判がなされており、この点については菅谷文則1980「三角縁神獣鏡をめぐる諸問題」に詳しい。一方で、小林を支持する研究者からは、さらにそれらに対する反論が行われるなど、いささか混沌とした状況を呈している。
　ただ、『古墳時代の研究』の刊行以降に蓄積された資料のうちには、その根幹を揺るがすものが認められるのは確かで、「同笵鏡理論」は、いままさに窮地に追い込まれていることだけは誤りないと言って良いだろう。
　例えば、小林が東方型・中央型・西方型としたそれぞれの鏡群の分布論は、その設定当初から分布域がルーズであること、例外とする資料が多いことなど欠点が多かったが、三角縁神獣鏡の研究の現状を要領良く整理した近藤喬一1988『三角縁神獣鏡』によると、そうした諸問題に加え、かつて小林が東方型とした舶載三角縁神獣鏡のうち3種の鏡群が、理論上はあってはならない九州地域で認められている。

さらに、舶載三角縁神獣鏡の同笵鏡1組は5面を限度とするとの前提が崩れたことにより、後述するように、同笵鏡分有の中心的位置にあるとされた、椿井大塚山古墳（梅原1965）や備前車塚古墳（鎌木1962）に対する評価も微妙なものとなってきたといえる。

　小林の三角縁神獣鏡に対する一連の研究は、極めて精緻な部分と、前提に前提を重ねた不安定な部分とが混在していた。精緻な部分とは言うまでもなく、三角縁神獣鏡の型式学的研究の深化であり、この方向の研究は、近年では岸本直文1989が神獣像の表現を検討することによって一層精密さを増している。また福永伸哉1991は、三角縁神獣鏡の系譜を検討するに際して、鈕孔形態など新しい視点を導入した。

　このように遺物論としての鏡の型式学的研究が着実に進められつつある一方、鏡を通じて前期古墳時代の、特に政治史を研究する方向は、小林の「同笵鏡理論」があまりに突出していたためか、それを批判または弁護することに努力の大半が費やされ、ほとんど見るべきものは続かなかったと言って過言ではないだろう。

　そこで、本節では鏡の副葬位置に古墳個々の個性あるいは個々の古墳間の共通性を見い出し、その関係から前期古墳時代の政治史的一側面について言及したいと思う。

　古墳に対する各種遺物の副葬位置や品目の決定は、葬送の主催者としての、次代を担う首長の意図が、最も鋭敏に反映するものの一つであり、それに対する分析は、古墳個々の個性を語る際に、最も重視すべき検討方法の一つであるといえる。

　しかしながら、鏡に関しては、遺構やその出土状態といったものとの関連は、「同笵鏡理論」批判に用いられる以外、あまり顧みられないまま今日に至っており、菅谷文則1980、用田政晴1980、今尾文昭1984などの論考が注意される程度である。近年、精力的に副葬品の配置について論述している今尾の場合（今尾1984・1989・1991）においても、こと鏡に関しては、思想・宗教上の問題、または性別などに重点をおかれた内容となっており、少なくとも本節で検討しようとする方向については、一定の類型化を果しつつも、未だ個別の事例を指摘する程度に留まっているように思える。

以下、本節では、ひとまず鏡式に関する配慮は一切排除した上で、続く第2項で、本節の検討方法に対する前提となる構想を述べ、それを受けた第3項では、鏡を大量に副葬する古墳を対象として、大量の鏡を棺内・棺外などにいかに配分しているかを検討し、4種の類型に区分する。そして各々の空間的分布域に偏りがみられることを指摘すると共に、そのことから大和から鏡が配布されたと考える。

　次に第4項では、視座を一転して、棺内・棺外を問わずに、被葬者に対して鏡がどのような位置に副葬されたかを検討し、副葬された鏡が、頭部付近に集中するものと、頭部付近と足の方に分離されるものの二つの型が存在することを指摘すると共に、それぞれが分布域を違えること、または錯綜する地域があることを述べる。

　続く第5項では、そこまでの成果を踏まえ、鏡の配布行為が実際に行われるにあたって、大和東南部及び北部勢力のほか、馬見古墳群の被葬者が重要な役割を担っていたと考えられることを指摘する。なお、この項では、一部の舶載三角縁神獣鏡の同笵鏡を個別に扱う場合があるが、その際には、小林行雄の手による最後の「中国製三角縁神獣鏡の同笵鏡分有関係図」が掲載された、京都大学考古学研究室編1989『椿井大塚山古墳と三角縁神獣鏡』の同笵鏡番号を使用し、同笵鏡番号《　》などと表記することにする。そして第6項で、本節での成果をまとめることにしたい。

　なお本節は四半世紀前の藤田1993「鏡の副葬位置からみた前期古墳」を元にするが、研究史上一定の意味を有したものと自負するので、文章には可能な限り手を加えないことを旨とした。その後に出土した資料を加えて論じる際には同稿を「旧稿」と呼ぶことがある。

2. 甲冑と鏡——その大量副葬——

　古墳に副葬される遺物のうち、特定の品目が、陪冢とよばれる特殊な古墳に埋納されるとき、特に畿内においては、通常の古墳の数倍ときには100倍以上もの数がそこに見い出される場合のあることは、広く知られている。

　陪冢に関しては本書第2章において詳論するが、ここではその数のみに注目して記しておくと、例えば、鉄鋌は、奈良県大和6号墳（末永1949）では872

枚、河内野中古墳（北野 1976）では 300 枚以上の埋納が知られ、現在、陪冢以外の古墳としては最も多くの数の鉄鋌を有する、大分県下山古墳（小田 1974）の 30 枚弱との差は決定的であるし、鉄鏃では大阪府アリ山古墳（藤・井上・北野 1964）の 1542 本、石製模造品では大阪府カトンボ山古墳（森・石部 1953）の滑石製刀子 360 本などが他に突出する例として著名である。

また、一定規模を有する前・中期の前方後円墳には、副次的な遺物埋納用施設を持つものがあって、奈良県メスリ山古墳（伊達 1977）のヤリ先 212 本、大阪府黒姫山古墳（末永・森 1953）の短甲 24 領なども、通常の古墳に比して、突出した数を埋納するものとして知られている。

このような、他を大きく凌駕する数については、大量の語は抵抗なく受け入れられるものと思われるが、数量が少なくなり、その差が小さくなるにつれ、どこで通常と大量の弁別をするかは難しい。

ここで注目すべきことは、こういった突出した大量の遺物を埋納する場所が、畿内の陪冢もしくは副次的な遺物埋納用施設に限定されるということである。このことは、ある特定遺物の数量が、遺構の状態や地理的条件をも規定する場合があることを教えているのであり、これをさらに進めれば、たとえその数が他に突出したものではなく、数量のうえでの差は仮に僅かなものであったにせよ、ある数を境にして、地域・墳丘形態・埋葬施設・遺物副葬状態・遺物の質などに、それ未満の数のものとの差が認められる場合、その数以上の数は一定の意味をもつものと考えたい。そして、その数以上をもって便宜上、「大量」と言うことが可能ではないかと思われる。

そして通常のものと大量のもの、あるいはそれぞれの中での、さきに述べたような部分に表れる格差は、当時の階層構造の上での格差に起因すると考えることが可能な場合がある。

筆者は、古墳時代における武器・武具の保有形態を検討する（藤田 1988・2006）中で、中期において、鶴山パターンと呼ぶ甲冑の副葬形態を設定した。鶴山パターンの各古墳は、短甲（挂甲を含む場合もある）3 領、冑 2 鉢、頸甲 1 ないし 2 個体を副葬する点で共通し、一部不詳のものを除き、前方後円墳で在地色ゆたかな竪穴式石室を内部主体とする点でも共通していた。

この共通性を最大限評価して、鶴山パターン以上の数の甲冑を有するものに

ついて、甲冑の大量埋納と呼び、同様にしてその甲冑の保有形態と墳形および内部主体の共通性から、畿内中枢部においては野中パターン・墓山パターンを、地方においては月岡パターンと先の鶴山パターンを設定し、それぞれについて、各地における武器・武具集中管理体制の具現したものとの評価を与えてきた。

　ここでは甲冑の数量と共にその質にも顕著な差違を指摘することができ、そのことがこの類型化の妥当性を高めているものと自負しているが、鏡の場合には各種制約が著しく、ここで言う質の良悪を決定するに際しての基準の設定が困難である。

　それでは、鏡を用いて古墳間の格差を検討しようとする場合、いかなる方法が有効であろうか。次項ではその方法の一つとして、以下記すような構想の下、鏡の副葬された位置の差違、すなわち棺内・棺外などといった鏡副葬位置の各古墳間での違いを取り上げたい。

　ところで、竪穴式石室・粘土槨・木棺直葬などといった、いわゆる竪穴系の内部主体において、棺内と棺外に副葬品を分けて配置する行為とは、はたしていかなる意識に基づくものなのだろうか。

　棺内の遺物は被葬者個人が生前愛用していた品によって構成される狭義の副葬品、棺外の遺物は被葬者に対する種々の立場の人々からの供献品と決め込むことはたやすい。しかしながら、これはいかなる根拠に基づくものなのか、その論証をしたものを筆者は寡聞にして知らないし、また、被葬者は少なくとも副葬品を配置するこの段階には既に死亡しているのであろうから、棺内副葬品もまた広義の供献品、棺外供献品もまた広義の副葬品なのであって、それならば、これは単なる言葉の遊びでしかない可能性をも否定できない。

　従って、この問いに対して我々がほぼ誤りはないと自信をもてる部分というのは、葬送にあたっての祭祀主催者（おそらくは次代の首長）が被葬者個人にとって、より重要度が高いと判断したものが棺内に入れられ、それ以外は棺外に配置される、という極めて限定されたものに過ぎないのではないだろうか。

　そこで、このことを前提とし、甲冑の副葬状態を検討（藤田 1989・2006）した結果、中期の中小規模墳では甲冑は棺内に取り入れられる例が大勢を占めるのに対して、盟主墳またはそれに準ずるものでは前期以来中期を経て後期に至っても常に棺外立位の副葬方法を採ることから、中小規模墳の被葬者個人に

とって、甲冑は極めて重要な位置を占める副葬品であったが、盟主墳の被葬者にとっては個人としては必ずしもそうではなかったことを述べた。

　定型化され量産された甲冑が古墳時代中期を画するものであるとすれば、古墳時代前期を画する遺物は鏡である。そして、中期の甲冑は、軍事力の格差に直接関わる極めて政治的な遺物であるが故に、また、前期の鏡は当時最も重視された、古墳における首長権継承祭祀の主たる小道具であったと想定されるが故に、当時にあっても非常に重視された品目、いわゆる主要遺物であったと考えられる。

　当時にあっても重視された品目でありながら、棺内に入れずに、棺外さらには副次的な遺物埋納用施設に、これらを納める古墳があるのはなぜなのだろうか。

　おそらくは、これら主要遺物さえも、その古墳の被葬者の周囲に、生前、大量に存在しており、管理・掌握権を手中に収めていたが故に、葬送にあたっても被葬者個人としては重視しないといった、至極当然の意識がそうさせたのではないだろうか。それならば、これら主要遺物が、被葬者の位置から離れて副葬されればされるほど、その古墳の副葬形態は他に卓越していることを示すと共に、これら主要遺物に対する副葬形態の卓越性は、取りも直さず主要遺物の保有形態、さらにはその古墳ならびにその地域の他に対する卓越性を反映しているものと理解できる。

　ここにこそ次項において、大量に副葬された鏡が、棺内・棺外あるいは遺物埋納用の副次施設に、いかに配分されたかを検討する意義があるものと思われるのである。

3. 鏡保有形態の卓越する地域

　それでは、前期古墳に鏡が副葬される場合、どの数以上をもって大量と称するべきであろうか。それが便宜的なものであれ、取り扱う資料を絞り込んでおく意味でも、このことに一定の見通しを立てておく必要があるだろう。

　以下、各古墳名の前には旧国名を冠して・で古墳名と区分することを原則とする。また、[　]内に記した番号は、各古墳固有のものとし、「表1　対象とした古墳一覧表」の番号に対応させている。各古墳の概要、鏡副葬位置に関す

第1章 鏡の副葬位置からみた前期古墳と葛城の勢力

表1 対象とした古墳一覧表

番号	旧国名	古墳名	墳形	墳長(m)	内部主体	総数	棺内	棺外	頭側	体側	足側	副葬位置の概要	引用文献
1	日向	持田1号墳(計塚)	前方後円墳	53	竪穴式石室	2	2	0	1	0	1	伝聞による報告。石室の両側に1面ずつの鏡があった。	1
2	日向	持田14号墳	円墳	26	木棺直葬	3	3	0	3	0	0	伝聞による報告。ほぼ東西に主軸を取る棺の東側、頭位側に3面の鏡がまとまってあったという。	1
3	日向	持田45号墳	前方後円墳	75	竪穴式石室	3	3	0	3	0	0	伝聞による報告。南北に主軸を取る石室の一角に3面の鏡がまとまってあったと言う。	1
4	肥後	向野田	前方後円墳	86	竪穴式石室	3	3	0	3	0	0	石枕付の舟形石棺内から3面出土。2面は右枕上に、1面は右肩から検出されたが、人骨良好に遺存。	2
5	肥前	谷口(東石室)	前方後円墳	90	竪穴式石室(?)	5	5	0	5	0	0	長形石棺内の頭辺をめぐって小口側に3面、両側石側に各1面が立て掛けられた。西石室の2面も頭部集中。	3
6	筑前	原口	円墳	不詳	粘土槨	2	2	0	2	0	0	詳細は不明な点が多い。遺物は3回にわたって掘り出され、鏡は一方に2面、約4.5m離れて1面が出土したと言う。文献6ではこれらが同一主体のものである可能性を示唆するが、出土した深さが異なるので別個の主体部と判断し、2面の方のみを対象とする。	4 5 6
7	筑前	忠隈	円墳	35	竪穴式石室	2	2	0	2	0	0	文献7の第81図と第84図は逆に展開しており、第83図のものと思われるものが正しいと推測される。頭部に2面を集中するものであろう。	7
8	筑前	一貫山銚子塚	前方後円墳	102	竪穴式石室	10	0	10	2	8	0	遺骸の上半身をコ字状に取り囲む。小口間の2面は方画規矩四神鏡と長宜子孫内行花文鏡の舶載鏡であるのに対して、両側側の各4面はいずれも仿製鏡である。	8
9	豊後	灰土山	前方後円墳	80	箱形石棺	2	2	0	1	0	1	頭部を同じくして2体の人体を埋葬。頭部の1面は鏡片副葬。形であるが足側の1面は完形である。	9
10	豊前	赤塚	前方後円墳	58	箱形石棺	5	5	0	5	0	0	文献10では鏡の重なり合った状態から5面集中して副葬されたと推測している。	10
11	豊前	免ヶ平(1号石室)	前方後円墳	51	竪穴式石室	2	0	2	2	0	0	石室の両側壁に立て掛けられた状態で各1面が出土。棺外副葬であるが、2面とも頭の真横に相当する位置である。	11
12	長門	松崎	円墳	27	箱形石棺	3	3	0	3	0	0	石棺内の頭部付近に3面の鏡が集中されていた。工事中の発見であるため詳細は不明。	12
13	周防	柳井茶臼山	前方後円墳	80	竪穴式石室	5	5	0	4	0	0	伝聞されると言う。石室の南側にかたまって4面の鏡が発見された。小型鏡1面の位置は不明。剣の鋒の方向を評価して南頭位と推定する。	13

18　第1節　鏡の副葬位置からみた前期古墳

番号	旧国名	古墳名	墳形	墳長(m)	内部主体	鏡の副葬位置と数						副葬位置の概要	引用文献
						総数	槨内	槨外	頭側	体側	足側		
14	周防	赤妻	円墳	不詳	舟形石棺	2	2	0	1	0	1	頭部側に1面、足部側の位置から1面が出土する。箱形石棺らしい。	14
15	伊予	朝日谷2号墳	前方後円墳	30	木棺直葬	2	2	0	1	0	1	主体部の両小口に粘土を置く。頭足分離型。	15
16	安芸	中小田1号墳	前方後円墳	30	竪穴式石室	2	2	0	2	0	0	石室幅による推定頭位は北東。頭部側から2面の鏡。	16
17	出雲	造山1号墳	方墳	60	竪穴式石室	2	2	0	2	0	0	第1石室中央に2面の鏡が並び置かれていた。	17,18,19
18	伯耆	国分寺	前方後円墳	60	粘土槨	3	3	0	3	0	0	伝聞による報告。3面がまとまって出土。	20
19	伯耆	馬ノ山4号墳	前方後円墳	110	竪穴式石室	5	5	0	2	0	3	石室幅による推定頭位は東。東西2群に分けて鏡を副葬する。頭足分離型とみられる。	21
20	備前	花光寺山	前方後円墳	108	石棺直葬	2	0	2	2	0	0	長持形石棺の両小口に小石室を付設。頭位側の小石室から2面の鏡が出土。	22
21	備前	車塚	前方後方墳	45	竪穴式石室	13	13	0	3	7	3	伝聞による報告。石室は南北に主軸を取る。北に3面、南に3面、東に4面、西に3面があったという。両側壁と鏡の間には各4個ずつの石があったというが、これらの石は鏡をもたせ掛けた状態にはなっていないから、示されたスケルトンからしても全ての鏡が石室内副葬であったことを示している。	6, 23
22	播磨	権現山51号墳	前方後方墳	43	竪穴式石室	5	5	0	5	0	0	石室は一部撹掘されているが、鏡は頭部を取り囲んだ状態で副葬された5面が全てと推定する。	24
23	播磨	吉島	前方後円墳	36	竪穴式石室	6	6	0	6	0	0	「四壁をまる約3尺の地点に、鏡6面、おそらく背面を上にに積み重ねたるを得」の伝聞。	25
24	播磨	三ツ塚	前方後円墳	45	竪穴式石室	2	2	0	2	0	0	伝聞による報告。床面比高差による推定頭位南に2面の鏡。	26
25	摂津	得能山	前方後円墳	?	竪穴式石室	2	2	0	2	0	0	伝聞による報告。鏡は頭骨をはさむ状態で左右に各1面があったという。	25, 27
26	摂津	紫金山	前方後円墳	110	竪穴式石室	12	1	11	7	0	5	槨内頭部に1面の新有華同銘方格規矩鏡、槨外北小口に6面、南小口に5面の鏡をまとめて副葬する。	28
27	摂津	弁天山B2号墳	円墳	20	粘土槨	2	2	0	2	0	0	頭部側に置かれた漆塗箱の中に2面の鏡が収められていた。	29
28	摂津	弁天山C1号墳	前方後円墳	20	粘土槨	2	2	0	2	0	1	頭部側2面、足部側1面の頭足分離型。	30
29	摂津	安満宮山	方墳	21	木棺直葬	5	5	0	5	0	0	頭部側に3面に分けて2面と2面に分けて副葬する。	31

第1章 鏡の副葬位置からみた前期古墳と葛城の勢力

番号	旧国名	古墳名	墳形	墳長(m)	内部主体	総数	棺内	棺外	頭側	体側	足側	副葬位置の概要	引用文献
30	和泉	黄金塚(中央槨)	前方後円墳	85	粘土槨	2	1	1	0	1	1	鏡は棺内の足側に1面、棺外の左側体部に1面が副葬されている。棺床面比高差による特異型である。	32
31	和泉	(東槨)塚廻	円墳?	27	粘土槨	3	3	0	3	0	0	棺幅、棺床面比高差による推定頭側に3面の鏡。	33
32	河内	御旅山	前方後円墳	45	粘土槨	2	2	0	2	0	0	棺床面比高差による推定頭側に2面の鏡。	34
						22			22			鏡は石櫃内に収められた再埋納。重なった痕跡から22面の鏡は全て一箇所に集中して副葬されていたことが判明している。棺内・棺外のいずれかは不明だが、頭部側に集中していたと推定される。	
33	河内	珠金塚(北槨)	方墳	28	粘土槨	2	1	1	2	0	0	棺幅および棺床面比高差による推定頭位東の棺内頭部付近に1面、東小口の棺外に1面を副葬する。	35
		(南槨)			粘土槨	2	2	0	2	0	0	2体の人体埋葬を想定。それぞれの頭部付近に各1面を副葬する。	
34	河内	王手山西山	円墳?		竪穴式石室	2	2	0	1	1	0	石室幅による推定頭位は北。1面は頭部、1面は左体側と思われる場所から出土した。	36
35	河内	岡	方墳	32	粘土槨	3	2	1	3	0	0	粘土槨は南半分のみ残存しており、こちらが頭部と報告される。頭部付近に3面の鏡。	37
36	河内	ヌク谷北塚			粘土槨	3	0	3	3	0	0	棺外に仕切り板を隔てて3面の鏡。	38
37	河内	真名井	前方後円墳	60	粘土槨	2	1	1	2	0	0	棺床面比高差による推定頭位は東。棺内攪乱土中から1面、南東棺外から1面。	38
38	大和	新沢48号墳(南槨)	方墳	16	粘土槨	3	3	0	1	0	2	人骨の遺存状況から2体埋葬が確実。西の被葬者の頭部に1面、東の被葬者の足部に2面を副葬する。典型的ではあるが頭足分離型とする。	39
39	大和	新沢109号墳	前方後円墳	28	木棺直葬	3	1	2	3	0	0	棺床面比高差による推定頭位は南。南東棺外から2面が出土した。	40
40	大和	新沢115号墳	円墳	18	木棺直葬	2	2	0	2	0	0	刀の鋒方向による推定頭位は東。頭部相当の場所に2面の鏡が副葬された。	41
41	大和	新沢213号墳	前方後円墳	25	粘土槨	4	4	0	3	0	1	棺床面比高差による推定頭位は南。頭側に3面、足側に1面を副葬する。	42
42	大和	新沢500号墳	前方後円墳	62	粘土槨	6	0	6	0	0	0	副次施設埋葬例。本文参照。	43
43	大和	古市方形墳(東槨)	方墳	27	粘土槨	5	5	0	5	0	5	副葬された5面の鏡は足側にあったと考えざるを得ない、王頭の位置に鏡はなく、一部乱掘されているのであるが、頭部と足部に鏡を配置するものであった。したがって足部集中型の5面が全て副葬されたとすると、南側の5面が副葬された推定頭位は北、南側に副葬された推定頭位は北、南側の5面の鏡が副葬された推定頭位は北、南側の5面の鏡が副葬されたものとは発想が根本的に異なるものと思われるので、頭部集中型の亜種と理解する。	44

第1節　鏡の副葬位置からみた前期古墳

番号	旧国名	古墳名	墳形	墳長(m)	内部主体	鏡の副葬位置と数						副葬位置の概要	引用文献
						総数	棺内	棺外	頭側	体側	足側		
44	大和	衛門戸丸塚	円墳	50	粘土槨	14	0	14	14	0	0	頭部付近を取り囲んで14面の鏡が出土した。	44
45	大和	マエ塚	円墳	48	粘土槨	9	0	9	9	0	0	棺床面比高差による推定高位は北。北小口に接して副室があり、そこから9面の鏡が検出された。副次施設埋納。	45
46	大和	佐味田宝塚	前方後円墳	112	粘土槨	36	0	36	36	0	0	鏡が鱗状をなしていたとの記録と文献47での観察結果から肯定している。本文参照。	46 47 48
47	大和	新山	前方後方墳	137	竪穴式石室・石棺	34	0	34	34	0	0	一辺1.5mほどの小石室に34面の鏡。その下層に石棺あり。副次施設埋納。本文参照。	46 49
48	大和	佐味田貝吹山	前方後円墳		小石室	7	0	1×7				前方部の各小石室に1面ずつか埋納されていたと言う。副次施設埋納。	46
49	大和	天神山	前方後円墳	113	竪穴式石室	23	0	23	23	0	0	副次施設埋納。本文参照。	50
50	大和	柳本大塚	竪穴式石室・小石室	69		1	0	1	1	0	0	伝聞による報告。墳丘中央の竪穴石室には鏡はなく、北側の小石室から1面の鏡が出土した。副次施設埋納。	51 52
51	大和	巨勢山438(境谷2)号墳	円墳	14	木棺直葬	2	2	0	2	0	0	南棺の棺床比高差による推定位置は東。頭部推定位置付近に2面の鏡を副葬していた。	53
52	大和	兵家5号墳	方墳	10	粘土槨	2	2	0	2	0	0	東頭位と報告。2面の鏡を東小口付近に副葬していた。	54
53	大和	黒塚	前方後円墳	132	竪穴式石室	33	1	32	33	0	0	木棺未しいずれも頭部推定。その内棺北側に画文帯神獣鏡。棺壁はいずれも三角縁神獣鏡、北小口に三角縁盤龍鏡、東側壁間に15面。西側壁間に17面に三角縁を副葬する東西南部の最南端の鏡も肩部の位置に収まる頭部集中型。	55
54	大和	鴨都波1号墳	方墳	16	粘土槨	4	1	3	1	0	3	歯遺存。北頭位の棺内頭部北側に1面、棺外の右腰から足首にかけての位置に3面を並べる。4面共に三角縁神獣鏡。	56
55	大和	鳥の山(前方部)	前方後円墳	200	竪穴式石室	3	0	3	3	0	0	頭部に鏡3面、碧玉製合子3点など。なお棺外板被覆粘土から棺の両側面を取り囲んで車輪石80点、鍬形石21点、石釧32点などが出土した。	57
56	山城	トツカ	円墳	20	竪穴式石室	3	0	3	3	0	0	伝聞による報告。石室の北小口付近に玉類と共に鏡3面があった。	58
57	山城	久津川車塚	前方後円墳	155	長持形石棺直葬	7	7	0	6	1	0	石棺内の人骨の遺存状態良好。7面の鏡は頭部から上半身にかけて副葬された。	59
58	山城	八幡東塚	前方後円墳	94	粘土槨	3	3	0	3	0	0	伝聞による報告。石室の西小口付近に玉類と共に鏡3面があった。	60

第1章 鏡の副葬位置からみた前期古墳と葛城の勢力

番号	旧国名	古墳名	墳形	墳長(m)	内部主体	総数	棺内	棺外	頭側	体側	足側	副葬位置の概要	引用文献
59	山城	椿井大塚山	前方後円墳	185	竪穴式石室	36	0	36				伝聞による報告含む。調査によって検出された鏡は2面に過ぎないが、伝聞内容と同様、棺外の石室壁に接する位置にある。このことから、この内の36面の鏡は推定位置にあり、棺の四周を取り囲む状態であったように推定報告の信頼性は高いといえる。ただし黒塚(53)のようにうち1面のみ棺内副葬という可能性も否定できない。これ以外に粘土を用いた副次的な施設から3面の鏡が出土した。	61 62
60	山城	長法寺南原	前方後方墳	60	竪穴式石室	6	1	5	5	0	1	南北に主軸をとる石室に南頭位に埋葬する。頭部付近の1面のみが棺内で他は棺外、鏡の多くは石室南半にあるが、1面のみ北口部分、すなわち足側に副葬される。	63 64
61	山城	寺戸大塚(前方部)	前方後円墳	98	竪穴式石室	3	3	0	1	0	2	石室幅および推定床面比高差による推定頭位は北、足側に2面、いずれも棺内に副葬する。	65
62	丹波	瀧ノ花塚	方墳	30	木棺直葬	2	2	0	1	0	1	頭位については明かではないが、大鏡と小鏡が離れた位置で出土している。	66
63	丹波	園部垣内	前方後円墳	82	粘土槨	6	1	5	3	0	3	頭部の鏡は6号のみ棺内で、4・5号は仕切り板を挟んで棺外。1〜3号も反対側小口の棺片とされる。	67
64	丹波	愛宕山	方墳	20	木棺直葬	3	3	0	2	0	1	棺床面比高差による推定頭位は西、西側2面、頭部の鏡が遺存。	68
65	但馬	城の山	円墳	36	粘土槨	6	6	0	3	0	3	頭位は東で、頭部・足側から各3面の鏡が出土した。	69
66	但馬	入佐山3号墳	方墳	36	粘土槨	2	2	0	2	0	0	推定頭部付近に2面の鏡。うち1面は破砕後副葬。	70
67	但馬	茶すり山(第1主体部)	円墳	90	粘土槨	3	3	0	3	0	0	刀剣で遺体をコ字状に囲う。その中の頭部の上に横に並べて2面、その外側の左側頭部に1面。	71
68	伊勢	筒野	前方後方墳	40	粘土槨	3	3	0	3	0	0	伝聞による報告。粘土槨の中央やや北側から3面の鏡が出土した。これに対応する東側から1面の鏡が西に偏っており、これは木棺直葬の同格の主体部と理解する。	72 73
69	伊勢	向山	前方後方墳	71	粘土槨	3	3	0	1	1	1	伝聞による報告。粘土槨の北端、中央、南端から各1面の鏡が出土した。	71 72
70	近江	新開1号墳(北施設)	円墳	40	木棺直葬	2	2	0	1	0	1	棺床面比高差による推定頭位は東、棺の東端から1面、中央やや西寄りに1面の鏡が埋葬されていった。刀剣の配置から2面埋葬の可能性も考えられ、この場合は珠金塚古墳(33)南槨・東槨と同様、頭部集中配置の変形と評価することになる。	74

第1節　鏡の副葬位置からみた前期古墳

番号	旧国名	古墳名	墳形	墳長(m)	内部主体	総数	棺内	棺外	頭側	体側	足側	副葬位置等の概要	引用文献
71	近江	古冨波山	円墳	30	木棺直葬	3	3	0	3	0	0	伝聞による報告。鏡3面は相接して出出土したという。	75 76
72	近江	大岩山	円墳	40	粘土槨	4	4	0	1	2	1	伝聞による報告。4面の鏡が2mばかりの粘土槨床面に縦に並んで置かれていた。	77
73	近江	雪野山	前方後円墳	70	竪穴式石室	5	5	0	3	0	2	石室幅おおよび棺床面比高差による推定頭位は北。棺中央人体埋葬を想定すると、頭部側3面、足側2面となる。なお頭部3面のうち、2面については仕切り板により棺外となる可能性もある。	78
74	近江	安土瓢簞山	前方後円墳	135	竪穴式石室	2	2	0	2	0	0	頭位は北東とみられ、石室の中央や北東寄りから2面の鏡が出土した。	79
75	若狭	西塚	前方後円墳	83	竪穴式石室	2	2	0	2	0	0	伝聞による報告。西小口付近から2面の鏡が出土した。	80
76	越前	龍ヶ岡			石棺直葬	2	2	0	(2)	0	0	石棺内には男女の遺体が頭位を逆にして埋葬され、それぞれの頭部に1面ずつの鏡が副葬されていた。頭部中型の変形鏡とみる。	81
77	尾張	白山藪			粘土槨	3	3	0	3	0	0	棺床比高差による推定頭位は東。頭部側に3面の鏡を副葬する。	82
78	尾張	東之宮	前方後方墳	75	竪穴式石室	11	1	10	11	0	0	棺内頭部付近に1面、棺外頭部側に10面の鏡を副葬する。	83
79	美濃	円満寺山	前方後円墳	60	竪穴式石室	3	(1)	(2)	(2)	(0)	(1)	原位置を保っているのは石室中央やや南よりの1面のみであるが、他の2面も大きくは移動していないものと思われる。	84
80	美濃	長塚(東槨)	前方後円墳	81	粘土槨	3	3	0	3	0	0	棺床面比高差による推定頭位は北。なお西槨では3面が集中して副葬されていた。石鋼31点が出土しているこから、副次的遺物埋納用施設とする考えもあるが、人体埋葬の伴う前方部粘土槨の事例からしても、鳥の山古墳(55)粘土槨と同じ主体部でもあり得る。	85
81	美濃	長良龍門寺1号墳	円墳	17	粘土槨	3	3	0	1	0	2	棺床面比高差による推定頭位は東。東小口板に接して1面、棺中央寄りに2面を副葬する。	86
82	遠江	松林山	前方後円墳	116	竪穴式石室	4	4	0	3	0	1	石室を土圧で歪んでいるものと判断し、石室中央に人体埋葬を想定する。頭部に3面、足側に1面。	87
83	遠江	大塚	前方後円墳	20	礫室(?)	3	(3)	(0)	(2)	(0)	(2)	伝聞による報告。未の渥から礫層を最初に1面、時間を経て3・4尺離れた場所、同じく礫層から2面の鏡が出土した。	88

第1章　鏡の副葬位置からみた前期古墳と葛城の勢力

番号	旧国名	古墳名	墳形	墳長(m)	内部主体	鏡の副葬位置と数						副葬位置の概要	引用文献
						総数	棺内	棺外	頭側	体側	足側		
84	駿河	三池平	前方後円墳	70	竪穴式石室	2	0	2	2	0	0	石室幅および床面比高差による推定頭位は北東。棺外の頭部側から2面の鏡が出土した。	89 90
85	駿河	東坂	前方後円墳	60	粘土床	2	2	0	2	0	0	南側の推定頭部付近から2面の鏡が出土した。	91
86	甲斐	中道銚子塚	前方後円墳	167	竪穴式石室	5	5	0	3	1	1	伝聞による報告。北頭位と推定される。頭部には2面を縦に並列し、胴部には2面を並べて頭足型であるとすることを考慮して頭足型と判断する。残る1面はさらに北、頭部側から出土した。	92
87	相模	白山(北粘土槨)(中央木炭槨)	前方後円墳	87	粘土槨/木炭槨	2	0	0	1	0	1	棺床面比高差による推定頭位は北西。推定頭部に1面、足側に1面を副葬する。同じく頭位は北西で頭部位置に2面の鏡を副葬する。こちらが初葬。	93
88	相模	日吉矢上	円墳	24	木棺直葬	2	2	0	2	0	0	遺存した歯の位置から頭位は東。頭部に2面の鏡を副葬する。	94
89	上総	手古塚	前方後円墳(?)	60	粘土槨	2	2	0	2	0	0	報告による推定頭位は北東。頭部に2面の鏡を副葬する。	95
90	上野	柴崎蟹沢	円墳(?)	12(?)	粘土槨(?)	4	4	0	2	0	2	伝聞による報告。3尺前後を隔てて南北に2面の鏡があったという。	96
91	上野	原1号墳	円墳(?)		礫槨(?)	2	(2)	(0)	(2)	0	(0)	伝聞による報告。東側の小口から1尺ほどを隔てて2面の鏡。	97
92	上野	前橋天神山	前方後円墳	126	粘土槨	5	5	0	5	0	0	公表されている情報は僅かで不明なことも多いが、墓坑の形状から頭位は北東とみられ、粘土槨中央やや北東寄りの5面の鏡は頭部に副葬されたものとみられる。	98
93	常陸	三昧塚	前方後円墳	85	石棺直葬	2	2	0	1	0	1	石棺内人骨遺存良好。頭部と足部に各1面の鏡を副葬する。	99
94	常陸	鏡塚	前方後円墳	106	粘土槨	2	2	0	2	0	0	人骨の遺存状態から改葬も考えられるが、頭部位置への2面副葬としておく。	100
95	下野	桑57号墳	円墳(?)	32	木棺直葬	(3)	(3)	(0)	3	0	(0)	歯の遺存から頭位は北であることが分かり、頭部の鏡を副葬することは明らかだが、棺の南半が攪乱されている。とはいえ頭部の3面が鏡の全てであろう。	101
96	会津	大塚山(南棺)	前方後円墳	114	粘土槨	2	2	0	1	0	1	歯の遺存もあって、頭部と足側に各1面の鏡を副葬していたことが分かる。	102 103

24　第1節　鏡の副葬位置からみた前期古墳

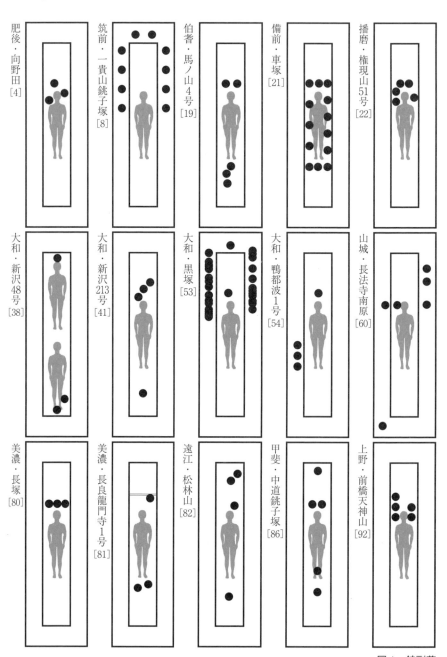

図1　鏡副葬

第1章　鏡の副葬位置からみた前期古墳と葛城の勢力　25

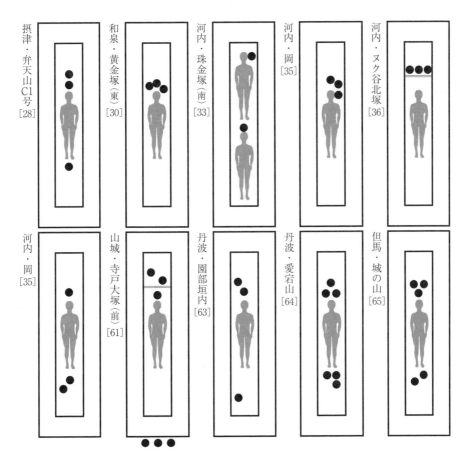

凡例
・内線は棺を示す。
・外線は竪穴式石室の場合は石室、粘土槨の場合は被覆粘土を示す。
・人体の埋葬位置、鏡の副葬位置（●）共に推定のものを含んでいる。
・棺内の二重線は仕切り板の存在を示す。ただし論旨に関わりのない
　ものについては表示を省略している。

位置模式図

る情報は、表1に拠られたい。さらに、図1では一部の古墳の鏡副葬位置を模式図的に示した。

　さて、鏡は、古墳時代全般を通じて、1面だけを被葬者に副える場合、河内・駒ケ谷宮山古墳前方部2号粘土槨（藤・井上・北野1964）例を唯一の例外として、ほとんどの場合、棺内の頭部または胸部付近に副葬される。

　これが複数の鏡を有する古墳（内部主体）になると、まず2面の場合、1面を棺内、他の1面を棺外粘土槨内に配置する和泉・黄金塚古墳［30］中央槨例、二面共に棺外石室内に配置する豊前・免ヶ平古墳［11］1号石室、駿河・三池平古墳［84］例が知られ、おそらくは河内・真名井古墳（藤・井上・北野1964）、肥前・経塚山古墳（田平・蒲原1980）も、和泉・黄金塚古墳中央槨と同様、1面を棺内、1面を棺外に配置するものであったと思われる。

　3面の場合でも、同一棺内ではあるが、3面共に仕切板の外側に配置する河内・ヌク谷北塚古墳［36］例、美濃・長塚古墳［80］西棺例があって、複数の鏡を一古墳（内部主体）が有する場合、棺外にも鏡を配置するものが、漸移的にではあるが増加するとの見通しを立てることができそうにも思える。

　しかしながら、3面以下の鏡を有する場合、図1及び文末の「表1　対象とした古墳一覧表」を一瞥して明らかなように、その全てを棺内のみに副葬する古墳が主流であり、加えて4面の鏡を有するもの、さらには、5面の鏡を有するものについて見ると、表2の通りいずれもが棺内に全ての鏡を副葬しているのであって、このことは先の見通しどおりには事は運ばないことを示している。

　特に5面の鏡を有する古墳のうち、肥前・谷口古墳［5］東石室、豊前・赤塚古墳［10］、伯耆・馬ノ山4号墳［19］、播磨・権現山51号墳［22］、近江・雪野山古墳［73］、上野・前橋天神山古墳［92］に至るまでの6古墳は、いずれもが各地方において最古級かつ併行期にあっては最大規模の前方後円（方）墳として、極めて顕著な位置を占めるものであることは強調するべきである。

　すなわち、これらの古墳は、地域的にも散在していることに加え、その在地における主導的な位置からしても、前期古墳を代表するものであって、従って、5面の鏡を有する古墳までは、それ以下の数の鏡を有する古墳の大勢と同様、鏡は原則として棺内に入れられるべき品目であったことを、如実に物語るものと評価したい。

しかしながら、これが総数6面以上の鏡を有する古墳（内部主体）になると、様相は大きく変化する。

5面以下のものと同様、6面全てを棺内に入れる、播磨・吉島古墳［23］、但馬・城の山古墳［65］や、13面を棺内副葬したと思われる備前・車塚古墳［21］、22面棺内副葬の可能性のある河内・御旅山古墳［32］などの例はあるものの、6面以上の鏡を有する古墳では、棺外に全ての鏡を配置する例がむしろ大勢を占めるようになり、棺内に入れたとしても1面のみで、残る5面以上は全て棺外となる。

すなわち鏡の配置は、6面を境にして、棺内を主体にするものから棺外主体へと転換する状況が認められるのである。従って、鏡の場合、6面以上を一古墳（内部主体）が有する場合、便宜上、これをもって大量副葬と呼ぶことにしよう。なお、これはあくまでも便宜的なものであって、実は論旨には直接関わるものではないことをいま一度お断りしておきたい。

それでは、鏡を大量に副葬する古墳（内部主体）のうち、出土状態の詳細が、ある程度知られるものを類型化する作業から始めよう。ただし、この項では、前期古墳のみを検討の対象とする。鏡を大量に副葬する風習は一部中期古墳の段階まで残存するが、ごく限られた古墳にのみ行われている点などで、古墳時代中期の鏡の大量副葬の背景としては、時代性よりもむしろ被葬者の嗜好を反映している可能性が高いからである。

さて、総数6面以上の、大量の鏡を有する古墳（内部主体）は、その大量の鏡を棺内・棺外などにいかに配分するかによって、次の4種の類型に区分することができる。

類型1	棺内大量	棺外なし	（表3）
類型2	棺内1面	棺外5面以上	（表4）
類型3	棺内なし	棺外大量	（表5）
類型4	副次施設大量埋納		（表6）

それぞれについて若干の説明を加えておくと、まず類型1は、先述した通り、5面以下の多くのものと同様、大量の鏡をすべて棺内に副葬するもので、被葬者個人として鏡を重視する傾向の最も強いものである。そして以下記す順にその傾向は弱まっていき、逆に鏡の保有形態としては、より優れたものになって

28　第1節　鏡の副葬位置からみた前期古墳

表2　4・5面の鏡を有する古墳の鏡副葬位置

No.	旧国名	古墳名	所在地	墳形	墳長(m)	主体部	鏡総数	棺内	棺外
5	肥前	谷口古墳(東)	佐賀県唐津市浜玉町	前方後円墳	90	竪穴式石室？	5	5	なし
10	豊前	赤塚古墳	大分県宇佐市高森	前方後円墳	58	箱形石棺直葬	5	5	なし
13	周防	柳井茶臼山古墳	山口県柳井市水口	前方後円墳	80	竪穴式石室	5	5	なし
19	伯耆	馬ノ山4号墳	鳥取県東伯郡湯梨浜町	前方後円墳	110	竪穴式石室	5	5	なし
22	播磨	権現山51号墳	兵庫県たつの市	前方後方墳	43	竪穴式石室	5	5	なし
29	摂津	安満宮山古墳	大阪府高槻市安満御所の町	方墳	21	木棺直葬	5	5	なし
41	大和	新沢213号墳	奈良県橿原市川西町	前方後円墳	25	粘土槨	4	4	なし
43	大和	古市方形墳	奈良県奈良市古市	方墳	27	粘土槨	5	5	なし
54	大和	鴨都波1号墳	奈良県御所市御所	方墳	16	粘土槨	4	1	3
72	近江	大岩山古墳	滋賀県野洲市	円墳	40	粘土槨	4	4	なし
73	近江	雪野山古墳	滋賀県八日市市雪野山	前方後円墳	70	竪穴式石室	5	5	なし
82	遠江	松林山古墳	静岡県磐田市新貝	前方後円墳	116	竪穴式石室	4	4	なし
86	甲斐	中道銚子塚古墳	山梨県甲府市	前方後円墳	167	竪穴式石室	5	5	なし
90	上野	柴崎蟹沢古墳	群馬県高崎市柴崎	円墳(？)	12(？)	粘土槨	4	4	なし
92	上野	前橋天神山古墳	群馬県前橋市広瀬町	前方後円墳	126	粘土槨	5	5	なし

表3　鏡大量副葬（類型1）

No.	旧国名	古墳名	所在地	墳形	墳長(m)	主体部	鏡総数	棺内	棺外
21	備前	備前車塚古墳	岡山県岡山市湯迫	前方後方墳	45	竪穴式石室	13	13	なし
23	播磨	吉島古墳	兵庫県たつの市	前方後円墳	36	竪穴式石室	6	6	なし
65	但馬	城の山古墳	兵庫県朝来市	円墳	36	粘土槨	6	6	なし

表4　鏡大量副葬（類型2）

No.	旧国名	古墳名	所在地	墳形	墳長(m)	主体部	鏡総数	棺内	棺外
26	摂津	紫金山古墳	大阪府茨木市宿久庄	前方後円墳	110	竪穴式石室	12	1	11
53	大和	黒塚古墳	奈良県天理市柳本町	前方後円墳	132	竪穴式石室	33	1	32
59	山城	椿井大塚山古墳	京都府木津川市	前方後円墳	185	竪穴式石室	36	0	36
60	山城	長法寺南原古墳	京都府長岡京市長法町	前方後円墳	60	竪穴式石室	6	1	5
63	丹波	園部垣内古墳	京都府南丹市園部町	前方後円墳	82	粘土槨	6	1	5
78	尾張	東之宮古墳	愛知県犬山市犬山	前方後方墳	75	竪穴式石室	11	1	10

表5　鏡大量副葬（類型3）

No.	旧国名	古墳名	所在地	墳形	墳長(m)	主体部	鏡総数	棺内	棺外
8	筑前	一貴山銚子塚古墳	福岡県糸島市	前方後円墳	102	竪穴式石室	10	なし	10
44	大和	衛門戸丸塚古墳	奈良県奈良市佐紀町	円墳	50	粘土槨	14	なし	14

表6　鏡大量副葬（類型4）

No.	旧国名	古墳名	所在地	墳形	墳長(m)	主体部	鏡総数	鏡埋納施設
42	大和	新沢500号墳	奈良県橿原市一町	前方後円墳	62	粘土槨	6	副槨
45	大和	マエ塚古墳	奈良県奈良市山陵町	円墳	48	粘土槨	9	副槨
46	大和	佐味田宝塚古墳	奈良県北葛城郡河合町	前方後円墳	112	―	36	副槨
47	大和	新山古墳	奈良県北葛城郡広陵町	前方後方墳	137	竪穴式石室	34	竪穴式小石室
49	大和	大和天神山古墳	奈良県天理市柳本町	前方後円墳	113	―	23	竪穴式石室

第1章　鏡の副葬位置からみた前期古墳と葛城の勢力　29

いくものと思われる。

　類型2は、特に選ばれた1面のみを棺内の頭部付近に副葬し、他を棺外に副葬するもので、棺内の1面については、尾張・東之宮古墳［78］を除けばいわゆる舶載鏡に限定されている(6)ようである。なお、今尾1984では仕切り板などで区別された棺外副葬（第1段階）と本来の意味での棺外副葬（第2・第3段階）とは意味が異なるとされるが、小稿のような視点で検討する限りにおいては特に問題はないと思われるので、ここではこれを区別していない。

　類型3は、大量の鏡を有し、その全ての鏡を棺外に副葬する点では共通するものの、さらに2種に区分することが可能である。筑前・一貴山銚子塚古墳［8］、大和・衛門戸丸塚古墳［44］のように棺外の頭部付近から上半身にかけてを取り囲むかたちで鏡を配置するものと、山城・椿井大塚山古墳［59］のように棺の四周全域を取り囲むかたちで鏡を配置するものの2種がそれで、そこには後述するように重要な意味があるが、ここでは一括してこの類型に収めておくことにする。

　類型4は大和に所在する古墳に限って認められるが、事実認定の上での疑問が提示される可能性があるので、やや詳細に個々の事例について検討を加える。

　新沢500号墳［42］では、後円部の中心主体である、粘土槨の長辺に接して副槨を設けており、6面の鏡はいずれもこの副槨に埋納されていた。中心主体は一部盗掘されているものの、玉類の集中する範囲の状況からみて、おそらくここには鏡の副葬はなかったものと思われる。

　新山古墳［47］は報告書に記載されている通り、主体部の上部に遺物埋納用の小石室（五尺内外四方と伝聞される）を設けたもので、34面の鏡は全てここに埋納されたものである。

　佐味田宝塚古墳［46］の場合には、この類型に含めることに批判があるかもしれないが、以下の理由により副次施設として誤りはないと思われる。伝聞によるが、鏡36面を鱗状に配置していたと報告されており（図2）、人体埋葬の余地はないと考えられること、その施設の下方は当時

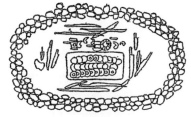

図2　大和・佐味田宝塚古墳［46］の遺物出土状況

地元で油練りと称された粘土を以て固くかためており、この状況は同じ馬見古墳群の、先述の新山古墳 [47] と同様であるばかりか、新山古墳ではその粘土層のさらに下層に主体部が存在した事実から、佐味田宝塚古墳の場合もこの施設のさらに下方に本来の主体部があったものと考えておきたい。

　天神山古墳 [49] は従来、崇神陵古墳の陪冢と理解されてきた。23面の鏡を収めた施設も、人体埋葬の余地がないとの理由で、本墳を陪冢とすることの大きな根拠となってきたのである。しかしながらその後の測量調査の結果（伊達1999）もふまえた上で詳論（藤田2006）したとおり、この施設が墳丘の中軸から大きく西に外れて構築されていることは知られていない事実である（図3）。従って、後円部頂の平坦面には墳丘中軸をはさんで東西二箇所の主体部または施設の存在を推定でき、この既報告の石室は、人体埋葬の余地がない点で、副次的な遺物埋納用施設であったと理解する。そしてこのように考えれば、天神山古墳 [49] は陪冢ではなく、一個の独立した古墳として評価するべきである（藤田1993）。

　最後にマエ塚古墳 [45] は棺の小口に接して設けられた副室に、9面の鏡が埋納されていたことは報告書の通りであり、特に説明を加える必要はないだろう。

　以上のように、鏡を大量に副葬する古墳の類型化を行ったが、以下記すように、このことによって、他の地方よりも大和が、さらに大和の中でも特定の古墳群が、鏡の副葬の在り方、それは取りも直さず鏡の所有形態、が卓越していることを知り得る。

　すなわち、棺内に大量（6面以上）の鏡を全て入れる類型1や、棺内に1面のみ残し、他を棺外に配置する類型2が、「旧稿」時においては大和には認められなかった。その後、棺内に1面、棺外に3面の三角縁神獣鏡を副葬する鴨都波1号墳 [54] が知られるようになったが、6面以上の大量副葬の類型2の古墳が地域を代表する前方後円（方）墳であるのに対して、鴨都波1号墳 [54] は一辺16mの方墳に過ぎない。また、棺外にのみ大量の鏡を副葬する類型3についても、他の3基が地域を代表する前方後円（方）墳であるのに対して、大和・衛門戸丸塚古墳 [44] は円墳なのであって、それにもかかわらず同じ類型に属することは、大和における鏡の保有形態の卓越性を示唆する。[7]

　そして、何よりもそのことを端的に示すのは、副次施設に大量の鏡を埋納す

第1章　鏡の副葬位置からみた前期古墳と葛城の勢力　31

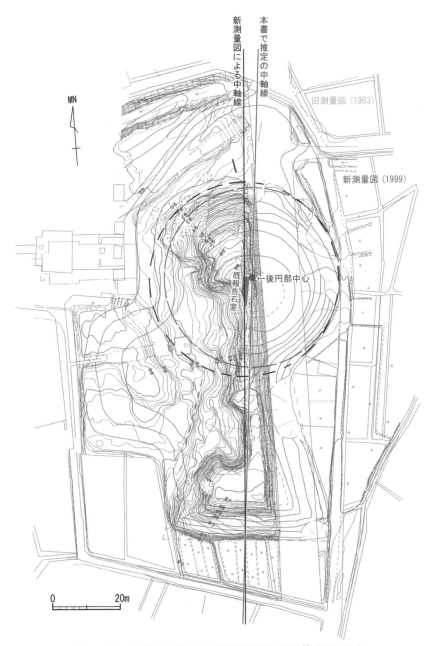

図3　大和・天神山古墳［49］の新旧測量図と墳丘端（藤田 2006）

る類型4が、大和においてのみ認められる事実である。

　なお、この類型4の条件の一つである、「大量に」を外し、「副次施設に鏡を埋納するもの」と仮に条件を緩めても、実は大勢は変わらない。この場合の唯一の例外的な古墳としては、山城・椿井大塚山古墳[59]の3面の鏡を副次施設に入れる例があるが、筆者は以下の理由で、この古墳は例外には当たらないと考えている。

　京都府相楽郡木津町所在の瓦谷1号墳（石井・有井・伊賀ほか1997）は墳長51mの前方後円墳で、小札革綴冑と方形板革綴短甲を副葬しており、前期古墳として冑と短甲がセットで副葬された初例となった。大和北部勢力と同形態の各種形象埴輪の存在が指摘されており（伊賀1997）、この古墳の所在する南山城の地域は、他の地域にも増して大和との関係に深いものがあったことを示している（この段、本稿において一部修正。当初、円墳と報告されていたことによる）。

　さらに、前期古墳にあっては次項で検討するように、複数の鏡の副葬位置が頭付近に集中しているものと、頭と足の付近に分離して配置しているものの二者があり、前者を頭部集中型の鏡配置、後者を頭足分離型の鏡配置と呼ぶが、畿内においては淀川（京都府域では宇治川）を境にして右岸が頭足分離型、左岸が頭部集中型と明確な分布域の違いが認められる。瓦谷1号墳や椿井大塚山古墳[59]の所在する南山城は大和北部と同様、淀川左岸域通有の頭部集中型の地域であることも、大和との密接さを示すものと言えるだろう。

　以上から前期の南山城は他にも増して大和との密接な関係を有した、いわば、大和域として同等視できる地域であったと想定でき、従って唯一大和以外で副次施設に鏡を埋納することの知られる椿井大塚山古墳[59]も、中心主体の鏡の質・量からしても、大和域の古墳として評価することにしたい。

　そして、大和にあっては佐味田貝吹山古墳[48]、柳本大塚古墳[50]がそれぞれ小石室内に1面ずつの鏡を埋納しており、その面数に限らず、副次施設に鏡の埋納の知られるのは、大和域の古墳のみであることが知られるのである。なお「旧稿」後に柳本大塚古墳[50]と同様の例として下池山古墳（寺沢・卜部ほか2008）が知られることになった。

　以上により、大和の他に対する鏡の副葬形態、否、保有形態の卓越性は明確である。そしてこのことは、鏡が大和から各地へ配布されたことを、強く示唆

するものと言えよう。

　それでは、その大和の内で、より鏡の保有形態の卓越していた地域はどこであろうか。ここでは、大和に限られた類型4（副次施設内鏡大量埋納）の他の古墳が、いずれも前方後円（方）墳である中で、唯一円墳であるマエ塚古墳［45］の存在に注目したい。円墳でありながら類型4に属することは、この古墳の所在する地域の卓越性を示唆するものと考えたい。また、先述したように、唯一円墳でありながら類型3に属している衛門戸丸塚古墳［44］が、やはりこの地域に所在していることは、これを支持すると言えるかもしれない。

　その地域とは、すなわち、佐紀盾列古墳群（西群）であり、古墳時代前期の後半期間、大王墓級の大形古墳が相次いで築造された地域であることは改めて述べるまでもないだろう。そして、このような地域であればこそ、大和の中でなお、鏡の保有形態の卓越性が認められるとするべきであり、古墳時代前期における、大和からの鏡の配布は、ある段階以降は、この佐紀盾列古墳群（西群）の大王墓級の古墳の被葬者により行われたものと考えたい。

4. 頭部集中と頭足分離

　古墳時代全般を通じて、鏡について、1面だけを被葬者に副える場合、ほとんど例外なく棺内の頭部または胸部付近に副葬され、多くの場合、鏡は頭部を意識した状態で副葬されるものであったことはさきに述べた。ところが、これが2面あるいはそれ以上の、複数の鏡を副葬する古墳では、多くの場合には、少なくとも1面は棺内頭部付近に配置するが、残るものについては棺外に配置したり、あるいは足の付近に配置するなど、必ずしも頭部にのみ集中して副葬されるとは限らないことも改めて述べるまでもないだろう。

　複数の鏡を棺内・棺外に分けて副葬する事象については、前項で検討した通りであるが、ここでは視座を一転して、棺内・棺外を問わず、被葬者に対して鏡がどの位置に配置されたかを考えてみたい。

　竪穴式石室・粘土槨・木棺直葬などいわゆる竪穴系の主体部においては棺に蓋をした後に棺外の副葬品の配置が行われた（石野1977）とされる。このことは、棺外遺物を配置する段階では、被葬者の姿は見えない状態であったことを意味しているが、葬送を執り行う者は、被葬者を棺内のどの位置に葬ったかを概ね

正確に記憶に留めていたはずであるので、棺内・棺外の区別を全くせずに、複数の鏡が、被葬者の頭部に集中して配置されたか、あるいはそれ以外の場所にも配置されたかという検討にも、一定の成果を期待できるものと考える。

なお、前期古墳のみを対象にすると、資料の絶対数が不足することもあって、この項では中期古墳で、いわゆる竪穴系の主体部を採用する、複数の鏡を副葬するものも検討の対象とした。ここで検討しようとしている、副葬にあたっての鏡の配置方法の原則とも言うべきものは、後述する特殊な場合を除き、それまでの伝統的な因習を残しやすいものと考えたからである。また、複数の鏡を副葬する古墳（内部主体）のみを対象にするのは、そこに差違がより拡大されて表出すると考えるからである。

さて、複数の鏡を副葬する古墳（内部主体）について、頭部以外の場所にも鏡を配置する事例を検討すると、頭部と足部に鏡の配置箇所を分離するものが大半であり、これを「頭足分離型」の鏡配置と呼称する。対して、複数の鏡を、頭の付近のみ、または頭から胸部にかけて配置するものについて「頭部集中型」の鏡配置と呼称して、それぞれの型について分布を確認していきたい。[8]

なお、鏡を2面副葬する場合も1面の場合と同様、原則として頭部集中型であることは、図1さらには「表1　対象とした古墳一覧表」を一瞥すれば明らかであろうと思われるが、そうした中で、2面でありながら頭部と足部に分離して1面ずつを配置するものは、頭足分離の因習が強く反映したものと評価する。したがって、頭足分離型の2面副葬については3面以上の場合と同様、有効な資料として使用することになるが、頭部集中型の2面副葬については本文中では必ずしも触れない場合が多いことを断っておきたい。

さて、この2つの型の分布域の違いが最も著しいのは意外にも近畿地方である（図4）。ひとまず「旧稿」に基づいて当時の資料のみで記すことにする。

3面以上の鏡を副葬する古墳について検討すると、頭部集中型として、和泉・黄金塚古墳［30］、東梼、河内・御旅山古墳［32］、岡古墳［35］、ヌク谷北塚古墳［36］、古市方形墳［43］、衛門戸丸塚古墳［44］、大和・マエ塚古墳［45］、山城・八幡東車塚古墳［58］、トツカ古墳［56］、久津川車塚古墳［57］の各古墳が淀川左岸域または以南の、和泉・河内・大和北部・山城南部に顕著な集中傾向を見せる。

他方、頭足分離型は、摂津・紫金山古墳［26］、弁天山C1号墳［28］、山城・

第1章　鏡の副葬位置からみた前期古墳と葛城の勢力　35

図4　近畿地方における2つの型の分布（破線は旧国境）

長法寺南原古墳 [60]、寺戸大塚古墳 [61] 前方部の各古墳の存在が知られ、淀川右岸域の北摂・山城北部に集中傾向を看取できる。

　すなわち、近畿地方を分断する形で琵琶湖から大阪湾に注ぎ込む大河川、淀川（地域により宇治川または瀬田川）を境として、右岸域が頭足分離型、左岸域が頭部集中型と、顕著な鏡副葬位置の差異が認められるのである。

　このことを確認しておいた上で、近畿地方全体について眺めてみると、頭足分離型は淀川右岸の向日丘陵からさらに、のちの山陰道に沿って口丹波の瀧ノ花塚古墳 [62]、園部垣内古墳 [63]、さらに但馬・城の山古墳 [65] へと至る。なお中期の但馬・茶すり山古墳 [67] では3面の頭部集中型となっている。そして頭足分離型はのちの北陸道に沿って山城・愛宕山古墳 [64] へ、のちの東山道に沿って近江・新開1号墳 [70] 北施設、大岩山古墳 [72]、雪野山古墳 [73] へと、北方及び東方への分布域の広がりが看取できる。

　頭部集中型については、頭足分離型では分布の広がりの認められなかった、のちの山陽道沿いの播磨・権現山51号墳 [22]、吉島古墳 [23] の存在が注目される。のちの東山道沿いには近江・古冨波山古墳 [71] も知られ、頭足分離

型と同様、東方への分布域の拡大もまた予想させるものとなっている。

このほか、大和盆地南部の新沢千塚古墳群では、3面以上を持つものでは、中期も末葉の築造にかかる109号墳［39］のみが頭部集中型であるものの、前期の48号墳［38］南榔、213号墳［41］は共に頭足分離型であって、同じ大和の前期古墳でも北部と南部では、鏡の副葬位置の型を異にしていることも注意しておく必要があろう。

それでは目を全国に広げてみると、二つの型はどのような空間的分布の特徴を有しているだろうか。近畿地方を検討することによって予想できた各種事項を念頭に置きながら概観しよう（図5）。

まず、北部及び西部九州地方では、3面以上の鏡を副葬する古墳で検討の対象とできるものは、肥後・向野田古墳［4］、肥前・谷口古墳［5］東石室、筑前・一貴山銚子塚古墳［8］、豊前・赤塚古墳［10］の4基で、いずれもが頭部集中型となっている。

対して、東部及び南部九州地方では、日向・持田14号墳［2］、持田45号墳［3］のように3面以上の頭部集中型が見られる一方、同じ古墳群に属する持田1号墳［1］は2面の頭足分離型となっており、両者が錯綜している状況が認められる。この2面の頭足分離型については豊後・灰土山古墳［9］、四国地方の伊予・朝日谷2号墳［15］も同様で、地理的近在性からしても、3者間に密接な関係を想定させる。

近畿地方以西では2面の頭足分離型がここにあげた3古墳に限られることから、この東部及び南部九州地方に加え、四国地方は一つのまとまりを持つ地域と考える。このことも含めて詳細は後述するが、全体としては頭部集中型と頭足分離型が錯綜する地域と捉えておく。また、豊前・赤塚古墳［10］を北部九州地方に含めて考える一方で、豊後・灰土山古墳［9］を東部九州地方とする理由についても後述する。

次に瀬戸内地方では、西端部では長門・松崎古墳［12］、周防・柳井茶臼山古墳［13］は3面以上の頭部集中型となっている。岡山県域で検討の対象とできる事例が皆無であることは遺憾であるが、先述の播磨・権現山51号墳［22］、吉島古墳［23］が瀬戸内地方の東端部を占めており、東西両端部共に頭部集中型によって占められている事実から、この地方では、頭部集中型の鏡副葬位置

第1章　鏡の副葬位置からみた前期古墳と葛城の勢力　37

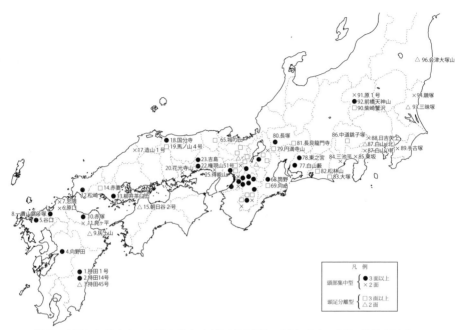

図5　全国における2つの型の分布（破線は都府県境。大阪・奈良・京都・滋賀は図4）

が採用されたものと考えることができよう。

　そうしたなかで、例外とするべき古墳が認められる。周防・赤妻古墳［14］は3面の鏡を頭足分離型に副葬する。この主体部は舟形石棺であるが、副葬品目は限られており、所属する時期については滑石製臼玉やガラス玉が存在すること、メノウ製勾玉が主体であることなどから、前期末葉から中期前葉の幅のなかでとらえるべきものであるが、隣接して埋置された箱形石棺からⅡ-c頸甲（藤田1984）が出土している事実から、舟形石棺もまた中期前葉の構築にかかるものと考えておきたい。このことにより、本墳は中期に入ってから、頭足分離型の因習の影響を受けたものと考えられるので、ここでは例外とすることに問題はないものと思われる。なお、その影響を与えた地域については、舟形石棺の存在や地理的条件から、さきの四国または東部九州地方を想定しておくのが妥当であろう。

　次に近畿地方以東について概観しておこう。3面以上の頭部集中型は、伊勢・筒野古墳［68］、尾張・東之宮古墳［78］、美濃・長塚古墳［80］、上野・前橋天神

山古墳［92］の４古墳で認められる。他方、３面以上の頭足分離型は、伊勢・向山古墳［69］、美濃・円満寺山古墳［79］、美濃・長良龍門寺古墳［81］、遠江・松林山古墳［82］、遠江・大塚古墳［83］、甲斐・中道銚子塚古墳［86］、上野・柴崎蟹沢古墳［90］の７古墳で認められる。

　このことから、近畿地方以東では、３面以上の頭部集中型と頭足分離型は、数のうえでは頭足分離型がやや優位ながらも、決定的な差とは言い難く、地域的にも２つの型が錯綜した状態で存在している状況を知ることができよう。

　このような錯綜状態は、２面の鏡を持つ古墳にも顕著に表れており、近畿以東では、多くの２面頭部集中型に混じって、相模・白山古墳［87］北粘土槨、常陸・三昧塚古墳［93］、会津・大塚山古墳［96］南棺の３例の、２面頭足分離型が知られ、３面以上の場合と同様、２つの型が錯綜している状況を看取できる。とりわけ、相模・白山古墳［87］では、中央の木炭槨が２面頭部集中型、先述の北粘土槨が２面頭足分離型と、同一の墳丘内にある主体部でありながら、両者の鏡の副葬位置の型が異なるものになっていることは、このことを如実に表しているものと言えよう。

　最後に山陰地方については、３面以上の頭部集中型として伯耆・国分寺古墳［18］が、頭足分離型として伯耆・馬ノ山４号墳［19］の存在が知られ、ここも両者が錯綜する地域とみて良いであろう。

　以上、複数の鏡を有する場合の副葬位置について、頭部集中型と頭足分離型の２つの型を設定し、それぞれの空間的分布を述べてきたが、これをまとめると次の通りである。

① 西・北部九州地方及び瀬戸内地方では、中期に属する一例を除き、いずれも頭部集中型である。
② 東・南部九州地方及び四国地方では、頭部集中型と頭足分離型は錯綜して存在している。
③ 近畿地方においては、淀川左岸及びそれ以南の和泉、河内、山城南部、大和北部では、いずれも頭部集中型である。
④ 一方、淀川右岸の摂津北部、山城北部（向日丘陵）とそこから山陰道で繋がる口丹波では、３面以上の鏡を有する場合、いずれも頭足分離型である。
⑤ 大和では、３面以上の鏡を有する前期古墳に限ってみると、北部が頭部集

中型、南部が頭足分離型と、顕著な違いが認められる。
⑥ 近畿地方以東の東海・中部・関東・東北地方では、頭部集中型と頭足分離型は、錯綜して存在している。
⑦ 山陰地方でも、頭部集中型と頭足分離型は錯綜して存在している。

　このように、頭部集中型と頭足分離型の分布域の相違の顕著な地域が認められること、または、二つの型の錯綜状況の見られる地域が一定範囲のまとまりを持っていることは、果していかなる事情に基づくものなのだろうか。項を変えて、前項での成果も踏まえながら、検討して行きたい。

5. 鏡配布者の二相

　小林行雄が同笵鏡を用いて前期古墳時代を論じる際に最大の拠所となっていた、舶載三角縁神獣鏡の同笵鏡1組は、5面を限度とするとの前提は、もはや崩れて久しい。

　一組5面を越えた同笵鏡は現在6種ある。冒頭で掲げた『椿井大塚山古墳と三角縁神獣鏡』による同笵鏡番号の《10》、《27》、《60》の三種の鏡は6面、その後出土した近江・雪野山古墳［73］例を加えた《25》と、《74》の二種の鏡は7面、さらに《52》に至っては9面にも達する同笵鏡が知られている（「旧稿」の1993年時点。黒塚古墳の出土例を加えた現状については橿原考古学研究所編2000『大古墳展―ヤマト王権と古墳の鏡―』図録 p.85 を参照されたい）。

　この前提の崩壊は、小林1961『古墳時代の研究』に収められた論考の各所に再検討を迫るものであるが、このことにより、同笵鏡分有の中心的位置にあるとされた、山城・椿井大塚山古墳［59］や備前・車塚古墳［21］に対する評価も微妙なものとなってきたといえる。

　小林1961「同笵鏡考」では、これらの古墳の首長が舶載三角縁神獣鏡の配布者として行動したと記したが、その際、「かれ（椿井大塚山古墳の被葬者を指す。筆者註）に多数の同笵鏡を供給し、かれにもまた1組5面の同笵鏡の一部を手もとに保持することを許したような、かくれた第三者の存在」を想定し、「椿井大塚山古墳と他の諸古墳のあいだに分有されている同笵鏡のうちには、…中略…5面の同笵鏡がすべて投入されている例がみられる。この場合には、かりに第三者の存在を考えるにしても、その第三者の手もとには、もはや同じ

同笵鏡は残っていないから、実際には …中略… 京都府大塚山と他の古墳とのあいだで、直接に分配が完了したのと同じ結果になる。」とし、同笵鏡の管理が「第三者」から椿井大塚山古墳の首長に移されたと考えることの根拠とした。

さて、山城・椿井大塚山古墳や備前・車塚古墳における同笵鏡の大量集積は、確かに同笵鏡分有の中心的位置を占めているように見えるが、実際には一組5面以上の同笵鏡の存在することが判明した現在、実はこれは、小林がたびたび否定した、「第三者」から椿井大塚山古墳、備前・車塚古墳への鏡配布の偶然の集積の結果としての、見かけ上の分有関係である可能性を、あながち否定できない状況になって来たと言えるのではないだろうか。

すなわち、ここには別段、「第三者」が鏡を配布するに際して、山城・椿井大塚山古墳、備前・車塚古墳の被葬者を介さなければならない必然性はもはやなく、むしろ小林のいう「第三者」が直接鏡の配布を行った可能性を考慮する必要があるように思われる。

備前・車塚古墳では、小林によれば東方型鏡群に属する三角縁神獣鏡が11面中9面を占めるとされ、また、東方諸古墳の東方型鏡群に属する鏡は、この首長を経て分与されたと主張した。

しかしながら、東方型鏡群に属したはずの舶載三角縁神獣鏡のうち、3種（同笵鏡番号《7》《27》《33》）の鏡群が九州地方にも存在することが判明し、さらに同笵鏡は5面を限度とするとの前提も崩れたことにより、未調査の古墳に、小林の設定した東方型・西方型の分布域と矛盾する鏡群が埋もれている可能性も高くなった。

さらに、次のような点でも山城・椿井大塚山古墳や備前・車塚古墳は、小林が想定したような、鏡の一極集中的な配布者とはみなし難い。前項で検討した、頭部集中型と頭足分離型の差違は、鏡を副葬するに際しての単なる因習の違いでしかない。しかし、第2項でも検討したように、鏡が配布されたものであるとするならば、配布する側からは、この因習と共に鏡も搬出されるものと推定でき、両者は不可分の関係にあるものと考えられる。

このことを前提にすると、山城・椿井大塚山古墳の所在する南山城や、備前・車塚古墳の所在する瀬戸内地方は、頭部集中型の鏡副葬配置を採用する地域であるから、それぞれの古墳の被葬者から鏡が配布されたとすると、その同

笵鏡配布先の古墳も当然、頭部集中型の鏡副葬配置を採るはずである。
　ところが、山城・椿井大塚山古墳と同笵関係にある同笵鏡番号《35》は、頭足分離型の鏡配置を採る美濃・長良龍門寺古墳 [81] での検出が知られ、また、椿井大塚山古墳、備前・車塚古墳両者と同笵関係にある同笵鏡番号《6》も頭足分離型の鏡配置の遠江・大塚古墳 [83] が有している。
　仮に、山城・椿井大塚山古墳や備前・車塚古墳が、鏡の配布者であったとすると、配布する鏡と共に頭部集中型鏡配置の因習もまた伝えられたはずである。そして仮にその地域内における二次的な配布を想定するならば、当然その因習も地域内で継承されるだろう。
　しかしながら、美濃・長良龍門寺1号墳や遠江・大塚古墳はこの頭部集中型鏡配置の因習を採用または継承していない。従って、山城・椿井大塚山古墳や備前・車塚古墳は少なくとも両墳の鏡の配布者ではあり得ないのであって、その鏡は頭足分離型鏡配置を採る地域の首長からもたらされたと考えることが妥当である。
　特に備前・車塚古墳の場合、頭部集中型の地域にありながら、淀川右岸の頭足分離型の集中する地域を経て、さらに東方へと鏡の配布を行ったと考えることは困難と言えるのではないだろうか。さらにこの古墳は、13面という大量の鏡を有しているものの、さきに第2項で検討したように、棺内にその全てを副葬する点で、鏡の大量副葬を行う古墳の中では最も被葬者個人としての鏡への執着度の高い、従って鏡の配布者の副葬形態からは最も程遠い、類型1と呼んだ鏡保有形態に過ぎなかった。
　山城・椿井大塚山古墳や備前・車塚古墳は、例えば周辺地域に鏡の配布を行ったかも知れないが、行っていないかも知れない。むしろ両墳ともに、周囲に顕著な古墳群を形成していない(9)点で、小林行雄が唱えたほどの、広範囲にわたる鏡の配布を可能ならしめる体制を具備していたとは考え難いのではないだろうか。
　そして、事ここに至っては、もはや両墳に固執する必要は感じない。小林の言う「第三者」こそが鏡の供給者であり、かつ直接の配布者であったとみなす方が、実情に即していると考える。
　それでは、小林が論文中で敢えて明言を避け続けた「第三者」とは、果して

いかなる者を想定していたのだろうか。

　このことについて小林は、「同笵鏡考」で、「第三者的存在にあたる首長の古墳が、京都府大塚山古墳の近辺はもとより、大和にもまた見いだされていないということは、かえってその第三者的存在の性格をしめすものではなかろうか。」と述べており、そこでは、未だ内部主体の状況のほとんど知られない古墳、すなわち宮内庁によって管理される大王墓級の、しかも大和の古墳の被葬者を想定し、この一文の言外にそれを示唆したものと思われる。

　さきに第2項で検討したように、鏡の大量副葬を行う古墳の中でも、類型4と呼んだ、副次施設に鏡の大量副葬を行う古墳が大和においてのみ認められるなどの事実は、大和の鏡保有形態の卓越性を具現したものと理解している。

　さらにその類型4の内でも、他はいずれも前方後（方）円墳である中で、マエ塚古墳 [45] のみが円墳であることなどは、同墳の所在する佐紀盾列古墳群（西群）の鏡保有形態が、大和の中でも特に卓越していたことを示すものと理解した。

　このことは、小林の言う「第三者」を具体的に特定したことになり、また、小林が言外に示唆した「第三者」像の一部とも合致するものであると思われる。

　ここで一部としたのは、「第三者」の葬られた古墳群として、さらに別の候補地を加えることを意図するためであるが、このことについて言及する前に、第3項で検討した、頭部集中型と頭足分離型の鏡副葬位置の問題について、補っておくべき事項がある。

　それは、この二つの鏡副葬位置の型が、いかなる過程を経て展開したか、ということである。

　そこで、それぞれの型の時間的分布状況を、都出比呂志の前期古墳分期法（都出 1979・1981・1982）を援用しつつ検討すると、まず頭部集中型の鏡副葬配置を採る古墳には、Ⅰ期に比定すべき古墳が含まれていることに注意したい。それは、豊前・赤塚古墳 [10]、播磨・権現山51号墳 [22]、播磨・吉島古墳 [23]、近江・古冨波山古墳 [71] の4基であって、当然のことながら、これらに副葬された鏡は、いわゆる舶載鏡のみで、仿製鏡を含まない。

　一方、頭足分離型の鏡副葬配置を採る古墳にはⅠ期のものは認められず、Ⅱ期の摂津・紫金山古墳 [26]、近江・雪野山古墳 [73]、美濃・円満寺山古

墳［79］ほかを最古の例とし、また副葬される鏡のうち、ほとんどのものが仿製鏡を含んでいる。

　頭部集中・頭足分離の二つの型は、共にその後、中期中葉〜後葉までは確実に存続しているが、それぞれの始まる時期に若干の時間差を指摘できる。
　すなわち頭部集中型の鏡配置は既にⅠ期の段階で採用されているのに対し、頭足分離型の採用はⅡ期を待たねばならなかったものと考えられるのである。
　さきに、佐紀盾列古墳群の大王墓級の古墳の被葬者は、小林の言う「第三者」であると共に、実際の鏡の配布者であること、そして頭部集中型の鏡副葬配置を採ることを指摘したが、埴輪編年（関川 1985）からすると、佐紀盾列古墳群の最古の大王墓級の古墳は、神功陵古墳・日葉酢媛陵古墳（石田 1967）の、いずれもⅢ期に下るものである。
　それならば、これに先行する、Ⅰ期及びⅡ期の、頭部集中型の鏡副葬配置を採る「第三者」そして鏡の配布者の墓地をどこに求めるべきであろうか。
　「旧稿」時には、このことを具体的に示す資料はなかった。しかしながら、次のように推測した。新山古墳［47］にみられるように、Ⅱ期には鏡大量副葬の類型４が大和では認められ、それはⅢ期に継続する鏡保有形態の卓越を示すものであるから、この卓越性はⅠ期にも遡って存在したとみなすことは許されるだろう。
　そして、頭部集中型の鏡副葬配置がⅠ期から存在するものである以上、この時期にもまた鏡の保有形態が卓越していたと考えられる大和から鏡は配布されたと見るべきである。
　そして、Ⅰ期に遡る大和の大王墓級の古墳を求めれば、箸墓古墳（中村・笠野 1976）、中山大塚古墳（田中・奥田 1985）（河上・豊岡・卜部・坂ほか 1996）、西殿塚古墳（白石 1985）を挙げることができる。大王墓級の古墳は、それらの所属する大和古墳群・柳本古墳群の大和東南部から、さらにはさきに「第三者」の墓地であることを指摘した大和北部の佐紀盾列古墳群へと推移するものであるとするならば、やはりこの大王墓級の古墳の系列の中に、頭部集中型の鏡副葬配置を採る「第三者」そして鏡の配布者を求めたい。
　「旧稿」の５年後には黒塚古墳［53］が調査され、柳本古墳群において天神山古墳［49］に続き「第三者」に近しい者の姿が顕わになった。黒塚古墳［53］は

棺内に1面、棺外に32面を副葬する鏡大量副葬の類型2で、柳本古墳群は頭部集中型の鏡副葬配置を採ることが確認できた初例となった。

　このように、大王墓系列の鏡副葬配置は頭部集中型である、とすることが妥当であるとすると、第3項で指摘した、頭部集中型と頭足分離型の空間的分布域の差違は重要な意味をもつことになる。

　再述すると、西・北部九州地方及び瀬戸内地方では、中期に属する1例を除き、いずれも頭部集中型であり、近畿地方においても、淀川左岸及びそれ以南の和泉、河内、山城南部、大和北部では、いずれも頭部集中型であった。以下、これらの地域を「西方頭部集中型分布圏」と呼称することにしよう。

　対して、同じ近畿地方でも、淀川右岸の摂津北部、山城北部はいずれも頭足分離型であった。この地域は以下、「淀川右岸頭足分離型分布圏」と呼称することにする。

　そして、東・南部九州地方及び四国地方や、近畿地方以東の東海・中部・関東・東北地方、そして山陰地方では、頭部集中型と頭足分離型が錯綜して存在していた。この三地域は以下、それぞれ「南方錯綜型分布圏」「東方錯綜型分布圏」「北方錯綜型分布圏」と呼称することにする。

　まず、西方頭部集中型分布圏について述べると、ここで検討対象できたものに限っても、豊前・赤塚古墳[10]、備前・車塚古墳[21]、播磨・権現山51号墳[22]、播磨・吉島古墳[23]、山城・椿井大塚山古墳[59]そして「旧稿」後の大和・黒塚古墳[53]など多くのⅠ期に築造期の遡る古墳が知られており、その形成の開始は早い。Ⅱ期以降に知られる頭足分離型の影響は前期では認められず、このことは、さきに頭部集中型鏡副葬配置を採るとした、大和古墳群・柳本古墳群の大和東南部勢力並びに佐紀盾列古墳群の大和北部勢力の、直接的な影響下で形成された分布圏であることを示している。

　また、より古い形態である頭部集中型の鏡副葬配置を前期を通じて継承するのは、この分布圏に限られている。このことは、この分布圏では、Ⅰ期に展開し始めていた頭部集中型の因習が、その後も引き続いて継承されて行くまでに定着したことをことを示すものである。そして、築造期の下る筑前・一貴山銚子塚古墳[8]、肥前・谷口古墳[5]などは、その規模や内容からみて大和東南部・北部勢力の直接的な介入を想定すべきであり、この分布圏に対する大和東

南部・北部勢力の鏡の配布は、前期全般にわたって継続して行われたものと見られよう。

　他方、淀川右岸頭足分離型分布圏では、京都府向日市に所在する元稲荷古墳（西谷1974）や五塚原古墳（和田1981）がⅠ期に遡るものとして知られ、鏡の副葬配置は不明であるが、複数の鏡を有したとすれば、Ⅰ期の築造であることから頭足分離型とは考えられず、頭部集中型であろう。しかしながら、後続する寺戸大塚古墳 [61] や近在の長法寺南原古墳 [60] は頭足分離型の鏡副葬配置を採っており、この因習に関する限り、後続する古墳に対する影響力は微弱であり、地域に定着したものではなかったと考えられる。

　この状況は近江においてさらに明瞭であり、Ⅰ期の古冨波山古墳 [71] が頭部集中型の鏡配置を採るにもかかわらず、後続する大岩山古墳 [72]、雪野山古墳 [73] や新開１号墳 [70] はいずれも頭足分離型の鏡副葬配置を採っていた。

　そして同様の状況は淀川右岸においても、旧稿後に安満宮山古墳 [29] がⅠ期の頭部集中型の鏡配置として知られるようになり、下った時期に築造される頭足分離型の鏡配置の紫金山古墳 [26]、弁天山Ｃ１号墳 [28]、そしてさきに向日丘陵の状況として述べた長法寺南原古墳 [60]、寺戸大塚古墳 [61] と明瞭な対比をなしている。

　このように、東方錯綜型分布圏への、のちの東海道・東山道・北陸道を経てのルートとなる、Ⅱ期以降の淀川右岸頭足分離型分布圏や近江地方では、先行形態である頭部集中型が一度は採用されながら定着をみていない。

　このことは、Ⅰ期段階での大和東南部勢力の影響力が面的あるいは線的に及ぶ範囲は、さきの西方頭部集中型分布圏にほぼ合致する、西日本を包括する程度のものでしかなかったことを示しており、元稲荷古墳は、近江・古冨波山古墳 [71] と同様、Ⅰ期の段階に大和東南部勢力が西方頭部集中型分布圏からさらに東方への足掛かりとして拠点的に興された勢力により築造された古墳であると理解したい。安満宮山古墳 [29] も同様に評価できるが、一辺21ｍの方墳にすぎないことからすれば、むしろ淀川右岸域に対するⅠ期段階での橋頭堡としての側面の方が強いであろう。

　さて、Ⅱ期以降の淀川右岸頭足分離型分布圏は、先行して存在した頭部集中型の因習を受け入れることを頑ななまでに拒む地域である。

具体的には摂津・紫金山古墳 [26]、弁天山 C1 号墳 [28]、山城・長法寺南原古墳 [60]、寺戸大塚古墳 [61] の各古墳が知られ、これらの古墳の竪穴式石室の使用石材には興味深い共通性があることについては後述する。そして、やや目を広げると、頭足分離型の鏡の副葬配置の因習は、のちの山陰道に沿って口丹波の瀧ノ花塚古墳 [62]、園部垣内古墳 [63]、さらに但馬・城の山古墳 [65] へ、のちの北陸道に沿っては丹波・愛宕山古墳 [64] へ、のちの東山道に沿っては近江・大岩山古墳 [72]、雪野山古墳 [73] へと分布域の広がりが指摘できる。そして、この地域における、頭足分離型の集中度に注目する必要があるだろう。

ならば、この淀川右岸頭足分離型分布圏から東方錯綜型分布圏の頭足分離型の鏡副葬配置を採る各古墳に鏡が配布されたと考えるべきなのであろうか。

鏡は経由し通過して行ったかもしれない。しかし、これらの古墳のなかで最大規模の摂津・紫金山古墳 [26] にしたところで、墳長 100m 程度であり、しかも鏡大量副葬の状態も、棺内に 1 面の舶載鏡を残す、類型 2 にとどまっている。また、この地域に、これを越える規模の前期古墳の存在も見い出し難いのであって、「第三者」あるいは本来の鏡の配布者がこの地域に君臨していたとするには、鏡の副葬形態にせよ墳丘規模にせよ、いささか貧相さを否めないように思われるのである。

やはり「第三者」及び鏡の配布者の墳墓は、鏡の保有形態の卓越の認められた、大和の中にこそ求めるべきであろう。しかしながら、大和東南部および北部の勢力は、先述した通り頭部集中型の鏡副葬配置を採るものと考えられる。果して彼ら以外で鏡配布者にふさわしい勢力、しかも頭足分離型の鏡副葬配置を採る勢力を大和の中で見い出すことができるだろうか。

その点、近藤喬一が「いずれの仿製三角縁神獣鏡をとりあげても、その鏡式のすべてに大阪府紫金山古墳出土鏡の関連してくることは重要な点である。その古墳に副葬されているからといって、その古墳に葬られた首長のもとに鋳鏡工人の掌握されていたことにはならぬ。ただ原鏡の出土している奈良県新山古墳周辺…略…との関係が、特に他の遺物の上にも強くあったかどうかは気をつける必要があろう。」(近藤 1973) と述べているのは示唆的である。

馬見古墳群に属する新山古墳 [47]、佐味田宝塚古墳 [46] ともに鏡大量副葬

の状態は、副次施設に大量に埋納する類型4であり、大和の他の数基の古墳と同様、鏡保有形態の卓越を示すものであることは既に述べた。この卓越性は鏡配布者としての要件の一部を満たすものと言える。

　そして、限られた資料ではあるが、馬見古墳群と同様、大和の西南部に位置する、新沢48号墳［38］、新沢213号墳［41］の2基の前期古墳は、頭足分離型の鏡副葬配置を採っていた。このことから類推すると、馬見古墳群の位置する大和西南部は、前期の段階では頭足分離型の鏡副葬配置を採用する地域ではないだろうか。

　馬見古墳群の形成の端緒となった新山古墳［47］の築造期は、頭足分離型の鏡副葬配置の出現するⅡ期であり、ここにも一致点を見い出せることも、付言しておく必要があるだろう。

　「旧稿」後には鴨都波1号墳［54］が知られるようになり、同地域における頭足分離型の鏡配置の確例を加えた。一辺16mの方墳にもかかわらず棺内に1面、棺外に3面の三角縁神獣鏡を副葬するという極めて優れた鏡の副葬状態を採用しうる背景には馬見古墳群との深い関係が想定され、この点については本章第2節で詳論する。

　以上の状況から、頭足分離型の鏡副葬配置を採る前期古墳に対して、「第三者」的な役割を果し、頭足分離型の鏡副葬配置の因習と共に実際に鏡を配布したのは、馬見古墳群の被葬者たちであると理解したい。

　ただ、このことが妥当であったとしても、後述するように、大和東南部および北部勢力から馬見古墳群の勢力への鏡の提供があり、馬見古墳群の被葬者はそれをさらに、頭足分離型の鏡副葬配置を採る前期の各古墳被葬者に配布する場合があったと考えられるので、このことが鏡式の上に反映されることは稀だろう。それだけに、さきの近藤喬一の指摘は、極めて貴重なものであると思われる。

　次に、東方錯綜型分布圏について述べよう。この地域においてもⅠ期に遡る古墳が知られており（田中1984）、この時期の鏡配布者は、さきに述べた通り、大和東南部勢力であったと思われる。ところが、対象とした古墳のうち、この地域において最も遡る時期の古墳は、頭足分離型の美濃・円満寺山古墳［79］で、Ⅱ期の築造にかかるものであろうと思われる。このような状況は、Ⅱ期に

至り、大和東南部勢力が鏡を配布する行為の一部を馬見古墳群の、具体的には新山古墳［47］の被葬者に委ね、さらなる東方への勢力の浸透を図ったことを示すものと考えたい。

例えば、同笵鏡番号《52》は、同じ馬見古墳群で、新山古墳［47］に後続する盟主墳、佐味田宝塚古墳［46］からも出土しているが、この同笵鏡は、東方錯綜型分布圏においては、頭部集中型の鏡副葬配置を採るものとしては、伊勢・筒野古墳［68］、尾張・東之宮古墳［78］、美濃・長塚古墳［80］東椰、上野・前橋天神山古墳［92］での出土が知られ、また頭足分離型の鏡副葬配置を採るものとしては、先述の美濃・円満寺山古墳［79］での出土が知られている。

このように同笵鏡でありながら採用する鏡副葬配置が頭部集中型と頭足分離型の両者の古墳から出土している事実は、馬見古墳群の被葬者が大和東南部、後には北部の大王墓級の古墳の被葬者からこれら同笵鏡を提供され、さらに東方錯綜型分布圏の頭足分離型を採る各古墳へと配布していたことを如実に示すものとして評価したい。そして、東方錯綜型分布圏において、Ⅲ期以降に築造期の下る、尾張・東之宮古墳［78］、美濃・長塚古墳［80］、上野・前橋天神山古墳［92］などの前期古墳は頭部集中型、遠江・松林山古墳［82］、遠江・大塚古墳［83］、甲斐・中道銚子塚古墳［86］、上野・柴崎蟹沢古墳［90］などの前期古墳は頭足分離型の鏡副葬配置を採っており、鏡副葬配置の二つの型は、共に錯綜する状態で存在していることが知られるのである。

この頭部集中型に属する3基の古墳は、それぞれの地方でも最大規模のものであることからしても、大和東南部・北部勢力の直接の介入、鏡の配布を想定すべきであり、Ⅱ期以降についても、この分布圏に対しての大和東南部・北部勢力からの鏡の配布は継続するが、一方で鏡は、頭足分離型の中心地、馬見古墳群の被葬者からも、その因習と共にこの分布圏に搬出されたものと考えたい。

そして、こうした因習がどのようにして中央から地方に伝達されたかについては、中央で行われた葬儀に全国の地方勢力が参加することにより伝達されたと考えるには、中央において頭部集中型と頭足分離型の2つの型があることや、想定される葬送儀礼の手順を大人数で観察できるだけのスペースを墳頂部に確保しがたいことから無理がある。頭部集中型の本貫地である大王家の勢力、頭足分離型の本貫地である馬見古墳群の勢力がそれぞれ各地へ下向したことに

第1章　鏡の副葬位置からみた前期古墳と葛城の勢力　49

よって、それぞれの因習が伝達されたと考えるべきであろう（この段、本稿において追記。藤田2006, p.343でも同様のことを述べている。）。

次に、南方錯綜型分布圏について述べる。四国地方では鏡を複数有する古墳として検討対象とできたのは1基にすぎないが、I期もしくはそれ以前に遡るものとして、讃岐・鶴尾神社4号墳（渡辺・藤井1983）、石清尾山猫塚古墳（梅原1933）、阿波・萩原1号墳（菅原・河野・林1983）、伊予・唐子台15号墳（正岡1981）など多くの存在が知られている。I期においては大和東南部勢力からの鏡配布をさきに想定したが、実際に知られたのはIII期以降に築造期の下る伊予・朝日谷2号墳[15]の2面頭足分離型であった。このような状況は、さきの東方錯綜型分布圏と同様、早い段階では大和東南部勢力がこの地方の鏡配布を行っており、後に馬見古墳群の被葬者もそれに加わったことを示していると見て良いであろう。その時期については後述の理由により東方錯綜型分布圏と同様II期であると考える。

一方、東部九州地方については、豊前・赤塚古墳[10]や免ケ平古墳[11]の属する川部・高森古墳群を西方・南方のいずれの分布圏に所属させるかが地理的に問題となるが、赤塚古墳はI期の築造で頭部集中型の5面棺内副葬なので、当然、西方頭部集中分布圏に属する1基と考える。続く免ケ平古墳は2面の頭部集中型で、このことのみでは頭足分離型の影響を受けていないと断定できないが、同一古墳群内で、しかも前期のうちに連続して築造された2古墳であるが故に、この古墳群は赤塚古墳以来の頭部集中型の伝統的因習を引き継ぐ西方頭部集中分布圏に属するものと考える。また、豊前にはI期の古墳としてほかに福岡県京都郡苅田町所在の石塚山古墳（島田1924ほか、長嶺1988）も知られ、これは豊前を西方頭部集中分布圏に属させることの妥当性を支持していると言える。

これに対して、豊後では灰土山古墳[9]が2面頭足分離型で、のちの南海道の終着点である四国地方に加え、九州地方では、そこから豊後水道を渡った豊後と、さらに南下した日向が南方錯綜型分布圏に属することになる。豊後・日向ではI期に確実に遡る古墳は知られていないが、近年、その可能性のある前方後円形の墳丘形態のものも指摘されるようになってきており、今後の動向に注目したい。そして今は、南方錯綜型分布圏の状況は、四国地域のそれを

もって代表させておく。

　なお、大和を起点とした場合ののちの南海道方面、すなわち紀伊・淡路・四国地方、さらには先述のように東部・南部九州方面へのルートを想定するとき、馬見古墳群がその出発点というべき葛城地域に属していることは示唆的である（葛城地域の範囲等については本章第4節で詳論する。）。

　この南海道のルート上、紀ノ川流域ないし阿波地方で産出する結晶片岩は、[14]畿内に所在する前期古墳の竪穴式石室の用材として重宝されていたことが知られるが、さきの淀川右岸頭足分離型分布圏に属する摂津・紫金山古墳[26]や近在する将軍山古墳（堅田1968）の竪穴式石室では、石室材全体のなかで特に高い比率でこの結晶片岩が用いられている（宇垣1987）ことは興味深い。このことは頭足分離型の鏡副葬配置の本貫地である馬見古墳群の被葬者たちがこのルート上の各地方に介入していく過程で石室材としての結晶片岩の産出地を管理下に置いたとみられることが大いに関わっているものと考えられ、そのことが頭足分離型の鏡副葬配置を採る淀川右岸の一部古墳への結晶片岩の安定した供給を保証し、石室材として特に多量に使用することを可能ならしめたのであろう。[15]

　また、南海の産物としてはゴホウラ、スイジガイ等を加工した貝輪があり、前期古墳に限ってみれば、現在4基からの出土[16]が知られている。そのうち3基は、摂津・紫金山古墳[26]、遠江・松林山古墳[82]、甲斐・中道銚子塚古墳[86]で、いずれも頭足分離型の鏡副葬配置を採るものであることに注目させられる。残る1基も東方錯綜型分布圏に属するとみられる長野県に所在する鎧塚古墳（永峯・亀井1959）であるから、このことからすると、南海産貝輪と頭足分離型の鏡副葬配置は密接な関係があるといえそうである。そしてこの場合においても頭足分離型の本貫地である馬見古墳群の存在を念頭におくべきであって、南海産貝輪は馬見古墳群の被葬者を通じて頭足分離型の因習や鏡そのものと共にこれらの古墳にもたらされたと見なすことができよう。

　もちろんこのことは頭部集中型の古墳にこの種の遺物が副葬されることはないと述べているわけではない。馬見古墳群の被葬者を通じて大和東南部・北部勢力に南海産貝輪が供給されることは十分に考えられるからである。いまはただ、頭足分離型の鏡副葬配置と南海産貝輪の密接な関係から、その供給には馬

見古墳群の被葬者が深く関わった可能性を強調しておきたいと思う。

そしてさきの結晶片岩、さらには南海産貝輪を共に有する摂津・紫金山古墳［26］がⅡ期の築造であることから、馬見古墳群の被葬者の南方錯綜型分布圏に対する介入は、東方のそれに対するのと同様、Ⅱ期から開始されたものと考えておきたい。

最後に、北方錯綜型分布圏すなわち山陰地方について言及しておくと、この地域ではⅠ期に遡る古墳は、地域的伝統を継承したとみられる方墳に限られていた感があり、他とは若干様相を異にしていたが、近年、測量調査によって出雲・松本3号墳（出雲考古学研究会1991）が撥形に開く前方部を有する前方後方墳として注目されるようになった。墳形の各種特徴そのものは、直接に築造の時期を示すものではないが、山陰地方においても、いわゆる定型化された古墳が、前期の比較的早い段階に存在することは認めて良いであろう。従って、東方や南方錯綜型分布圏の四国地方と同様、この分布圏にあっても、当初は大和東南部勢力から鏡を配布されていたが、Ⅱ期以降には国分寺古墳［18］・馬ノ山4号墳［19］という、頭部集中型・頭足分離型の両者の古墳が築造されていることからみて、ある段階には馬見古墳群の被葬者も鏡配布の行為に加わったものとみなしたい。

6. 小 結

葬送にあたっての祭祀主催者が、被葬者個人にとって、より重要度が高いと判断したものが棺内に入れられ、それ以外は棺外に配置される。

そして、時代を画する遺物である中期の甲冑は、軍事力の格差に直接関わる極めて政治的な遺物であるが故に、また、前期の鏡は当時最も重視された、古墳における首長権継承祭祀の主たる小道具であると想定されるが故に、当時にあっても非常に重視された遺物であったと考えられることから、これら主要遺物が、被葬者の位置から離れれば離れるほどその古墳の副葬形態は他に卓越していたことを示すと共に、これら主要遺物に対する副葬形態の卓越性は、取りも直さず主要遺物の保有形態、さらにはその古墳並びにその地域の、他に対する卓越性を反映しているものと理解した。

第3項では、この前提に従い、鏡の大量副葬は6面以上との便宜的条件の

下、各古墳において大量の鏡を棺内・棺外などにいかに配分しているかを検討した結果、類型1～4の4種に区分することができた。うち類型4、すなわち副次施設に大量の鏡を埋納するものは、大和においてのみ認められることから、大和は鏡の保有形態が他に卓越していること、さらに佐紀盾列古墳群（西群）では、円墳でありながら類型4のものが認められることから、前期古墳の鏡の一部は、大和の中でも鏡の保有形態が卓越する、佐紀盾列古墳群（西群）から配布されたものと考えた。

続く第4項では、一転して、棺内・棺外を問わずに、鏡が被葬者に対してどの位置に副葬されたかを検討した結果、鏡副葬位置を頭部集中型と頭足分離型の2つの型に区分することができた。

そして、それぞれの空間的分布は、①西・北部九州地方及び瀬戸内地方では、中期に属する一例を除き、いずれも頭部集中型であること、②東・南部九州地方及び四国地方では、頭部集中型と頭足分離型は錯綜して存在していること、③近畿地方においては、淀川左岸及びそれ以南の和泉、河内、山城南部、大和北部では、いずれも頭部集中型であること、④一方、淀川右岸の摂津北部・山城北部では、3面以上の鏡を有する場合、いずれも頭足分離型であること、⑤大和では、3面以上の鏡を有する前期古墳に限ってみると、北部が頭部集中型、南部が頭足分離型と、顕著な違いが認められること、⑥近畿地方以東の東海・中部・関東・東北地方では、頭部集中型と頭足分離型は、錯綜して存在していること、⑦山陰地方でも頭部集中型と頭足分離型は錯綜して存在していること、などの特徴をもつものであることを指摘した。

第5項では、ここまでの成果を踏まえつつ、鏡配布者は、Ⅰ期の段階では頭部集中型の鏡副葬位置を採ると推定される、大和東南部勢力であり、その時期の勢力の影響が面的あるいは線的に及ぶ範囲は、さきの①③の地域、すなわち西方頭部集中型分布圏にほぼ合致する程度のものに過ぎなかったと考えた。

さらにⅡ期以降については、さきの⑤の事実などから、頭足分離型の鏡副葬位置を採ると推定される馬見古墳群の被葬者が鏡配布者に加わり、さきの④の地域すなわち淀川右岸頭足分離型分布圏に対しては単独に、また、さきの②⑥⑦の地域すなわち南方・東方・北方の各錯綜型分布圏に対しては大和東南部・北部勢力と共に、鏡の配布者として下向することにより活動し、前期政

権の勢力の伸張に努めたと考えた。もちろんこの時期、大和東南部・北部勢力の西方頭部集中型分布圏に対する鏡配布は継続して行われ、かれらはⅡ期以降、主に東方・南方・北方の各錯綜型分布圏に属する地域に対して鏡を配布する仕事の一部を、馬見古墳群の被葬者に委ねたものと考えたのである。

補註

(1) 三角縁神獣鏡など凹凸の多い鏡式については、同笵では鋳造できず、むしろ同型鏡と言うべきである、との妥当性の高い主張があることは承知しており、筆者にはいずれとも決めかねたので、従来は、「同笵（型）鏡」などと表記してきた。最近見かける「兄弟の鏡」などの表記も意味するところは変わらない。このことに関する筆者の認識は全く進んでいないが、本節では小林行雄の文章を引用することも多いため、繁雑さを避け、用語を統一する意味で以下、「同笵鏡」としたまでである。このことについて、特に主張する所があるわけではない。

(2) 小林行雄は『古墳時代の研究』、1961 年、青木書店以降、この方面の研究を精力的に行っており、『古墳文化論考』、1976 年、平凡社には「三角縁神獣鏡の研究―型式分類編―」（初出『京都大学文学部紀要』第 13、1971 年）と「仿製三角縁神獣鏡の研究」の 2 篇の論考を、『辰馬考古資料館考古学研究紀要』1、1979 年には「三角縁波文帯神獣鏡の研究」をそれぞれ発表している。

(3) 「埋納」の語を「デポ」に限定して用いようとの提言（佐原 1985 ほか）のあることは承知しているつもりである。しかしながら、河内野中古墳（北野 1976）など陪冢における甲冑の大量集積について、前稿（藤田 1988、p.467）のように理解するならば、それは決して甲冑の「副葬」ではありえない。この場合、「副葬」に換わる用語としては「埋納」以外に見当たらない。日本語としては「副葬」より広い概念を意味すると思われる「埋納」の語ではあるが、提言を一部容れ、小稿では陪冢や副次施設への場合にのみ「埋納」を限定的に使用することにしたい。

(4) 以下、鏡の大量副葬について検討を進めるが、その前に、残された問題についても触れておく必要があるだろう。それは、先に例示した、5 面以下、いや、4 面、5 面の場合には無かったのだから、3 面以下の場合の、と言うべきだろうか、河内・駒ケ谷宮山古墳前方部二号粘土槨（藤・井上・北野1964）、豊前・兔ケ平古墳[11] 1 号石室、和泉・黄金塚古墳[30] 中央槨、河内・ヌク谷北塚古墳[36]、河内・真名井古墳[37]、美濃・長塚古墳[80] 西槨、駿河・三池平古墳[84]、さらには肥前・経塚山古墳（田平・蒲原1980）の、現在のところ 8 基に及ぶと思われる、鏡の総数 3 面以下ながら、その鏡の一部または全てを棺外に副葬する古墳をどのように評価するかであるが、現在のところ筆者はこのことに対する回答を持ち合わせていない。

これらの古墳（内部主体）に共通する点の一つは、棺内から全く副葬品が検出され

ないか、装身具としての玉類・碧玉製腕飾類や土師器、また時には複数あるうちの一面の鏡以外には、他の品目の副葬品が検出されないことである。

しかしながら、かって今尾文昭が示唆（今尾1984）し、筆者も追認した（藤田1989）ように、前期古墳においては棺内に武器・武具類を入れない例は普遍的に存在しており、このことをもって先の8基の古墳の特殊性を強調することはできない。

いまは、鏡の総数3面以下ながら、その一部または全てを棺外副葬するという点で、これら8基の古墳が特殊であること、そして4・5面の場合には全て棺内副葬であるのに、6面になった途端に棺外中心に配置されるという顕著な転換が認められるが故に、この8基の古墳の存在は、6面以上をもって鏡の大量副葬とするとの、先の便宜上の規定に影響を与えないことの2点を確認するに留め、記述を先に進めたい。

(5) 中期古墳で鏡を大量に副葬するものとして2基の古墳が認められる。備前・鶴山丸山古墳（梅原1938）は、勾玉、石製坩、石製器台がいずれも滑石製である点で中期前葉の築造にかかるものと思われ、詳細の知られる17面の鏡はいずれも石棺外（石室内）から出土したものである。後述の類型2または3に相当するが、墳形が円墳（造出付？）である点で、これらの類型に属する前期古墳の通例とは異なっている。

また、山城・久津川車塚古墳 [57] は、7面の鏡を石棺内に副葬する後述の類型1の中期中葉の前方後円墳である。表1および表2に掲げた古墳のうち、他の地方のものが各地で顕著な位置を占め前方後円（方）墳であるのに対し、大和・古市方形墳 [43] は方墳、但馬・城の山古墳 [65] は円墳と、畿内及び周縁部では前方後円（方）墳以外の墳形でありながら5面以上の鏡を副葬する前期古墳があることは、畿内及び周縁部の鏡保有に関する卓越性を示唆するものと言うことができる。この点で久津川車塚古墳は、この種の前期古墳の通例とは異なっている。

以上のように、中期に属するこれら2基の古墳は、前期の通例とは、特に墳形の点で、いずれも異なる部分があり、このことが検討対象から除外する最大の理由であると共に、本文中で、「むしろ被葬者の嗜好を反映している」としたことの証左ともなる。

(6) 各古墳の棺内に副葬された鏡は次の通りである。

　　摂津・紫金山古墳 [26]　　　尚方作方格規矩四神鏡
　　山城・長法寺南原古墳 [60]　天王日月唐草文帯三角縁二神二獣鏡
　　丹波・園部垣内古墳 [63]　　□氏作盤龍鏡
　　尾張・東之宮古墳 [78]　　　人物禽獣文鏡

(7) 岐阜県不破郡垂井町所在の親ケ谷古墳では、14面の鏡が出土したと伝えられている。従来は、この古墳は直径26mの円墳とされてきた（楢崎1972）が、その後のさらに広範囲の測量調査の結果、全長85mの前方後円墳として評価されるようになっており（東海古墳文化研究会1988）、類型1・2・3の内のいずれかであれば、このことに矛盾する資料とはならない。このほか、円墳で大量の鏡の出土の知られるものも数基あるが、類型1または2のいずれかであると推測する。

(8) 鏡を大量に副葬する前期古墳のうち、備前・車塚古墳 [21] 山城・椿井大塚山古墳 [59]

第1章　鏡の副葬位置からみた前期古墳と葛城の勢力　55

の鏡の配置は、被葬者または棺の四周をほとんど隙間を置かずに取り囲むもので、ここで言う頭部集中型か頭足分離型かの弁別ができず、副葬にあたって、このことが意識されたか否かさえも疑問であるので、この章では検討の対象としない。

(9) 椿井大塚山古墳［59］の周囲には、北方約600mに前期後葉の築造にかかる、平尾城山古墳（近藤喬一ほか 1990）の存在が知られるが、椿井大塚山古墳とは時期のうえでも規模のうえでも隔絶が大きい。

　備前・車塚古墳［21］は前期古墳に通有の、尾根上に占地するものであるが、隣接する尾根などには前期古墳は全く認められない。

(10) 前期古墳の編年についてはまだ不確実な部分も多いと考えている。そうしたなかで特殊器台・特殊壺から形態変化して独自の発展を遂げる円筒または朝顔形埴輪は、前期の各種遺物の編年観の中では最も整合性のある編年案が提示されており、これを重視する。大和・新山古墳［47］では都出がⅢないしⅣ期開始の指標とした滑石製勾玉・石製鏃などの出土も知られるが、関川1985によれば円筒埴輪は二次調整タテハケのものにほとんど限定され、都出のいうB様式に相当するものであるので、その築造期はⅡ期とするべきである。このような矛盾の生じる理由の一つは、本墳の遺物がほとんど副次的遺物埋納用施設から出土していることにあるのだろう。

　なお、碧玉製腕飾類の編年については、祖形となる南海産貝輪の形態に近似したものを古くみる傾向があるが、実際には南海産貝輪は前期後葉とみるべき古墳や中期古墳からも出土が知られる。従って、特に伝世などを考えなくても、貝輪を忠実に模倣すれば古い型式の碧玉製腕飾類が新しい時期の古墳にも副葬されることになるので、その形態による編年観は前期古墳の築造期を決定する要素としてはふさわしいものではないと考えている。

(11) 新沢千塚古墳群について、特殊性があるとするならば、中期後葉からの爆発的な群形成、初期群集墳と評価される部分にある。前期の段階にあっては、この古墳群の特殊性は未だ具現していないものと思われ、従って、前期のこの古墳群の状況は、より広い地域、すなわち大和西南部に普遍化することも可能であると考える。

(12) 大和郡山市に所在する、小泉大塚古墳（伊達1966）は、激しい盗掘を受けながらも、石室南小口部分に3面の鏡が遺存していた。石室の幅からみて、南小口は被葬者の足側に相当するものと考えられ、この古墳は頭足分離型の鏡副葬配置を採った可能性が高い。もしそうだとすれば、大和においては、西南部にくわえて西北部も頭足分離型の鏡副葬配置を採る地域であったかもしれない。

　このことについては、同じく西北部に相当する生駒郡斑鳩町所在の斑鳩大塚古墳（北野1958）で、2面の鏡が、粘土槨の東端と中央付近に離れて副葬されていたらしいことも注意しておきたい。

(13) 西求女塚古墳（安田編2004）は墳長98mの前方後方墳で竪穴式石室を内部主体とし、12面以上の鏡が副葬されたことが発掘調査により明らかになった。地震により石室が崩壊し、鏡は原位置を保っていないが、頭位側に1面以上、足位側に11面が副

葬されたと復元されている。つまりⅠ期に頭足分離型が既に出現していることが判明したことになる。この点については次節第3項で詳論する。
(14) 特に三波川変成岩帯で産出する紅簾石片岩・石英片岩などを指す。
(15) 宇垣1987に準拠して述べれば、筆者が「淀川右岸頭足分離型分布圏」と呼んだ地域の竪穴式石室の石材は、結晶片岩を多用する点で既に個性的と言える摂津・紫金山古墳[26]や将軍山古墳(堅田1968)を除き、畿内の前期古墳の石材として通有の二上山付近産出のものを用いない傾向がある。摂津・弁天山C1号墳[28]では地元産の石材と共に少量の結晶片岩が、山城・長法寺南原古墳[60]や寺戸大塚古墳[61]でも主として地元産の石材が使用されており、竪穴式石室の使用石材の点でもこの分布圏に属するものは個性的である。このことは、当該分布圏設定の妥当性を高めるものであると共に、その性格の一端を示すものであると考える。
(16) 三島 格・橋口達也「Ⅲ 南海産貝輪に関する考古学的考察と出土地名表」『立岩遺跡』、1977年、河出書房新社を参照。なお、不確実な例ではあるが、岡山県・新庄天神山古墳(梅原1956)の貝釧を加えれば5例となる。

参照・引用文献
伊賀高弘 1997「4. 埴輪について」『瓦谷古墳群』(『京都府遺跡調査報告書』第23冊)
石井清司・有井広幸・伊賀高弘ほか 1997『瓦谷古墳群』(『京都府遺跡調査報告書』第23冊)
石田茂輔 1967「日葉酢媛陵の資料について」『書陵部紀要』第19号
石野博信 1977「四・五世紀の祭祀形態と王権の伸張」『ヒストリア』第75号
出雲考古学研究会 1991「松本古墳群」『古代の出雲を考える』7
今尾文昭 1984「古墳祭祀の画一性と非画一性」『橿原考古学研究所論集』第6 吉川弘文館
今尾文昭 1989「鏡」『季刊考古学』第28号 雄山閣
今尾文昭 1991「1 配列の意味」『古墳時代の研究』8 雄山閣
宇垣匡雅 1987「竪穴式石室の研究―使用石材の分析を中心に―」『考古学研究』第34巻第1号・第2号
梅原末治 1933『讃岐高松石清尾山石塚の研究』(『京都帝國大學文學部考古學研究報告』第12冊)
梅原末治 1938『近畿地方古墳墓の調査』3 (『日本古文化研究所報告』第9)
梅原末治 1956「岡山縣下の古墳調査記録(1)」『瀬戸内海研究』第8号
梅原末治 1965『椿井大塚山古墳』(『京都府文化財調査報告』第23冊)
小田富士雄 1974「大分県下山古墳の鉄鋌」『古文化談叢』第2集
小田富士雄 1986「弥生から古墳文化へ」『宮崎の古墳文化』 宮崎市教育委員会
小田富士雄・山中英彦ほか 2005『稲童古墳群』(『行橋市文化財調査報告書』第32集)
小野山節編 1981『王陵の比較研究』 京都大学

奈良県立橿原考古学研究所編 2000『大古墳展―ヤマト王権と古墳の鏡―』
堅田　直 1968「茨木市　将軍山古墳移築報告」『帝塚山大学考古学研究室考古学シリーズ』3
鎌木義昌 1962「岡山市域の古墳時代遺跡」『岡山市史』古代編 1
河上邦彦・豊岡卓之・卜部行弘・坂　靖ほか 1996『中山大塚古墳』『奈良県立橿原考古学研究所調査報告』第 82 冊）
岸本直文 1989「三角縁神獣鏡製作の工人群」『史林』第 72 巻第 5 号
北野耕平 1958「斑鳩大塚古墳」『奈良県史跡名勝天然記念物調査抄報』第 10 輯
北野耕平 1976『河内野中古墳の研究』（『大阪大学文学部国史研究室研究報告』第 2 冊）
京都大学考古学研究室編 1989『椿井大塚山古墳と三角縁神獣鏡』
京都大学考古学研究室・向日丘陵古墳群調査団（近藤喬一・都出比呂志）1971「京都向日丘陵の前期古墳群の調査」『史林』第 54 巻第 6 号
小林行雄 1957「初期大和政権の勢力圏」『史林』第 40 巻第 4 号
小林行雄 1961『古墳時代の研究』　青木書店
近藤喬一 1973「三角縁神獣鏡の仿製について」『考古学雑誌』第 59 巻第 2 号
近藤喬一 1988『三角縁神獣鏡』（『UP 考古学選書』4　東京大学出版会）
近藤喬一ほか 1990『京都府平尾城山古墳』（『古代學研究所研究報告』第 1 輯）
佐原　眞 1985「ヨーロッパ先史考古学における埋納の概念」『国立歴史博物館研究報告』第 7 集
島田寅次郎 1924「石塚山の古墳」『史蹟名勝天然紀念物調査報告書』第 1 輯　福岡縣
白石太一郎 1985「手白香皇女陵の問題」『古墳の起源と天皇陵』
末永雅雄 1949「宇和奈邊陵墓参考地陪塚高塚大和第 6 号墳」『奈良県史蹟名勝天然記念物調査抄報』第 4 輯
末永雅雄・森　浩一 1953『河内黒姫山古墳の研究』（『大阪府文化財調査報告書』第 1 集）
菅谷文則 1980「三角縁神獣鏡をめぐる諸問題」『ゼミナール日本古代史（下）』　光文社
菅谷文則 1991『日本人と鏡』　同朋社出版
菅原康夫・河野雄次・林　慎二 1983『萩原墳墓群』　徳島県教育委員会
関川尚功 1985「大和における大型古墳の変遷」『橿原考古学研究所紀要　考古学論攷』第 11 冊
伊達宗泰 1966「小泉狐塚・大塚古墳」『奈良県史跡名勝天然記念物調査報告』第 23 冊
伊達宗泰 1977『メスリ山古墳』（『奈良県史跡名勝天然記念物調査報告』第 35 冊）
伊達宗泰 1999「大和天神山古墳の再測量」『青陵』第 102 号
田平徳栄・蒲原宏行 1980「経塚山古墳」（『浜玉町文化財調査報告書』第 1 集）
田中新史 1984「出現期古墳の理解と展望」『古代』第 77 号
田中英夫・奥田　尚 1985「奈良県中山大塚古墳の特殊器台形土器」『古代学研究』109 号
都出比呂志 1979「前方後円墳出現期の社会」『考古学研究』第 26 巻第 3 号

都出比呂志 1981「埴輪編年と前期古墳の新古」(小野山節編 1981『王陵の比較研究』)
都出比呂志 1982「前期古墳の新古と年代論」『考古学雑誌』第 67 巻第 4 号
寺沢　薫・卜部行弘ほか 2008『下池山古墳の研究』(『橿原考古学研究所研究成果』第 9
　　　冊)
東海古墳文化研究会 1988「岐阜県西濃地方の前方後円 (方) 墳の測量調査」『古代』第
　　　86 号
永峯光一・亀井正道 1959「長野県須坂市鎧塚古墳の調査」『考古学雑誌』第 45 巻第 1 号
長嶺正秀ほか 1988『石塚山古墳発掘調査概報』(『苅田町文化財調査報告書』第 9 集)
中村一郎・笠野　毅 1976「大市墓の出土品」『書陵部紀要』第 27 号
楢崎彰一 1972「古墳時代」『岐阜県史』通史編　原始
西谷眞治 1974「元稲荷古墳」『京都府文化財調査報告』第 23 冊
福永伸哉 1991「三角縁神獣鏡の系譜と性格」『考古学研究』第 38 巻第 1 号
藤田和尊 1984「頸甲編年とその意義」『関西大学考古学研究紀要』4
藤田和尊 1988「古墳時代における武器・武具保有形態の変遷」『橿原考古学研究所論集』
　　　第 8　吉川弘文館
藤田和尊 1989「武器・武具」『季刊考古学』第 28 号　雄山閣
藤田和尊 1993「鏡の副葬位置からみた前期古墳」『考古学研究』第 39 巻第 4 号
藤田和尊 2006『古墳時代の王権と軍事』　学生社
藤　直幹・井上　薫・北野耕平 1964「野中アリ山古墳」『河内における古墳の調査』
　　　(『大阪大学国史研究室研究報告』第 1 冊)
北郷泰道 1990「4. 南部 (宮崎・鹿児島)」『古墳時代の研究』10　雄山閣
正岡睦夫 1981「今治市桜井唐子台における古墳出現期に関する一考察」『遺跡』第 19 号
森　浩一・石部正志 1953『堺市百舌鳥赤畑町カトンボ山古墳の研究』(『古代学叢刊』第
　　　1 冊)
安田　滋編 2004『西求女塚古墳発掘調査報告書』　神戸市教育委員会
用田政晴 1980「前期古墳の副葬品配置」『考古学研究』第 27 巻第 3 号

和田晴吾 1981「向日市五塚原古墳の測量調査より」(小野山節編 1981『王陵の比較研究』)
渡辺明夫・藤井雄三 1983『鶴尾神社 4 号墳調査報告書』　高松市歴史民俗協会

表 1　対象とした古墳一覧表　引用・参照文献
1　梅原末治 1969『持田古墳群』宮崎県教育委員会
2　富樫卯三郎 1978『向野田古墳』(『宇土市埋蔵文化財調査報告書』第 2 集)
3　梅原末治 1953「肥前玉島村谷口の古墳」『佐賀県文化財調査報告書』第 2 輯
4　島田寅次郎 1935「異例の古墳」『福岡県史蹟名勝天然紀念物調査報告書』第 10 輯
5　森貞次郎 1949「北九州古墳の編年的考察」『西日本史学』第 1 号
6　小林行雄 1961「主要古墳解説」『古墳時代の研究』青木書店

7　森貞次郎 1957「福岡県嘉穂郡忠隈古墳」『日本考古学年報』8
8　小林行雄 1952『福岡県糸島郡一貴山村田中銚子塚古墳の研究』便利堂
9　河野清實 1915「豊後西国東郡田原村灰土山の古墳」『考古学雑誌』第 5 巻第 11 号
10　梅原末治 1922「豊前宇佐郡赤塚古墳調査報告」『考古学雑誌』第 14 巻第 3 号
11　小田富士雄・真野和夫 1986『免ケ平古墳発掘報告書』(『大分県立宇佐風土記の丘歴史民俗資料館研究紀要』Ⅲ)
12　小野忠凞・小田富士雄・桑原邦彦 1981『松崎古墳』(『宇部市文化財資料』第 1 集)
13　梅原末治 1921「周防国玖珂郡柳井町水口茶臼山古墳調査報告」『考古学雑誌』第 11 巻第 8・第 9 号
14　弘津史文 1928「周防国赤妻竝茶臼山古墳」『考古学雑誌』第 18 巻第 4・5 号
15　梅木謙一・村上恭通・内田俊秀・本田光子 1998『朝日谷 2 号墳』(『松山市文化財調査報告書』63)
16　潮見　浩ほか 1980『中小田古墳群』広島市教育委員会・広島大学考古学研究室
17　山本　清 1951「出雲国における方形墳と前方後方墳について」『島根大学論集』第 1 号
18　森　貞成 1939「出雲國能義郡荒島村出土の遺物について」『考古学雑誌』第 29 巻 12 号
19　前島己基 1979「荒島丘陵の古墳」『さんいん古代史の周辺　中』山陰中央新報社
20　梅原末治 1924「因伯二国に於ける古墳の調査」『鳥取県史蹟勝地調査報告』第 2 冊
21　佐々木古代文化研究室 1962『馬山古墳群』(『佐々木古代文化研究室記録』第 2)
22　梅原末治・田澤金吾 1937『近畿地方古墳墓の調査』2 (『日本古文化研究所報告』第 4)
23　鎌木義昌 1962「岡山市域の古墳時代遺跡」『岡山市史』古代編
24　近藤義郎編 1991『権現山 51 号墳』権現山 51 号墳刊行会
25　梅原末治 1924『兵庫県下に於ける古式古墳の調査』(『兵庫県史蹟名勝天然紀念物調査報告書』第 2 輯)
26　梅原末治 1933「龍子の三ツ塚古墳」『兵庫県史蹟名勝天然紀念物調査報告書』第 9 輯
27　喜谷美宜 1989「古墳時代」『新修　神戸市史』歴史編Ⅰ　自然・考古
28　上原真人ほか 2005『紫金山古墳の研究―古墳時代前期における対外交渉の考古学的研究―』京都大学大学院文学研究科
29　堅田　直 1967「弁天山 B2 号墳」『弁天山古墳群の調査』(『大阪府文化財調査報告』第 17 輯)
30　原口正三・西谷　正 (前掲書 29 文献)
31　鐘ヶ江一郎ほか 2000『安満宮山古墳』(『高槻市文化財調査報告書』第 21 冊)
32　末永雅雄・島田　曉・森　浩一 1954『和泉黄金塚古墳』(『日本考古学報告』第 5 冊)
33　大道弘雄 1912「大仙陵畔の大発見」『考古学雑誌』第 2 巻第 12 号・第 3 巻第 1 号

34 藤沢一夫・田代克己・谷本　武 1971「羽曳野市壺井御旅山古墳の調査」『石川流域における古墳の調査』『大阪府文化財調査報告』第 22 輯)

35 末永雅雄・勝部明生・田中晋作ほか 1991『盾塚・鞍塚・珠金塚古墳』

36 小川五郎・水野清一 1929「河内国玉手山西山古墳調査報告」『考古学雑誌』第 19 巻第 8 号

37 天野末喜ほか 1989『岡古墳』(『藤井寺市文化財報告』第 5 集)

38 藤　直幹・井上　薫・北野耕平 1964「河内における古墳の調査」(『大阪大学国史研究室研究報告』第 1 冊)

39 伊達宗泰 1981「48 号墳」『新沢千塚古墳群』(『奈良県史跡名勝天然記念物調査報告』第 39 冊)

40 山田良三「109 号墳」(前掲書 39 文献)

41 堀田啓一「115 号墳」(前掲書 39 文献)

42 山田良三「213 号墳」(前掲書 39 文献)

43 網干善教・伊達宗泰・森　浩一・山田良三・猪熊兼勝・堀田啓一・寺沢知子・菅谷文則「500 号墳」(前掲書 39)

44 奈良市史編集審議会 1968『奈良市史　考古編』

45 小島俊次 1969「マエ塚古墳」『奈良県史跡名勝天然記念物調査報告』第 24 冊

46 梅原末治 1921『佐味田及新山古墳研究』岩波書店

47 橿原考古学研究所附属博物館編 1988『馬見丘陵の古墳―佐味田宝塚・新山古墳とその周辺―』

48 河上邦彦・卜部行弘・松本百合子 1986『佐味田宝塚古墳』(『河合町文化財調査報告』第 1 集)

49 泉森　皎 1982「新山古墳群」『奈良県遺跡調査概報』1980 年度

50 伊達宗泰・小島俊次・森　浩一 1963『大和天神山古墳』(『奈良県史跡名勝天然記念物調査報告』第 22 冊)

51 佐藤小吉 1919「磯城郡柳本村大字柳本字大塚所在大塚発掘古鏡」『奈良県史蹟調査會報告書』第 6 回

52 梅原末治・森本六爾 1923「大和磯城郡柳本大塚古墳調査報告」『考古学雑誌』第 13 巻第 8 号

53 久野邦雄・中井一夫 1974『大和巨勢山古墳群（境谷支群）』奈良県教育委員会

54 伊藤勇輔 1978「5 号墳の調査」『兵家古墳群』(『奈良県史跡名勝天然記念物調査報告』第 37 冊)

55 樋口隆康・河上邦彦ほか 1999『黒塚古墳調査概報』学生社

56 藤田和尊・木許　守編 2001『鴨都波 1 号墳調査概報』学生社

57 河上邦彦・西藤清秀・入倉徳裕ほか 1997『島の山古墳調査概報』学生社

58 梅原末治 1938『近畿地方古墳墓の調査』3（『日本古文化研究所報告』第 9）

59 梅原末治 1973『久津川古墳研究』名著出版

60　奥村清一郎 1972「東車塚古墳」『南山城の前方後円墳』(『龍谷大学文学部考古学資料室研究報告』Ⅰ)
61　梅原末治 1965『椿井大塚山古墳』(『京都府文化財調査報告』第 23 冊)
62　猪熊兼勝 1986「墳丘」『京都府山城町椿井大塚山古墳』(『山城町埋蔵文化財調査報告』第 3 集)
63　梅原末治 1947『乙訓村長法寺南原古墳の調査』(『京都府史蹟名勝天然記念物調査報告』第 17 冊)
64　大阪大学南原古墳調査団 1983『長法寺南原古墳』(『長岡京市文化財調査報告書』第 11 冊)
65　梅原末治 1955『乙訓郡寺戸大塚古墳』(『京都府文化財調査報告』第 21 冊)
66　安井良三 1960「古墳と文化」『亀岡市史　上巻』
67　同志社大学文学部文化学科(森　浩一編)1990『園部垣内古墳』(『同志社大学文学部考古学調査報告』第 6 冊)
68　奥村清一郎 1983「愛宕山古墳発掘調査概報」『京北町埋蔵文化財調査報告書』第 2 集
69　櫃本誠一・山本三郎ほか 1972「城の山・池田古墳」和田山町教育委員会
70　但馬考古学研究会編 1990『但馬を掘る』
71　岸本一宏編 2010『史跡　茶すり山古墳』(『兵庫県文化財調査報告』第 383 冊)
72　後藤守一 1923「伊勢一志郡豊地村の二古式墳」『考古学雑誌』第 14 巻第 3 号
73　下村登良男 1981「南勢地方の大型古墳」『八重田古墳群発掘調査報告書』(『松坂市文化財調査報告』2)
74　西田　弘・鈴木博司 1961『栗東町安養寺古墳群発掘調査報告 2・新開古墳』(『滋賀県史跡調査報告』第 12 冊)
75　梅原末治 1921「栗東・野洲両郡に於ける二三の古式墳墓の調査報告(1)」『考古学雑誌』第 12 巻第 2 号
76　丸山竜平 1988「8. 古冨波山古墳」『定型化する古墳以前の墓制』第Ⅱ分冊　埋蔵文化財研究会
77　梅原末治 1921「近江國野洲郡小篠原大岩山の一古墳調査報告」『考古学雑誌』第 12 巻第 1 号
78　都出比呂史・福永伸哉・杉井　健ほか 1996『雪野山古墳の研究』八日市市教育委員会
79　梅原末治 1938『安土瓢箪山古墳』(『滋賀県史蹟調査報告』第 7 冊)
80　上田三平 1916「若狭國遠敷郡瓜生村西塚古墳」『考古学雑誌』第 7 巻第 4 号
81　斎藤　優 1960『足羽山の古墳』福井県郷土誌懇談会
82　伊藤秋男・高橋信明 1977『白山藪古墳発掘調査報告』(『人類学研究所紀要』第 6 号　南山大学人類学研究所)
83　渡邉　樹・鈴木康高・森下章司ほか 2014『史跡東之宮古墳』(『犬山市埋蔵文化財調

査報告書』第 12 集　犬山市教育委員会）
84　網干善教 1968『岐阜県南濃町円満寺山古墳調査報告』(『関西大学考古学研究年報』2)
85　藤井治左衛門 1929「岐阜縣不破郡青墓村大字矢道長塚古墳」『考古学雑誌』第 19 巻第 6 号
　　藤井治左衛門 1929「岐阜縣長塚古墳第 2 囘発掘品報告」『考古学雑誌』第 19 巻第 7 号
　　藤井治左衛門 1929「岐阜縣長塚古墳第 3 囘発掘品報告」『考古学雑誌』第 19 巻第 9 号
86　楢崎彰一 1962『岐阜市長良龍門寺古墳』(『岐阜市文化財調査報告書』第 1 輯)
87　後藤守一・内藤政光・高橋　勇 1939『松林山古墳發掘調査報告』
88　後藤守一 1922「大塚古墳調査報告」『考古学雑誌』第 12 巻第 9 号
89　内藤　昇・大塚初重編 1961『三池平古墳』庵原村教育委員会
90　清水市郷土研究会 1983『三池平古墳墳丘発掘調査報告書』
91　吉原市教育委員会 1958『吉原市の古墳』
92　上田三平 1928「銚子塚を通して観たる上代文化の一考察」『史学雑誌』第 39 編第 9 号
93　柴田常恵・森　貞成 1963『日吉加瀬古墳』(『考古学・民族学叢刊』第 2 冊　三田史學會)
94　柴田常恵・保坂三郎 1943『日吉矢上古墳』三田史學会
95　杉山晋作 1973「千葉県木更津市手古塚古墳の調査速報」『古代』第 56 号
96　森本六爾 1928「上野に於ける□始元年鏡出土古墳」『考古学研究』第 2 巻第 4 号
97　森本六爾 1926「八鈴鏡出土の古墳」『中央史壇』第 12 巻第 11 号
98　松島栄治 1981「前橋天神山古墳」『群馬県史』資料編三　原始古代三
99　斎藤　忠・大塚初重・川上博義・鈴木　尚 1960『三昧塚古墳』吉川弘文館
100　大場磐雄・佐野大和 1956『常陸鏡塚』(『国学院大学考古学研究報告』第 1 冊
101　大和久震平 1972『桑 57 号墳発掘調査報告書』小山市教育委員会
102　伊東信雄・伊藤玄三 1964『会津大塚山古墳』(『会津若松史』別巻 1)
103　会津大塚山古墳測量調査団 1989『会津大塚山古墳測量調査報告書』

第2節　馬見古墳群と原(プロト)葛城氏

1．葛城の範囲

　明治30年（1897）の郡制の施行により、南葛城郡には葛上郡（令制の葛城上(かつらぎのかみの)郡(こおり)）に加え忍海(おしみ)郡の大半が編入され、南北約10kmの範囲となった。一方で北葛城郡には葛下郡（令制の葛城下(かつらぎのしものこおり)郡）に加え忍海郡の一部と広瀬郡が編入され、南北約13kmの範囲となった。南北共に葛城郡と名付けられたことから、古代における葛城の範囲も北葛城郡と南葛城郡を加えた、南北約23kmの広大な範囲との印象が形成されることになった。

　これに異を唱えたのが和田　萃1979である。和田は延喜式内社で「葛木」を冠する神社を列挙して、その分布が北葛城郡の南部、二上山より南までに止まることに注目し、古代においてカツラキと称されたのは、旧南葛城郡とその北部に接する新庄町、当麻町域を加えた、南半約14kmの範囲に過ぎなかったとした。

　また、片岡はのちの広瀬郡に属すると述べ、加藤1983は葛城片岡との記述は史料にない、と援護する。そして和田は馬見古墳群は丘陵東斜面の片岡が大半で、片岡は広瀬郡に属するので、その被葬者については、単なる一氏族、葛城氏などではなく、むしろ大王家に縁のあるもの、いわば王家の傍流と見なすべきではないか、と述べている。これは小葛城説とも呼ばれる。

　一方で大葛城説の代表格は塚口義信1984「葛城県と蘇我氏」で、とりわけ葛城県に関する研究は、他の追随を許さぬものである。

　結論として、1．葛城県は葛城円大臣から雄略に「奉献」された「五処之屯倉」（『記』）あるいは「葛城宅七区」（『紀』）にその起源を求めることができること、2．葛城県の領域は、神功皇后摂政五年紀で葛城襲津彦が苑人を住まわせたとする、忍海・高宮・桑原・佐糜をはじめ、柏原・玉手・楢原・森脇・増付近も含む広大な地域であったこと、3．葛城県の経営・管理ははじめ、葛城北部地域に盤踞していた葦田宿禰系の葛城氏がこれを行っていたが、まもなく中央官司機構直属の行政官たる蘇我氏にその権限を奪われたこと、などを指摘した。

その過程で葛城の範囲にも言及し、葛城氏には本来二系統あり、葛城下郡（葛下郡）には葦田系葛城氏が、葛城上郡（葛上郡）と忍海郡には葛城襲津彦を含む玉田系葛城氏が本拠を構えていたことを、それぞれに縁の深い芦田・片岡・蟻および名柄・玉田・円などの地名から考証し、また、馬見古墳群には大王陵と共に葦田宿禰系葛城氏の奥津城を含むとした。

さて和田が着目した「葛城」を冠する延喜式内社については、葛上郡には葛城御歳神社、葛城坐一言主神社、葛城水分神社、葛城大重神社の4社、忍海郡には葛城坐火雷神社の1社、葛下郡には葛城倭文坐天羽雷命神社、葛城御県神社、葛城二上神社の3社がある。この地域全体で延喜式内社は30社を数える中で葛城を冠するものは8社（27％）に過ぎず、このことは葛城などの地名を冠するのは、他地域の同名の神社と区別するためであって、地域の範囲そのものとは位相が異なる事を示している。

また、実は上記の通り、葛下郡に葛城を冠する神社があり、加えて葛城県の中心地と目される御県神社も葛下郡にあるわけであるから、これは小葛城説にとっては相当に不利な事実ともいえるのである。

また、和田の「片岡は広瀬郡に属する」との主張については、塚口1984により延喜式内社の片岡坐神社のほか、片岡王寺、片岡尼寺などは葛下郡に所在することが指摘され、片岡は広瀬郡と葛下郡にまたがる広大な範囲とされたことにより、和田の誤認が明らかとなった。にもかかわらず加藤1983・2002や小野里2015が塚口のこの指摘に一切触れず「片岡は広瀬郡に属する」と主張し続けるのは理解に苦しむ。

加藤1983の「葛城片岡の記述はない」との主張も、では「広瀬片岡」の記述はあるのかについては一切示されていないのである。そしてそれを問うにせよ、片岡の方が郡域をまたいだ広大なものであるから、本来の語順は加藤の言とは逆の「片岡葛城」「片岡広瀬」であるべきだが、「片岡」が一定範囲の丘陵地を指すなど、葛城と広瀬を区別する必要のない性格のものであったとするならば、その記述がないのも当然といえる。また和田の「馬見古墳群の大半は広瀬郡に属する」との主張についても、馬見古墳群の一角を担う築山古墳や狐井城山古墳は葛下郡に属するので、有意のものとは言えない。

そして筆者は次項の通り、考古学的検討からも大葛城説を支持する（藤田

1997)ものである。

2. 原葛城氏の提唱とその事績
（プロト）

　前節「鏡の副葬位置からみた前期古墳」では、小林行雄が椿井大塚山古墳（梅原1965）や備前・車塚古墳（鎌木1962）の被葬者から三角縁神獣鏡の同笵鏡が全国に配布された（小林1961）としたことについて、同笵鏡1組は5面を限度とするという前提が崩れたことなどから、もはやそのように考えるべき論拠はなく、小林のいう「第三者」こそが鏡の配布者に相応しいこと、その第三者とは鏡大量副葬の類型4が唯一みられる大和の勢力であるべきこと、それには二系統があり、一つは大和東南部・北部の大王家の勢力で頭部集中型の鏡副葬配置の因習を伝えたこと、もう一つは大和西南部の馬見古墳群の勢力で頭足分離型の鏡副葬配置の因習を伝えたことなどを述べてきた。

　では馬見古墳群の勢力とはいかなる被葬者像を想定するべきであろうか。当時にあって大王家とは異なる鏡副葬配置の因習を保つとなれば、やはり葛城氏に纏わる集団以外には考えがたいであろう。ただ葛城氏の始祖は葛城襲津彦であり、前期の馬見古墳群の勢力はもちろんそれ以前のものなので、これを原葛城氏と称したい。
（プロト）

　葛城襲津彦は伝説上の人物とされる武内宿禰を祖とする。記紀では武内宿禰は葛城氏以外に秦氏、巨勢氏、蘇我氏、平群氏、紀氏、江沼氏の共通の祖とされるが、「武内」は葛下郡の交通の要衝の地「竹内」に因むものであろうし、記紀において武内宿禰と事績が連続してみられるのは葛城襲津彦にほぼ限られることから、武内宿禰はより葛城氏と縁の深い存在として設定されたと考える。

　そして武内宿禰は、古墳時代前期に馬見古墳群に代々葬られた原葛城氏の首長、つまり新山古墳（梅原1921）、佐味田宝塚古墳（梅原1921）、巣山古墳（上田1923）などの被葬者の事績を象徴するために設けられた人物像と理解する。

　さて、記紀に伝える葛城氏は天皇に使える臣下、そして外戚として描かれている。このことが考古学的事象として顕れているとみられるのが墳形の相似性である。大王墓とみられる箸墓古墳および西殿塚古墳と、馬見古墳群の新山古墳および佐味田宝塚古墳を比較する。

　まず、箸墓古墳と新山古墳の関係（図6）では、箸墓古墳が前方後円墳、新

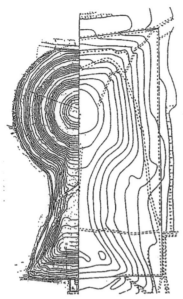 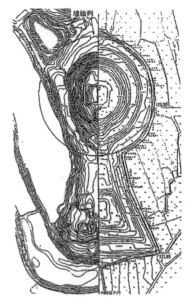

図6 箸墓古墳（左）と新山古墳（右）　　図7 佐味田宝塚古墳（左）と西殿塚古墳（右）

山古墳が前方後方墳という違いはあるものの、新山古墳の後方部の一辺は箸墓古墳後円部の直径の2分の1に等しく、細長いくびれ部や撥形に開く前方部など、すべて2分の1の規模で、極めて相似性が高い。また、西殿塚古墳と佐味田宝塚古墳の関係（図7）でも後円部の直径や墳長などすべて2分の1である。

　また、このことは、新山古墳をⅡ期、佐味田宝塚古墳をⅢ期とした前節の通り、従来考えられていたよりも古く築造されたことを示すものである。埴輪による編年観もこれに矛盾しない。既に前節で述べたとおり、出土遺物に新しい要素がみられるのは、新山古墳、佐味田宝塚古墳ともに知られる遺物が副次的遺物埋納用施設からのものであることが影響しているとみられる。

　さて前節でも述べたとおり、馬見古墳群の被葬者達は全国に下向することにより頭足分離型の鏡副葬配置の因習とともに鏡を配布したわけだが、その過程で南海道さらには東南部九州方面の開発も担当し、その産物を畿内に持ち込んでいるとみられる。

　たとえば南海産のゴホウラ、スイジガイなどで作成される貝輪があり、これは鍬形石や車輪石、石釧といった碧玉製腕飾類の祖形となる。このことからす

ると碧玉製腕飾類そのものの開発や製作にも携わっていたかも知れない。また、紀伊―阿波で産出する緑泥片岩は淀川右岸の古墳の竪穴式石室の用材として重宝された。なお、三角縁神獣鏡やその仿製鏡と馬見古墳群の関わりについては本節第4項で詳論する。

3. 鏡の配布と副葬法

　前節「鏡の副葬位置からみた前期古墳」について、かつて福永伸哉から批判を含む論考（福永1995）が提示された。①事実関係について、②馬見古墳群と頭足分離型鏡副葬配置の存続時期にずれがあるのではないか、③鏡の配布とその副葬とは時と性格を異にした別個の行為ではないか、の3点を疑問点として挙げている。

　まず①については、藤田1993では頭足分離型はⅡ期に成立すると考えたが、福永はすでにⅠ期にあるとする。しかしそこで福永がⅠ期の例とした古墳は、いずれも現実には頭足分離型が確認されているわけではなく、攪乱部分などに鏡が存在したかも知れない、という可能性に過ぎなかった。

　また、豊前・赤塚山古墳（梅原1922）については、聞き取りのメモは頭足分離型に見えなくもないが、報告者は鏡が重なり合った痕跡から「…鑑鏡は一局所に重ねて置き鐵器と相接するものありしを察し得…」と考察しており、筆者はそれを尊重する。

　次に②については、西求女塚古墳が調査され（安田編2004）、同墳は墳長98mの前方後方墳で竪穴式石室を内部主体とし、12面以上の鏡が副葬されたことが明らかになった。

　地震により石室が崩壊し、鏡は原位置を保っていないが、頭位側に1面以上、足位側に11面が副葬されたと復元されている。このことにより、福永の①の指摘とは別に、Ⅰ期に頭足分離型が既に出現していることがほぼ確かになった。

　頭足分離型は山城・椿井大塚山古墳 [59] や備前・車塚古墳 [21] でみられた、鏡で身体の四周を取り囲む形態の省略形であるから、いずれⅠ期の事例も見つかるかも知れないとは考えていたが、それが現実となった。

　しかしながら、西求女塚古墳には鏡を埋納する副次施設はない。この点で鏡大量副葬の類型4の知られた馬見古墳群とは異なるので、西求女塚古墳の被葬

者が頭足分離型の鏡副葬配置を広く外部に発信したとは考えない。

　ただ、西求女塚古墳は撥形に開く前方部を有する前方後方墳で、この点で馬見古墳群の新山古墳（梅原1921）と共通する（前項）。したがって、新山古墳の墳形と頭足分離型の鏡副葬配置は、西求女塚古墳がモデルとなった可能性が高いと考える。

　③については次のように考えられる。主として中央から地方への下向によって鏡が配布されるということは、配布先にはその使用法や取り扱いに関する情報も同時に伝達されているとみなければならない。そして頭部集中型と頭足分離型は、被葬者に対する鏡の副葬方法に関わる、いわば宗教的ともいえる因習である。

　したがって、鏡が配布されたときにその因習も共に伝えられたとみる方が自然であろう。また、仮に幾度かの機会があったにしても、接触する大和の勢力は大王家もしくは馬見古墳群のどちらか一方にほぼ固定されていたのではないかと思われる。

　ここでは特殊な構造の主体部を取り上げて、鏡の副葬位置に関わる因習はそれ単独ではなく、他の様々な要素と共に各地に伝えられていたであろう事を述べ、鏡を配布した勢力とこの因習を伝え勢力は同一視できること、したがって配布と副葬法の伝達が同時に行われたのと同じ結果になることを記す。

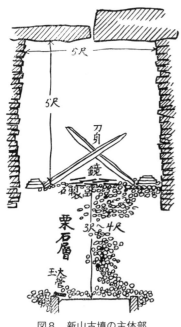

図8　新山古墳の主体部

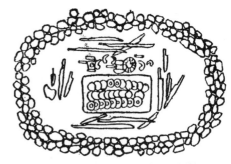

図9　佐味田宝塚古墳の遺物出土状況

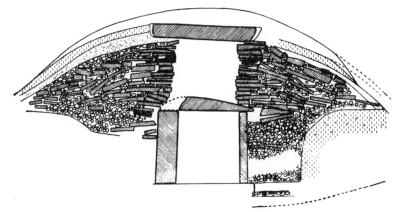

図10 妙見山古墳の主体部

　数は少ないが、前期古墳の主体部のなかで二階建構造を採るものがある。前節の通り実は馬見古墳群の新山古墳（図8）も佐味田宝塚古墳（図9）もそれで、大和では他に類をみないから、この構造の主体部のオリジナルは馬見古墳群にあるものとみなされる。

　地方では2例が確認できる。ひとつは京都府向日市の妙見山古墳（梅原1955）の後円部石室（図10）で、頭足分離型鏡副葬配置が集中する、淀川右岸地域に所在している。

　もうひとつは山梨県甲府市の大丸山古墳（仁科1931）（図11）で、頭足分離型の甲斐・中道銚子塚古墳（上田1928）と同じ東山古墳群に属している。

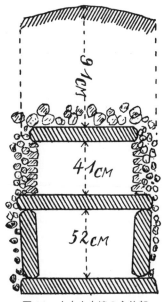

図11 大丸山古墳の主体部

　このように頭足分離型の鏡副葬配置の因習は、それを納める主体部構造そのものの情報と共に伝えられた場合があるとみられるので、その交渉の機会としては鏡の配布時が最も相応しく、もしそうでないとしても、ここでいう中央―地方の交渉相手の組み合わせは、よほどのことがない限り変更されることはなかったとみるべきである。

4. 鴨都波 1 号墳と原(プロト)葛城氏

　御所市の鴨都波 1 号墳（藤田・木許編 2001）は南北 20 m、東西 16 m の小規模な方墳であり、葺石、埴輪は認められず、おそらく段築も有さない。本墳の被葬者は、弥生時代前期以来綿々と営まれる、南葛城における拠点的大集落、鴨都波遺跡に形成されてきた階層秩序の、より上位にあった人物、いわば、鴨都波遺跡に蟠踞した伝統勢力とみられ、まさに前代の方形周溝墓の伝統を引き継いだかのごとく、隍に囲まれた方形の墳丘の北東コーナーには、墓道を伴う渡り土手さえあった。

　方形周溝墓と異なるところといえば、渡り土手は墳丘コーナーから隍の辺に通じ、しかも盛土で形成されること、そして、構造は特異とはいえ、粘土槨を内部主体とすること、程度であろうか。

　このように小形で、古墳らしくない古墳であったにもかかわらず、本墳からは、三角縁神獣鏡 4 面をはじめとする特筆すべき遺物が多く出土した。

　小形墳でありながら三角縁神獣鏡を複数枚有する古墳は以前から知られてはいたが、棺内に 1 面、棺外に 3 面の鏡を副葬し、しかもそのいずれもが三角縁神獣鏡などといった強烈な印象を与える未盗掘の小形墳は初例であり、このことをもって、三角縁神獣鏡の評価にも関わるとする論者も少なくはない。

　筆者は三角縁神獣鏡の故地に関する定見は持ち合わせていないが、ただ、こうした事態が生じる背景には、それぞれの地域における、より上位の首長からの鏡の再配布といったことも考慮に入れる必要があろうし、加えて本墳の場合には、すくなくとも大和国中（奈良盆地内）に所在していることは、看過できないであろう。

　古墳時代前期の大和の卓越性を示唆する遺物に、本墳からも出土した甲冑がある。古墳時代前期の甲冑は、地域を代表する前方後円（方）墳において副葬されることが通有であるが、北部九州と大和は例外的で、中小の円墳・方墳でありながら甲冑を副葬する前期古墳が多くみられる。大和のこうした状況については、古墳時代前期の大和の軍事的卓越性を示唆するものとして評価し、また、北部九州のこうした状況からは、前期の甲冑の大半が輸入品であった可能性を述べた（藤田 1988・2006）ことがあり、現在もこれらのことに変更の要を認めていない。こうした大和国中という地域ゆえの卓越性が、三角縁神獣鏡

4面の副葬といった側面に表出しているとみることも可能である。

また前節で論じたとおり、鏡式を問わなければ、従来、4ないし5面の鏡を出土する古墳(主体部)においては、大形墳も含めて、全てを棺内副葬としていた。ところが、鴨都波1号墳の場合には小形墳でありながら、棺内は1面のみで他の3面は棺外に副葬されていたのであり、これも同様の視点で捉えるべきものであろう。

とはいえ、奈良盆地所在の前期古墳全てに本墳のごとく4面の三角縁神獣鏡が副葬され、しかもそれらを棺の内外に分け置くなどといった状況を認めることは、到底できない。そこには以下に記すとおり、葛城ならではの特殊な事情が介在すると考える。

まず、「葛城」といった場合に、その範囲をどこまでとするか、については本節第1項で述べたとおり葛上郡、忍海郡、葛下郡、広瀬郡の、南北約23kmに互る広大な範囲をもって葛城とし、馬見古墳群も葛城に含まれるとする理解(塚口1984)に立っている。

次に本章の要点を述べておくと、まず第一に、前期古墳の鏡は椿井大塚山古墳等を介さずに、直接、大和から配布されたとみられること。これは最近の黒塚古墳(橿原考古学研究所編1999)の調査成果により、大方の賛同を得ることができよう。

第二に、その配布者には二系統あり、第一は大和東南部および北部を本貫地とする大王家の勢力で、各地に鏡を配布するに際しては頭部集中型の鏡副葬配置の因習を伝えた。第二は大和西南部(葛城)を本貫地とする勢力で、これは頭足分離型の鏡副葬配置の因習を伝えたこと。

これも黒塚古墳と、鴨都波1号墳の調査により、いっそう蓋然性を増した。

まず、大和東南部に所在する黒塚古墳の場合には、頭部集中型の鏡副葬配置であった。棺内・棺外を問わず、頭部の周囲のみに計34面の鏡が副葬されていたからである。

これに対し、大和西南部(葛城)に所在する鴨都波1号墳の場合には、まさしく頭足分離型の鏡副葬配置であった。棺内の1面は被葬者の頭部近くに、棺外の3面は被葬者の右の腰から足先近くの位置に相当するからである。鏡副葬配置の型に限っていえば、両墳とも予見の通りといえる。

第三に、当時にあって大王家と異なる因習を保ち、大和の西南部にあって全国にその影響を及ぼすことのできる勢力としては、考古学上では馬見古墳群、文献上では葛城氏を除いては考え難いこと。以上が筆者が大葛城説、つまり塚口氏の論を採る理由である。

　そして、前期の馬見古墳群に葬られた首長は、原葛城氏とでもよぶべきもので、記紀などが葛城氏をはじめとする多くの氏族の共通の祖としながらも、文献史学の上からは非実在とされる武内宿禰なる人物については、古墳時代前期に馬見古墳群に代々葬られた、原葛城氏の首長の事績を象徴するために設けられた人物像である、と理解した。

　さて、鴨都波１号墳の鏡副葬配置は、先述の通り頭足分離型であった。

　このことは北葛城にあった馬見の勢力が、南葛城にあった鴨都波遺跡の伝統勢力を配下に治めて差配していたことを示すと共に、鴨都波１号墳の三角縁神獣鏡４面の全て、もしくは大半は、馬見の勢力を経由して本墳にもたらされた可能性を示唆する。ここで「全て、もしくは大半」とするのは、大和東南部または北部の、大王家側との関係を否定するわけではないことによるが、馬見の勢力は鏡の配布者としての一翼を担っていたわけであるから、やはり、その配下にあった鴨都波１号墳の被葬者が副葬し得た、鏡組成への影響力は大きかったとみるべきであろう。

　鴨都波１号墳出土の鏡には、三角縁神獣鏡の本流から外れたものが多い。棺内鏡については同笵鏡がなく、図像の配置と表現、銘帯、乳の配置と形態など随所で特異性が目立つ。棺外鏡１も、一応は三角縁とはいえ、異例の画像鏡に属する。棺外鏡３は、内区を６区画とする場合、大半が三神三獣の配置とする中にあって、これも唯一の二神四獣の配置を採っている。

　ところで、特殊な意匠の鏡は選択的に扱われる場合がありうる。例えば三角縁三仏三獣鏡と呼ばれることの多い同笵鏡３面は、現在のところ京都府域という特定の地域のみで出土していることはよく知られる。同鏡は紐と紐座の間が異様に広く、そこに花弁風の文様を描き込むのが大きな特徴となっている。なお、同鏡を出土した古墳のうち、鏡の副葬状態の知られる寺戸大塚古墳（梅原1955）と園部垣内古墳（森ほか1990）の２基は、頭足分離型の鏡副葬配置を採り、またそれが集中してみられる淀川右岸および口丹波の地域に所在して

いることに注意したい。

　こうした視点にたてば、鴨都波 1 号墳から出土した 4 面の三角縁神獣鏡の中でも、とりわけ異彩を放つのは、棺外鏡 1、つまり三角縁二神龍虎画像鏡と呼んだものであろう。内区主文部のモチーフそのものは黒塚古墳 8 号鏡に類似しているが、断面三角形の細線で画像を描き、その外周部に半円方格帯に起源を持つとみられる小乳と半円 16 個をあしらうほか、外区文様も非常に特徴的である。その同笵鏡とみられるものが、山梨県内（岡銚子塚古墳）と、奈良県の中南部（畝傍付近）という、頭足分離型の鏡副葬配置を採る地域においてのみ知られることもまた示唆的である。

　これらのことは、一見して他と様子の異なる鏡は選択的に扱われる場合があり、しかも上記の三角縁三仏三獣鏡と三角縁二神龍虎画像鏡の 2 組の同笵鏡については、頭足分離型鏡副葬配置の因習の本貫地たる馬見の勢力が専ら管理し、配布を行っていた可能性さえ考えられるのである。

　ところで、三角縁神獣鏡を舶載鏡と仿製鏡に分ける考え方が妥当であるとすれば、うち、仿製三角縁神獣鏡とされるものは、大和では西南部（中西部・中南部を含む）においてのみ、その分布が知られることは注意を要する。

　このことは仿製三角縁神獣鏡の原鏡となった三角縁獣文帯三神三獣鏡が、新山古墳（梅原 1921）に副葬されていた（近藤 1973）こととも大いに関連するものとみられ、すなわち、馬見の勢力が、いわゆる仿製三角縁神獣鏡の製作に深く携わったことを示唆するが、そればかりではない。

　確実に中国製とみられる新山古墳の銙帯金具や城山 2 号墳（白石 1974）の札甲の存在、そして大和西南部という、紀路や河内へと通じる地理的有利さは、朝鮮半島さらには中国大陸との交渉もまた、馬見さらには葛城の勢力を介して行われたことを強く示唆する。

　古墳の時期こそ下るが、室宮山古墳（秋山・網干 1959 ほか）で、台風によって起こされた 1 本の根というごく限られた範囲から、日本初例となる船形陶質土器に加え、別個体の象形土器のほか、数点の陶質土器片が出土した（藤田・木許 1999）こと、さらには、記紀に葛城襲津彦の半島関連記事が多くみられることも、このことと無縁ではあるまい。

　既に記した通り筆者は、三角縁神獣鏡を中国鏡とみるか否かについては態

度を保留しているが、そのこととは関わりなく、上記の通り馬見の勢力は、おそらく新山古墳の被葬者が政治的活動を開始した時点から、三角縁神獣鏡の製作もしくは輸入に、深い関わりを持つようになったことについての状況証拠がある。なお、蛇足ながら、無論、それらの鏡が大王家側に供給され、大王家側からさらに各地に配布されるといったこともあっただろう。

　ともあれ、以上のように馬見の勢力は、古墳時代前期における鏡配布という政治活動の一翼を担ったのみならず、三角縁神獣鏡の製作もしくは輸入にも深く携わっていたとみられる。

　鴨都波1号墳の被葬者は、まさにその馬見の勢力の直接の配下にあって、かつ弥生時代の拠点的大集落に出自を持ち、さらに、そこに蟠踞した人物であり、古墳時代前期においては南葛城を代表する勢力の、主要な一員でもあった。先述の葛城特有の事情とはこのことを指す。

　方形周溝墓と見まがうばかりの墳丘に見合わぬ、三角縁神獣鏡4面をはじめとする豊富な副葬品。他勢力も見守る中、これほどの厚遇は、大王家との直接の関係の中では得難いであろう。上述のごとき馬見の勢力にとって、片腕ともいえる南葛城の伝統勢力であったればこそ、と考えたい。

　なお、2009年から2010年にかけて奈良県立橿原考古学研究所が調査を実施した御所市の秋津遺跡では、古墳時代前期の一辺50mを越える方形区画施設（板塀とみられる）が6基検出され話題となった。それぞれの方形区画施設は、一辺を固定しつつ3回建て替えられたり、斬り合い関係を有しつつ比較的頻繁に建て替えられたとみられている。方形区画施設の中には梁行7mの大形建物や掘立柱が柱筋を揃えて整然と建っていたとされる。また、塀は2本の柱の間に横板を落とし込み、それを幾段も積み上げることにより板塀とするという、手の込んだ造りとなっている（現地説明会資料から）。

　新聞などのコメントでは第6代孝安天皇の秋津嶋宮（日本書紀）を強く意識した王宮説が唱えられ、一豪族が設けた施設とするには規模が大きすぎる、などとも言われるが、そもそも他に類例はなく、比較する対象がないのだから「規模が大きすぎる」か否かは分からない。

　この方形区画施設の特徴の一つは、板塀のために外部から内部を窺うことができないことである。無論このことからは様々な可能性が考えられるが、筆者

は原葛城氏が関わったと考えた南海産の物品や緑泥片岩、三角縁神獣鏡をはじめとする鏡などの集積所と倉庫群であった可能性を考えたい。ならば厳重な管理下にあるのも当然であろう。

　比較的頻繁に建て替えられたとするならば、その板塀の構造に起因するものではないか、とみている。最下段の板は直接地面に接するために腐食しやすい。腐食すれば内部を垣間見られる虞があるため、上段からの全ての板材をいちど取り払い解体する必要がある。多くの労力を掛けてまで内部を見られたくはない施設として、貴重な物品の集積所もまた相応しいと考える。

※　本節各項の初出文献は下記の通りであり、それぞれに加除を行った。
第1項　「葛城氏研究の現状と課題―考古学からみた葛城集団の実像―」『つどい』第360号　2018年　豊中歴史同好会
第2項・第3項　「葛城氏と馬見古墳群」『別冊歴史読本　日本古代史「王権」の最前線　巨大古墳の謎を解く』1997年　新人物往来社
第4項　「Ⅷ　鴨都波1号墳と葛城」藤田・木許編『鴨都波1号墳調査概報』2001年　学生社

参照・引用文献

秋山日出雄・網干善教 1959『室大墓』(『奈良県史跡名勝天然記念物調査報告』第18冊)
上田三平 1923「巣山古墳」『奈良県における指定史蹟』1　文部省
上田三平 1928「銚子塚を通して観たる上代文化の一考察」『史学雑誌』第39編第9号
梅原末治 1921『佐味田及新山古墳研究』　岩波書店
梅原末治 1922「豊前宇佐郡赤塚古墳調査報告」『考古学雑誌』第14巻第3号
梅原末治 1955a「乙訓郡寺田大塚古墳」『京都府文化財調査報告』第21冊
梅原末治 1955b「向日町妙見山古墳」『京都府文化財調査報告』第21冊
梅原末治 1965『椿井大塚山古墳』(『京都府文化財調査報告』第23冊)
小野里了一 2015「葛城氏はどこまでわかってきたのか」『古代豪族』　洋泉社
加藤謙吉 1983『蘇我氏と大和王権』　吉川弘文館
加藤謙吉 2002『大和の豪族と渡来人』　吉川弘文館
鎌木義昌 1962「岡山市域の古墳時代遺跡」『岡山市史』古代編1
小林行雄 1961『古墳時代の研究』　青木書店
近藤喬一 1973「三角縁神獣鏡の倣製について」『考古学雑誌』第59巻第2号

橿原考古学研究所編 1999『黒塚古墳調査概報』 学生社
白石太一郎 1974「城山2号墳（第21地点）」『馬見丘陵における古墳の調査』（『奈良県史跡名勝天然記念物調査報告』第29冊）
末永雅雄 1974『古墳の航空大観』 学生社
塚口義信 1984「葛城県と蘇我氏」『続日本紀研究』第231・232号
仁科義男 1931「大丸山古墳」『山梨県史跡名勝天然記念物調査報告』第5輯
福永伸哉 1995「三角縁神獣鏡の副葬配置とその意義」『日本古代の墓制と社会関係の基礎的研究』 大阪大学文学部
藤田和尊 1988「古墳時代における武器・武具保有形態の変遷」『橿原考古学研究所論集』第8 吉川弘文館
藤田和尊 1993「鏡の副葬位置からみた前期古墳」『考古学研究』第39巻第4号
藤田和尊 1997「葛城氏と馬見古墳群」『別冊歴史読本 日本古代史「王権」の最前線 巨大古墳の謎を解く』 新人物往来社
藤田和尊 2006『古墳時代の王権と軍事』 学生社
藤田和尊・木許 守 1999「台風7号被害による室宮山古墳出土遺物」（『御所市文化財調査報告書』第24集）
藤田和尊・木許 守編 2001『鴨都波1号墳調査概報』 学生社
森 浩一ほか 1990『園部垣内古墳』（『同志社大学文学部考古学調査報告』第6冊）
安田 滋編 2004『西求女塚古墳発掘調査報告書』 神戸市教育委員会
和田 萃 1979「紀路と曽我川」『古代の地方史』第3巻 朝倉書店

第2章
陪冢の展開

第1節　畿内中枢部における陪冢の展開

1．陪塚の特徴

　筆者は後述する厳密な概念規定を経たもの（藤田1993）についてのみ、あえて「陪冢」と表記し、陪冢に関する議論の基礎とすることを提唱している。一般的な表記にて「陪塚」と記す場合はそれを経ていないので注意されたい。

　さて、陪塚には他の古墳にはない2つの特徴があるとされてきた。1つは主墳と陪塚という関係の特殊性である。高橋健自は「偉大なる墳丘の周囲に近く若干の小墳丘が配置されてある」場合、後者を前者の陪塚とよぶことを提唱（高橋1924）した。これを受け西川宏は「1つの大型古墳に対して、①規模・施設・副葬品等が量的あるいは質的に劣り（従属性）、②同時代の築造にかかり（同時代性）、③ある程度計画的に配置されたとみられる（計画性）、1ないし数基の古墳がある場合、前者を主墳、後者を陪塚とする。」と陪塚の概念を整理（西川1961）した。

　このうち「③ある程度計画的に配置されたとみられる（計画性）」は明らかに厳密性を欠く。しかしこうした一般的理解は、大形古墳の近傍にあり、上記の他の2つの要件を満たせば陪塚と認めうるとする弊害を生んだ。実際、西川が例示した陪塚にもこうした例は少なくないのである。

　陪塚にかかる第2の特徴は、特定遺物の大量埋納の知られるものが存在することである。森浩一はカトンボ山古墳の報告（森・宮川1953）に付した考察で、遺物の種類が限られ、同種の遺物の数が著しく多い陪塚に注目し、この種の陪塚には人体埋葬が認められない、と主張した。石部正志も人体埋葬のない陪塚の存在を認めたうえでこれを副葬用陪塚とよび（石部1958）、主墳の外観の壮

大化の観点からその出現の経緯を説明しようとした。

さて、この特定遺物の大量埋納の知られる陪塚であるが、実は主墳の周堤との位置関係において、陪塚以外にはみられない関係を保持していたのである。

2. 特定遺物の大量埋納と陪冢

末永雅雄がかつて周庭帯とよんだ（末永1962）、大形古墳の濠のさらに外側を取り巻く施設は、発掘調査によって外濠と外堤の痕跡であったことが判明した。このことにより畿内中枢部における主墳と陪塚の位置関係は、主墳の周濠および周堤に対する位置関係と捉え直す条件が整ったといえる。実は特定遺物の大量埋納を特徴とした陪塚は、いずれもが主墳の周堤の上に築造されるか、またはほぼ接する位置にある（藤田1993）ことが判明している。ほぼ接する位置との表現はやや曖昧さを残すが、これは向墓山古墳において主墳である墓山古墳の周堤につながる陸橋が検出（高野・伊藤1990）されたこと、あるいは宮の南塚古墳で允恭陵古墳の外堤に取り付く通路が検出（上田1997）されたことなどから、主墳の周堤とこれら陪塚との間には、本来はその関係を示唆する何らかの構造物が存在していたとの見通しによる。

このように陪塚にみられた特徴の1つである、特定遺物の大量埋納の認められる古墳（表7）は、主墳の周堤との関係において、他の古墳にはない形で主墳との関係の深さを顕示する状態で築造されていた。このような特殊なあり方こそが主墳と陪塚の関係に相応しい。換言すれば陪塚は、主墳の周堤に対して造作することの許された中小規模墳と言っても良い。

このことにより、「主墳の周堤に接する位置にある、ほぼ同時期の中小規模墳」をもって厳密な意味での陪塚の概念規定とし、その条件を満たしているものを「陪冢」と表記することを提唱した（藤田1993）。以下、これに基づいて記述する。

特定遺物の大量埋納は陪冢の十分条件であって必要条件ではない。主墳被葬者との有機的関係の親密性は、あくまでも主墳の周堤と陪冢との位置関係に顕現しているとみるからである。したがって特定遺物の大量埋納のみられない、河内・長持山古墳や唐櫃山古墳も当然陪冢と認めうる。また、陪冢における甲冑保有形態は、それ以外の近在する中小規模墳に対して優位である（藤田

第2章　陪冢の展開　79

表7　特定遺物の大量埋納がみられる古墳（陪冢）

陪冢名	施設名	施設構造	特定品目大量埋納遺物	その他の遺物	報告書による人体埋葬の根拠	墳形	主墳名
大和6号墳	—	木棺直葬	鉄鏃(872)	鉄鎌(134)、刀子(284)、鏃(9)、石製斧(1)、石製鎌(6)		円墳	ウワナベ古墳
アリ山古墳	北施設	木棺直葬	鉄鏃(1542)	鉄刀(77)、蕨手刀子(151)、鉄剣(8)、鉄鑿(90)、鑢先(8)、鉇(1)、鉾先(1)、鉄雛(14)、鉄斧(134)、鉄鋸(7)、鉄鎌(201)、鏃先(49)、鉤状鉄器(412)、土製丸玉(11)、その他鉄器(4)		方墳	応神陵古墳
	中央施設			鏃先(40)、蕨手刀子(5)、鉾先(3)、鉄鎌(6+)、鉄鏃(70)、鏃先(2)、鉄斧(8)、土師器壺(1)	赤色顔料、土師器・遺物配置		
	南施設			帯状鉄板(15+)			
野中古墳		木棺直葬	小札鋲留冑(7)、三角板鋲留短甲(5)、横矧板鋲留短甲(3)、三角板革綴付短甲(3)、革製衝角付冑(3)	刀(8)、鉄剣(3)		方墳	墓山古墳
		木棺直葬		小札鋲留眉庇付冑(1)、短甲(1)、管玉(2)、刀子(2)、鉇(12)、鉄鏃(627)、須恵質取手付壺(4)、須恵質甕(3)				
		木棺直葬		石臼(1)、石杵(1)、鉄鏃(111)、鉄刀、石製刀子、金銅金具				
		木棺直葬	鉄鏃(129+)	鉄刀(145)、鉄鏃(13)、鉾先(3)、鉄斧(30)			
		木棺直葬	鉄鏃	鉄鏃先(14)、U字形鋤先(2)、鉇(6)、鑿、雛			
西墓山古墳	西列	木棺直葬	鉄剣8237(+)、鉄鏃(294+)、鉄斧(139+)、鉇(102+)、鉄鑿(132+)	鉄剣(14)、手鎌(72+)、刀子(45+)、鉄鏃(9+)、鉄鋸(12+)、その他鉄製品(112+)、石製刀(10+)、石製鎌(1+)		方墳	墓山古墳
	東列	木棺直葬	刀子(42)、鉄斧(102)、鉇(87)、鉾先(1)				
カトンボ山古墳	—	木棺直葬	石製刀子(360)、勾玉(725)			円墳	御廟山古墳
七観古墳	第1槨	粘土槨		三角板革綴衝角付冑(4)、竪矧細板鋲留衝角付冑(1)、三角板鋲留短甲(3+)、三角板鋲留短甲(2+)、襷矧板鋲留短甲?、II-a頭甲(1)	位至三公鏡(1)、無文小鏡(1)、鉾先(1)、鉄鏃(20)、刀子(4)、鉄剣(7)、鉄斧(57)	円墳	履中陵古墳
	第2槨	粘土槨		三角板革綴衝角付冑(2)、鉄製短甲(1)、平行四辺形板革綴短甲、横矧板革綴短甲(1)、II-b頭甲	鞍金具(3)、鉄刀(4)、鉄鏃(30)、鉄剣(3)、轡(1)、鐙(2)、鉄斧(140+)、鉄剣(6)、手斧(2)、鉇(1)、鏃先(5)、鉇(1)		
	第3槨	粘土槨	鉄刀(120+)		鉄剣(25+)、蛇行剣、鉇帯、金具、勾玉(2)		

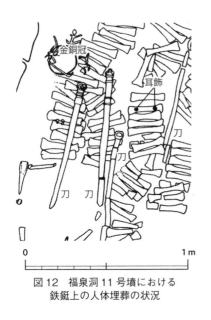 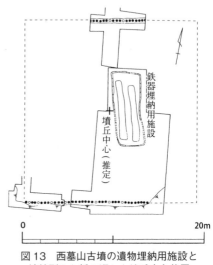

図12 福泉洞11号墳における
鉄鋌上の人体埋葬の状況

図13 西墓山古墳の遺物埋納用施設と
埴輪列から折り返した墳丘中心位置

1993）ことも指摘できる。陪冢以外の大形墳の周囲に所在する中小規模墳については、古墳群中の古墳、あるいは古墳群の中で特定の大形墳を核として成立した支群中の古墳と評価することで事足りる。

次に、特定遺物の大量埋納の認められる陪冢における人体埋葬の有無について言及しておく（藤田2006）。佐紀盾列古墳群中のウワナベ古墳の陪冢、大和6号墳（末永1949）は、872枚の鉄鋌が敷き詰められていたことから、人体埋葬を伴わない陪冢の典型とされてきた。しかし図12に掲げた福泉洞11号墳（申ほか1983）をはじめとする伽耶地域の発掘調査では、敷き詰められた鉄鋌の上に人体埋葬がなされたとみるべき事例が少なからず知られるようになった。大和6号墳では鉄鋌以外にも鉄鎌、刀子、鉈、滑石製斧、滑石製鎌など通有の古墳と変わりのない遺物も出土していることに注意したい。

古市古墳群中の墓山古墳の陪冢、西墓山古墳（山田ほか1997）については、報告書でも指摘されているとおり、既報告の鉄製品埋納施設は墳丘の中心位置から東に偏った位置にあり、別に中心主体が存在する可能性がある（図13）。

百舌鳥古墳群中の御廟山古墳の陪冢、カトンボ山古墳（森・宮川1953）については、調査報告者は人体埋葬の存在に否定的であるが、掲げられた論拠によ

る限り説得力に乏しい。むしろ2面の鏡の存在が気にかかるところである。履中陵古墳の陪冢、七観古墳（末永1933）については乱掘のため詳細は不明ながら、その後の調査報告（樋口ほか1961）からすると、人体埋葬の余地は十分にある。このほか三重県殿塚古墳の陪冢、わき塚1号墳（森・森川ほか1973）の場合は、甲冑等は遺物埋納用施設からの出土であるが、隣接して人体埋葬施設も検出されている。

　このように考えると、陪冢には人体埋葬が伴わないものが相当数ある、とのかねてからのイメージには見直しが必要であり、むしろいずれの陪冢にも人体埋葬が伴うと考えた方が理解しやすい。そして、陪冢の築造が主墳の築造から相当期間遅れる場合も少なからずあるので、陪冢被葬者については殉死の風習はなかった、もしくは一般的ではなかった、と見なし得る。

3. 陪冢制

　北野耕平の指摘（北野1969）の通り、畿内中枢部においては甲冑の大量副葬は主墳の主体部では行われず、遺物埋納用施設や陪冢においてのみ行われるとするのは妥当とみられる。また、北野は地方においては、大形古墳の埋葬主体において甲冑の大量副葬がなされるという顕著な違いを指摘している

　また、畿内中枢部においては、筆者が陪冢制と呼んだ高度な政治システムの存在を想定できる（藤田2006）。これは古市墓山古墳の陪冢、野中古墳（北野1976）（図14）の甲冑保有形態（図47参照）から窺うことのできるものである。

　第1列の甲冑保有形態は図15のように示すことができ、これを野中パターンの甲冑保有形態と呼んでいる。まず、三角板襟付革綴短甲3領の中に革製衝角付冑3鉢が収められた状態で出土しており、襟付短甲には頸甲を用いないので、この様な出土状態とも併せて、当面の分析からは除外できる。これらを除いた、短甲・頸甲・冑の数量比は7対7対7で、みごとに対応しているのみならず、冑は短甲中に収められ、頸甲は短甲上に装着された状態でいずれも検出されており、埋納の方法にも斉一性が認められる。

　北野耕平は野中古墳の大量に埋納された甲冑に関して、「これらの甲冑は本来は多数の第三者の許に個々所有されていたものであるが、野中古墳かあるいは（その主墳たる）墓山古墳の被葬者に対して彼等により供献された（結果である。）」

82　第1節　畿内中枢部における陪冢の展開

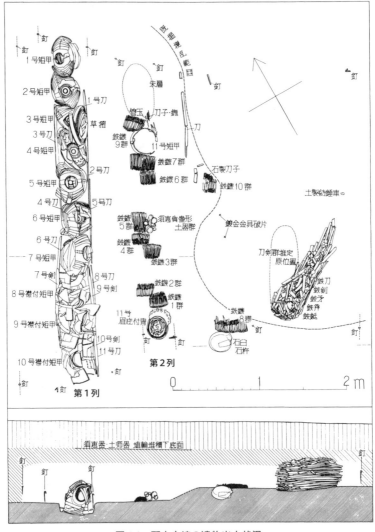

図14　野中古墳の遺物出土状況

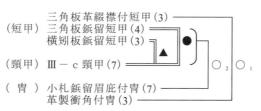

図15 野中古墳第1列の甲冑保有形態 （ ）内数値は数量

と述べた（北野1969）。結論から先に言えば、野中古墳の様な場合には、第三者による個々の甲冑供献といった有り方は考えられない。

同様に、田中晋作が想定する、常備軍のために備蓄された武装（田中2001）との考え方も、「甲冑1組に付随して1本の刀もしくは剣が、事前に識別されている」と述べていることからも明らかな通り、特定の個人に甲冑や刀剣が1組ずつ帰属している状況を想定しているので、これも筆者の理解とは相容れない。

なぜなら「本来は多数の第三者の許に個々に所有されていた」ものが供献されたとすれば、3領の横矧板鋲留短甲の上にはⅢ-d頸甲が3個体、装着された状態で検出されねばならないからである。野中古墳の場合には、第Ⅰ類型（●○型）、すなわち最新相甲冑セットを基調としつつも、そこにはある程度のセット間の乱れを認め得るのであるが、その反面、7セットという大量副葬でありながら数量的には対応しているという注目すべき甲冑保有形態を看取できる。

この様な複雑な甲冑保有形態に関する、最も合理的な解釈は、最新相甲冑セットを主体としつつ一括して大量に保管されていた所から、無作為的に取り出した多くの短甲・頸甲・冑をそのまま各施設へ埋納した結果であると考えることであろう。このことについての理解を得るために、武器庫から無作為的に取り出した場合、なぜ甲冑は右記のような組み合わせになるのかについては、次のような状況を想定しておきたい。

改めて野中古墳第1列の、襟付短甲を除く7組の甲冑について述べると、冑は小札鋲留眉庇付冑7鉢、頸甲はⅢ-c頸甲7個体で、それぞれ型式が同じであるばかりではなく、ほぼ同工の製品といってよい。対して短甲は三角板鋲留短甲4領と横矧板鋲留短甲3領に型式が分かれる。

このような状況が生じる要因としては、それぞれの大きさの違いによる保管方法の相違が影響しているのではないだろうか。つまり冑や頸甲は比較的小さいために、武器庫内に設えられた棚などで保管され、同時・同工に製作されたものがそこに一括されたと考えられる。対して短甲は高さ、幅ともに大きいために、仮に棚に保管されたにしても、より保管のスペースが必要となる。この状態で野中古墳における葬送儀礼のために7組の甲冑が持ち出されたとき、冑や頸甲は一括して棚などに保管された同工のものとなり、一方短甲は、近くにあった任意の7領が選択されたと考えられ、型式の混在はこのときに生じたものとみられる。

野中古墳の築造期は、三角板鋲留短甲から横矧板鋲留短甲へのまさに転換期に相当する。したがって、旧式の三角板鋲留短甲もまだわずかにではあるが武器庫内には残存しており、埋納という一種の破棄行為に際して、旧式のもの、あるいは開閉装置がないなど使い勝手の良くないものがむしろ積極的に選択された可能性は考えられてよい。

このように野中古墳第1列の甲冑の組み合わせに関しては、それぞれが個人に帰属したものではないわけであるから、最新相甲冑セットを主体としつつ一括して大量に保管されていた所から、無作為的に取り出した多くの短甲・頸甲・冑をそのまま各施設へ埋納した結果である、とした以外の解釈は成り立ち得ないと思っている。そしてこのことは、主墳被葬者に直属する陪冢被葬者に職掌を委ねた、武器・武具の集中管理体制が成立していたことを示すものである。

そして野中古墳の第1列以外の施設の遺物出土状況を考え合わせると、その被葬者の性格の点で2つの側面が混在していることに気付く。

ひとつは既に述べたとおり、第1列の甲冑保有形態の分析から判明した、公の武器庫の管理者としての姿である。野中古墳やそれと同様の性格を持つ百舌鳥古墳群中の七観古墳の甲冑保有形態は、墳長150m級の前方後円墳で群中独立墳としての百舌鳥大塚山古墳の甲冑保有形態よりも、量のみならず質の点でも優れている。

つまり大形の群中独立墳の甲冑も、大王墓級の被葬者の意を受けて武器庫を管理していた陪冢被葬者の手を経た後でなければ、自由に私有し、配下に貸与

し、古墳に埋納または副葬することができなかった。

　また、この時期、甲冑は全国に配布されていくが、その調整や処理の実務は、多くの部分、野中古墳や七観古墳など、野中パターンの甲冑保有形態の陪冢被葬者に委ねられていたと考えられる。各地の甲冑出土古墳には所在地、墳形、規模、内部主体などの複合的要素によって、甲冑保有形態に一定のパターンが存在するが、これは明らかに配布に際して意図された格差である。

　このように、野中パターンの甲冑保有形態の認められる陪冢の被葬者は、膨大な量の甲冑を管理し、配布に際しては全国の大小の首長の性格や貢献度などに基づき、一定の基準の下、甲冑保有形態に格差を設けつつこれを配布しなければならなかったのである。無論、野中古墳には甲冑以外に各種武器なども大量に埋納されていたから、これらもまた、野中古墳の被葬者が一括して管理していた可能性が高い。

　このような複雑な事務処理は記憶に頼ってできるものではない。そこにみえるのは、文字による記録ができ、おそらく四則計算程度（もしくはそれに類似したもの）はできたであろう、当時としては実に優秀な文官の姿である。

　他方、第2列の状況からはこれとは異なる側面が見える。すなわち、自らが着用する甲冑1組や鉄刀を持ち、埋葬されるに際しては373本もの矢箭が身体の上に供献された、まさに武人としての姿である。つまり野中古墳の被葬者は、優秀な文官としての側面と、自ら甲冑を着用し大刀を持つ武官としての側面を併せ持っているのである。

　これに類する状況は、百舌鳥古墳群中の御廟山古墳の陪冢、カトンボ山古墳（森・宮川1953）においても認められる。カトンボ山古墳では滑石製刀子360本や滑石製勾玉725個などの多量の祭祀具や鏡2面などが出土した。このことから神官的職掌の存在と、それを主墳に献じた陪冢であることは認められるであろう。一方で、この古墳からも散逸を免れたものに限っても、長頸鏃20本が出土している。

　野中古墳の被葬者は文官的職掌に就きながら武人としての側面を併せ持ち、カトンボ山古墳は神官的職掌を強く示唆する古墳でありながら、実戦用鉄鏃としての長頸鏃の存在が知られた。両者に共通する要素は、軍事的性格の濃厚さである。

表8 陪冢制を採用できたと見込まれる古墳被葬者

地域区分	旧国名	陪冢を伴う古墳（主墳）	古墳群
畿内中枢部	河内	古室山古墳、允恭陵古墳、仲津媛陵古墳、応神陵古墳、墓山古墳	古市古墳群
		黒姫山古墳	
	和泉	反正陵古墳、仁徳陵古墳、履中陵古墳、御廟山古墳、ニサンザイ古墳、イタスケ古墳	百舌鳥古墳群
		宇度墓古墳	
	大和	成務陵古墳、磐之媛陵古墳、コナベ古墳、ウワナベ古墳	佐紀盾列古墳群
		室宮山古墳、川合大塚山古墳	（葛城地域）
	摂津	継体陵古墳	

　最下層に属するものを別とすれば、そもそも古墳には、その発生当初から、幾ばくかの武器が副葬されるのを常とした。これは古墳時代が、軍事に非常に重きの置かれた歴史段階に相当することに因しており、エンゲルスの言う軍事的民主制（エンゲルス 1965）から援用された「軍事王権（原 1984）」との言いは、これを端的に表す用語といえよう。

　こうした社会においては、「武装者たちは軍事能力者だけを政治的な部族仲間として認め、その他の軍事訓練を受けていない者や軍事的無能力者をすべて女とみなす（ウェーバー 1960）」のが常であって、であればこそ、古墳には必ず武器が副葬されなければならなかった、とみられる。

　また、ウェーバーは「…君主の直轄領は、最も単純な場合でも、土地領主としての彼に従属する地所と・永続的にこの地所に所属する荘民家計との複合体を伴うところの、1つの君主家計を包含している。したがって、それは、この理由だけでもすでに、組織された管理を必要とする。…このようにして家産制的官職が成立することになる。…（その）全ての官吏は、その本来の管理の他に、君主個人の用を弁じ、君主を代表する任務を負い、また彼らには…職業的な専門の分化が欠けていた」とも述べている。

　この職掌への専従化という面で、既に述べた通り、野中古墳の被葬者は優秀な文官でありながら、武人としての姿を強く印象付ける状態で葬られた。また、カトンボ山古墳の場合には神官的職掌を強く示唆する古墳であって、あるいは、神官そのものが葬られた可能性さえありながら、実戦用鉄鏃としての長頸鏃の存在が少なからず知られた。

つまり陪冢の被葬者は、高い専門的能力が想定される場合においてさえも、「職業的な専門の分化が欠けて」おり、かつ、「軍事王権」下にあるがゆえに「政治的な仲間」として認められるためには、軍事に携わることも必要条件となっていた。

このことをもって原初的官僚の定義とし、大王墓をはじめとする大形墳に直属して陪冢に顕現するその機構を、陪冢制として提唱（藤田 2006）した。

この陪冢制は、陪冢への特定遺物の大量埋納という観点でみると、古市古墳群、百舌鳥古墳群、佐紀盾列古墳群と、表8で掲げたわずかな古墳においてのみ認めうると考えている。つまり畿内中枢部のみに認められる高度な政治システムといえるわけで、その分布範囲はきわめて限定されていた。

このことについて若干の説明を加えておく。奈良県御所市に所在する室宮山古墳（網干 1959）は、墳長 238ｍの破格の規模を誇り、豪壮な長持形石棺を竪穴式石室に納めることでも著名である。その墳丘と周濠、周堤、陪冢ネコ塚古墳との位置関係は図16（縮尺は5000分の1に統一した。）のように推定されている（木許 1996）が、ここで注目したいのは北野耕平の見解（北野 1969）である。

その論点を参酌しつつ要約すると、中期において顕著となる甲冑大量埋納現象は畿内中枢部では和泉・七観古墳（末永 1933）（樋口ほか 1961）、河内・野中古墳（北野 1976）、河内・黒姫山古

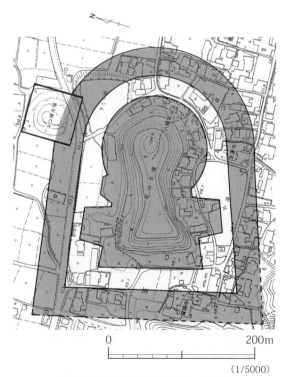

図 16　室宮山古墳と陪冢 ネコ塚古墳

墳（末永・森 1953）前方部石室といった陪塚（陪冢）もしくは副次的な埋葬施設に限られ、大阪府藤井寺市・津堂城山古墳（藤井 1982）や奈良県御所市・室宮山古墳といった大形前方後円墳の後円部主体においては認められない。対して畿内周辺部や地方の大形前方後円墳である、京都府城陽市・久津川車塚古墳（梅原 1920）、兵庫県多紀郡城東町・雲部車塚古墳（末永 1934）、福岡県浮羽郡吉井町・月岡古墳（末永 1934）（吉井町教委 1989）においては、後円部の主体部で甲冑大量副葬が知られるのであって、このことは畿内中枢部においては甲冑の管理と軍事的職掌を配下に委ねる体制が成立していたと考えられるのに対し、周辺部や地方では首長層自らが管理する形を想定すべきであろうとし、ここでは甲冑をまだ自ら生産する組織を持つに至らず、畿内からの供給に依存していたと見ている。

この北野耕平の見解に対して筆者は「多くの示唆に富む見解であるが、天皇陵古墳の実態が分からない現在、畿内中枢部の大形前方後円墳を津堂城山古墳と室宮山古墳の2墳のみを取り上げて全体に波及させるのは危険を否めない。さらに地方においても主墳と陪塚の関係で捉え得る位置関係にある小形古墳が少なからず存在するが、その副葬品内容の詳細の知られるものが皆無に等しいなど、北野の論述については卓見であることは認めるものの、資料の信頼性に不安を否めない。」と記した（藤田 1988）こともあった。

しかし、室宮山古墳の中心主体の1つ、後円部南石室に

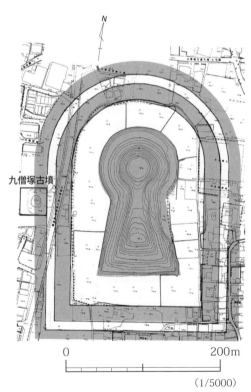

図17　川合大塚山古墳と陪冢　九僧塚古墳

は、やはり甲冑は1領分程度しかみられないことが再整理により確実視されるようになった（吉村2006）ことに加え、未だ墳頂部の発掘調査を経ていない陪冢ネコ塚古墳において、それなりの量の武器や甲冑の鉄片を採集できた（藤田1985）ことも事実である。この北野の見解が正鵠を得ているとするならば、さきに野中古墳の検討でみたような、陪冢被葬者にその職掌を委ねた甲冑集中管理体制が、室宮山古墳と陪冢ネコ塚古墳との間にも、陪冢制という機構として存在していたことを示す。

　また、室宮山古墳の陪冢はネコ塚古墳1基にすぎないが、河内・黒姫山古墳（末永・森1953）、和泉・宇度墓古墳（末永1974）、摂津・継体陵古墳（末永1974）の陪冢は複数以上が知られることから、陪冢制としてのシステムはより整っていたと推測される。図17の大和・河合大塚山古墳（吉村2003）についても室宮山古墳と同様に大和の葛城地域に所在するので、可能性はあると考える。

4. 陪冢の初現と終焉

　中期初頭の築造にかかる古市古墳群中の古室山古墳には赤面山古墳という陪冢が知られる。また成務陵古墳にも3基の陪冢が知られている。前期古墳には陪冢が伴う例はないので、陪冢は古市古墳群の成立と共に出現したといえる。このことからすると、津堂城山古墳にも陪冢が伴う可能性が高い（藤田1993）。

　三重濠の評価によるものの、仁徳陵古墳の16基は陪冢の数の上でのピークとなるようであるが、残念ながら陵墓図は必ずしも全ての陪冢をその測量図に取り込んで図示しているわけではなく、天皇陵古墳における陪冢の基数については不確定なものが多い。この点については、世界遺産登録の関係などで、せめて5,000分の1の周辺を含めた測量図が充実するのを待つほか無いだろう。

　さて、陪冢が終焉に向かうに当たっては古市古墳群において興味深い現象が生じている。図18の仲哀陵古墳（天野ほか1989）は川西V期の円筒埴輪（川西1978）を墳丘等に樹立することから中期末葉ないし後期初頭の築造とみられる。

　現状では周囲に数基の古墳がみられるが、周堤に接する位置というにはいずれもやや離れている。岡古墳（天野ほか1989）については発掘調査が実施されており、その築造期は中期前葉にまで遡ることが分かっている。割塚古墳でもわずかに埴輪が採集されており、また、墳丘は岡古墳と辺の方向をほぼ同じく

図18 仲哀陵古墳と周辺の古墳

する方墳であることから、やはり岡古墳と同様、仲哀陵古墳よりも大きく遡って既に築造されていた（天野1993）とみられている。また、落塚古墳は仲哀陵古墳に併行する時期とする見解（中西1993）もみられるがその根拠は薄い。むしろ図18でも分かるとおり、落塚古墳のコンターラインは直線的に巡ることから、岡古墳や割塚古墳と同様の性格を有した方墳の可能性が高いと考える。

一方、鉢塚古墳は仲哀陵古墳と併行する時期の古墳とみられているが、陪冢のように主墳の周堤に接するというわけではない。無論、岡古墳、割塚古墳、落塚古墳も仲哀陵古墳の周堤には接しておらず、したがって仲哀陵古墳には陪冢は無い。仲哀陵古墳には陪冢のみならず、多くの大王墓級の古墳で採用されてきた二重濠、外堤も無ければ、葺石さえも無いとされている。

　さて、大阪府高槻市所在の今城塚古墳は後期前葉の築造とみられ、真の継体大王の陵の可能性が極めて高い（森1965）。しかしこの古墳には陪冢を伴っておらず、以降、畿内の大王墓をはじめとするいずれの古墳にも陪冢は伴わなくなる。

　つまり、それまでとは王統が異なる（藤田2006）とみられる後期の政権は、中期の政権を支える骨格ともなっていた陪冢制、それを視覚できる象徴的存在としての陪冢、を否定することにより、自らの権勢を誇示したと考えられる。なお、仲哀陵古墳については真の雄略陵と考える論者もあるようだが、陪冢のあり方からすれば外部からの厳しい規制の下で築かれた古墳であり、雄略のイメージには全くそぐわない。

　注目されるのは、築造時期の遡る岡古墳において、全埴輪資料中、仲哀陵古墳と併行する時期の埴輪も6パーセント程度認められる[1]という事実である。これは、先行して存在した岡古墳に対して、仲哀陵古墳築造時に、新たに埴輪を樹立したことを示すとともに、先行して存在していた岡古墳と割塚古墳、落塚古墳を陪冢のように見せかけようとしたのではないか。つまり、今城塚古墳被葬者によって陪冢が否定された後も、旧来の政権を担った古市古墳群では、視覚的には陪冢のごとく見えるものを大形墳の周囲に配して体裁を保とうとした意識の表れと考えられる。このように、陪冢の築造が規制され、否定された後に、古市古墳群において陪冢制の体裁を保つためにやむなく採用され、古い時期の小古墳を視覚的に取り込もうとしたものを疑似陪冢岡古墳型と呼ぶことにしたい。

　一方、鉢塚古墳は仲哀陵古墳と併行するとみられており、しかも仲哀陵古墳の中軸上にあることが指摘（中西1993）されている。このことから両墳の間に密接な関係を想定できるとするならば、この鉢塚古墳に従来からの陪冢の機能が集約された、と考えたい。仲哀陵古墳と鉢塚古墳のように、主墳の中軸上

92　第1節　畿内中枢部における陪冢の展開

図19　清寧陵古墳と小白髪山古墳

にやや小形の前方後円墳が所在する例に図19の清寧陵古墳と小白髪山古墳（末永1974）の関係がある。仲哀陵古墳と鉢塚古墳の場合には中軸上に乗ってもそれぞれの古墳の軸は揃っていなかったが、清寧陵古墳と小白髪山古墳の場合には同一の中軸上に築造されており、より整った形態に発展したと評価するべきであろう。鉢塚古墳や小白髪山古墳に従来からの陪冢の機能が集約されたとする意味は、両墳には他と明瞭な格差を持つような中心的な埋葬主体は存在せず、かつての陪冢被葬者に相当するごとく、さほど規模の大きくない埋葬主体のみが複数存在していると推測するからである。この推測も含め、陪冢の築造が規制され、否定された後に、古市古墳群において陪冢制の体裁を保つためにやむなく採用され、併行する時期の比較的規模の大きい前方後円墳を中軸上に配するものを疑似陪冢鉢塚型と呼ぶことにしたい。

　以上2種の疑似陪冢は、かつて政権中枢の奥津城が多くの陪冢と共に築かれた古市古墳群において、陪冢の築造が規制され、否定されたがゆえに、陪冢制の体裁を保つためにやむなく採用されたものである。

5. 陪冢制の止揚と後期の群集墳

　既に述べたとおり今城塚古墳は後期前葉の築造で継体大王の陵の可能性が高い（森1965）が、この古墳には陪冢は伴っておらず、以降、畿内の大王墓をはじめとするいずれの古墳にも陪冢は伴わなくなる。

　つまり後期の政権は、中期の政権を支える骨格ともなっていた陪冢制、それを視覚できる象徴的存在としての陪冢、を否定したといえる。しかし、かつて陪冢制において機能していた原初的官僚的機構が、後期に入った途端に不要になるというわけではない。陪冢は、止揚した形態に姿を変えたために認識する

ことが困難になっているにすぎない、とみるのが妥当である。そしてこの場合、陪冢に変わるものとして最も相応しいのは群集墳であることは言を待たない。

　後期の政権に直属した原初的官僚層の墓域としては巨勢山古墳群などの大形群集墳を想定するのが妥当である。巨勢山古墳群の前方後円墳は巨勢谷のものを除くと4基あり、いずれも30〜40m級である。うち3基の内容が判明しており、中期後葉から後期中葉にかかる築造で、いずれも木棺直葬の埋葬主体を採用し、副葬品も貧弱である。金銅装馬具や冠か沓とみられる金銅製品を副葬する横穴式石室の円墳も散見される中で、このような前方後円墳の内容は、擬制的同族集団関係の頂点に立つものとは考えがたく、むしろ雄略大王によって滅亡させられた葛城本宗家の末裔や残党を想定するのが相応しい。

　巨勢山古墳群の総数は700基にも及ぶ。当初は葛城氏に関わるひとびとが室宮山古墳を見下ろす丘陵北部を中心に古墳の築造を開始したが、その群形成のピークは葛城本宗家が滅亡してしばらく後の後期中葉（TK10型式期）にある。以上から、巨勢山古墳群について、擬制的同族集団関係によって大形群集墳が形成されたとの見解には賛同しがたい。

　注目するべきは、従来から指摘されるとおり、巨勢山古墳群では支群ごとの個性が強いことである。このことは巨勢山古墳群が広い領域から集められた様々な性格の、出自の系統を異にする被葬者集団によって構成されていることを示している。そして700基という膨大な基数は自然発生的な要因ではあり得ない。加えて、葛城本宗家滅亡後、その所領は政権の直轄地として葛城県に編入されたとの見解（塚口1984）も有力である。

　以上から巨勢山古墳群は、後期の政権に直属した原初的官僚層の墓域として設定されたと想定する（藤田 2003a・2006）。また、その出自の範囲については、後期に入る間もなく、穹窿式天井を持つ横穴式石室をはじめ、渡来系の要素の濃厚な群集墳が近畿地方とその周辺部に一斉に出現することが参考になろう（藤田 2003b・2006）。

参照・引用文献
網干善教 1959『室大墓』（『奈良県史跡名勝天然記念物調査報告』第18冊）
天野末喜ほか 1989『岡古墳—古市古墳群の調査研究報告—』I（『藤井寺市文化財報告』第5集）

天野末喜 1993「岡（北の割塚）古墳と割塚（南の割塚）古墳」『新版古市古墳群』　藤井寺市教育委員会
石部正志 1958「副葬用陪塚の発達」『考古学手帖』3
上田　睦 1997「国府遺跡・市野山古墳の調査」『石川流域遺跡群発掘調査報告』ⅩⅡ（『藤井寺市文化財報告』第 15 集』）
梅原末治 1920『久津川古墳研究』　岩波書店
エンゲルス 1965『家族・私有財産・国家の起源』　岩波書店
川西宏幸 1978「円筒埴輪総論」『考古学雑誌』第 64 巻第 2 号
北野耕平 1969「5 世紀における甲冑出土古墳の諸問題」『考古学雑誌』第 54 巻第 4 号
北野耕平 1976『河内野中古墳の研究』『大阪大学文学部国史研究室研究報告』第 2 冊
木許　守 1996「宮山古墳の墳丘とその系譜的位置」『橿原考古学研究所紀要　考古学論攷』第 20 冊
申敬　澈ほか 1983『東莱福泉洞古墳群』（『釜山大學校博物館遺蹟調査報告』第 5 輯）
末永雅雄 1933「七観古墳とその遺物」『考古学雑誌』第 23 巻第 5 号
末永雅雄 1934『日本上代の甲冑』　岡書院
末永雅雄 1949「宇和奈邊陵墓参考地陪塚高塚大和第 6 号墳」『奈良県史蹟名勝天然記念物調査抄報』第 4 輯
末永雅雄 1962「古墳の周庭帯と陪冢」『書陵部紀要』第 13 号
末永雅雄 1974『古墳の航空大観（陵墓図）』　学生社
末永雅雄・森　浩一 1953『河内黒姫山古墳の研究』（『大阪府文化財調査報告書』第 1 輯）
高橋健自 1924『古墳と上代文化』　雄山閣
高野　学・伊藤聖浩 1990「向墓山古墳」『羽曳野市内遺跡調査報告書―平成元年度―』
田中晋作 2001「古墳時代常備軍成立の可能性について」『百舌鳥・古市古墳群の研究』
塚口義信 1984「葛城県と蘇我氏」『続日本紀研究』第 231 号・232 号
中西康裕 1993「鉢塚（鉢山）古墳と落塚（北ノ平）古墳」『新版古市古墳群』　藤井寺市教育委員会
西川　宏 1961「陪塚論序説」『考古学研究』第 8 巻第 2 号
原秀三郎 1984「日本列島の未開と文明」『講座日本歴史』1　東京大学出版会
樋口隆康・岡崎　敬・宮川　徙 1961「和泉七観古墳調査報告」『古代学研究』第 27 号
藤井利章 1982『津堂城山古墳の研究』（『藤井寺市史紀要』第 3 集）
藤田和尊 1985「位置と環境」『巨勢山境谷 10 号墳発掘調査報告』（『御所市文化財調査報告書』第 4 集
藤田和尊 1988「古墳時代における武器・武具保有形態の変遷」『橿原考古学研究所論集』第 8　吉川弘文館
藤田和尊 1993「陪冢考」『関西大学考古学研究室開設 40 周年記念　考古学論叢』
藤田和尊 2003a「大形群集墳としての巨勢山古墳群の性格」『古代近畿と物流の考古学』

学生社
藤田和尊 2003b「群集墳の性格について」『関西大学考古学研究室開設50周年記念　考古学論叢』
藤田和尊 2006『古墳時代の王権と軍事』　学生社
マックス＝ウェーバー 1960『経済と社会 支配の諸類型』　世良昇志郎 訳　創文社
森　浩一 1965『古墳の発掘（中公新書65）』　中央公論社
森　浩一・宮川　徙 1953『堺市百舌鳥赤畑町カトンボ山古墳の研究』（『古代学叢刊』第1冊）
森　浩一・森川桜男ほか 1973「三重県わき塚古墳の調査」『古代学研究』第66号
山田幸広ほか 1997『西墓山古墳』（『藤井寺市文化財報告』第16集）
吉村公男 2003「馬見丘陵の古墳」『新近畿日本叢書　大和の考古学』第2巻　大和の古墳Ⅰ　人文書院

第2節　地方における陪冢の展開

1. 地方で陪冢を伴う古墳の性格

　その内実を問わずに、単に陪冢を伴う古墳、という基準で旧国ごとに取りまとめ、それぞれの旧国での基数が全体に占める比率を累計表にしてみた（表9）。さきに陪冢制を想定できる古墳とした河内・和泉・大和・摂津の畿内中枢部のみで71.4％と圧倒的多数を占める。

　同表二重線以下の古墳を便宜上ここでは地方所在の古墳と呼ぶ。さて、地方所在の陪冢を有する古墳の甲冑保有形態には顕著な特徴がみられる。既に北野耕平の、地方においては陪冢ではなく、大形古墳の埋葬主体において甲冑の大量副葬がなされる、との指摘（北野1969）を引用したが、その大量副葬の内容は月岡パターン（藤田1988）とよんだ特徴的なものである。

　まず、墓山パターンと呼んだ甲冑保有形態は、新旧取り混ぜた段階の最新相の甲冑セットがそれぞれの配布の機会にセットとしてもたらされるもので、畿

表9　陪冢を伴う古墳累計表

地域区分		旧国名	陪冢を伴う古墳（主墳）	古墳群	比率	累計
畿内	中枢部	河内	古室山古墳、允恭陵古墳、仲津媛陵古墳、応神陵古墳、墓山古墳	古市古墳群	21.4%	21.4%
			黒姫山古墳			
		和泉	反正陵古墳、仁徳陵古墳、履中陵古墳、御廟山古墳、ニサンザイ古墳、イタスケ古墳	百舌鳥古墳群	25.0%	46.4%
			宇度墓古墳			
		大和	成務陵古墳、磐之媛陵古墳、コナベ古墳、ウワナベ古墳	佐紀盾列古墳群	21.4%	67.8%
			室宮山古墳、川合大塚山古墳	（葛城地域）		
		摂津	継体陵古墳		3.6%	71.4%
		山城	久津川車塚古墳		3.6%	75.0%
	畿内周辺部	播磨	檀場山古墳、玉丘古墳		14.3%	89.3%
		丹波	雲部車塚古墳			
		伊賀	殿塚古墳			
	地方	日向	女狭穂塚古墳		10.7%	100.0%
		吉備	両宮山古墳			
		上野	太田天神山古墳			

内とその周辺域の中小規模墳に限定してみられる優秀な甲冑保有形態である。標識とした大和・円照寺墓山1号墳（末永1930）のほか摂津・豊中大塚古墳（柳本・橋本・服部ほか1989）、近江・新開1号墳（鈴木1961）が知られている。

　一方で地方にもこの墓山パターンと甲冑保有のあり方としては同様の、新旧取り混ぜた段階の最新相の甲冑セットがそれぞれの配布の機会にセットとしてもたらされるものが存在する。筑後の月岡古墳を標識として月岡パターンと呼んだこの甲冑保有形態は、新旧取り混ぜた甲冑セットという点では墓山パターンと同様であるが、地域を代表する前方後円墳で竪穴式石室に長持形石棺を納めるという顕著な特徴を有する。月岡パターンの甲冑保有形態を採る古墳としては、ほかに山城・久津川車塚古墳、丹波・雲部車塚古墳が知られる（藤田1988・2006）。

　また、次項で図示するとおり、山城・久津川車塚古墳、丹波・雲部車塚古墳には陪冢が知られ、竪穴式石室、長持形石棺の内部主体、そして陪冢を有するという点では室宮山古墳と共通する。このことからすれば、月岡古墳にも陪冢が伴った可能性がきわめて高い（藤田2007）。

　いずれにせよ、新旧取り混ぜた甲冑セットが、それぞれの配布の機会に第I類型（●○型）のセットとしてもたらされる、といったありかたは、畿内ならではのものであり、各地方で集積した結果とは考えがたい。したがって月岡パターンの被葬者は、畿内とその周辺部に本拠を置いていた墓山パターンの中小首長から選別され、各地方に赴任した派遣将軍であると考えられる。なお、派遣将軍は継続してその地に派遣されることはなく、一代限りという特徴がある。典型的なのは筑後・月岡古墳の首長墓系列を引く塚堂古墳（宮崎1935）で、月岡古墳の竪穴式石室・長持形石棺・月岡パターンの甲冑保有形態という畿内色濃厚なものから、塚堂古墳では横穴式石室・鶴山パターンの甲冑保有形態という地方色濃厚なものへと推移していることが分かっている（藤田1988）。

　そして畿内中枢部の百舌鳥、古市、佐紀盾列古墳群や室宮山古墳と同様に、陪冢を伴う古墳のうち内部主体が知られるものは、久津川車塚古墳、壇場山古墳（梅原1924）、玉丘古墳（立花1990）、雲部車塚古墳、太田天神山古墳（梅沢1981）といずれも後円部の中心主体に長持形石棺を採用する。

　このように畿内中枢部以外において陪冢を伴う古墳は、各地を代表する大形

前方後円墳で、竪穴式石室に長持形石棺を納め（一部は長持形石棺を直葬し、両小口に小石室を付設する）、その甲冑保有形態は月岡パターンである、とみなして大過ないと考えられる。

2. 派遣将軍の葬られた古墳

　地方において陪冢を有する古墳には、周堤に接して陪冢を設けるという、形態上は畿内中枢部のそれと同様の陪冢は存在しているが、機構としての陪冢制までは導入されていない。既に述べたとおり、その被葬者像としては派遣将軍であり、その陪冢被葬者は忠実な配下といったところであろう。それぞれについて図示し、主墳と陪冢の状況について若干の説明を加えておく。なお、本項で示すそれぞれの古墳に関する文献は、図示の下絵となった測量図で、いずれもスケールはこれまでと同様、5,000分の1である。

　図20の日向・女狭穂塚古墳（石川1992）は前期以来の勢力である西都原古墳群の一角に打ち込まれた楔であり、派遣将軍の役割を明示している。その後の展開については第3章第1節で詳論する。

　陪冢の西都原170号墳は発掘調査されており、立位で1領の短甲が納められ、その上に頸甲を乗せていることが知られる。冑については短甲の中に納められていた可能性が高く、そうだとすれば第Ⅰ類型（●○型）の甲冑保有形態だったであろう。現在のところ、地方において陪冢から甲冑が出土した唯一の例である。

　図21の吉備・両宮山古墳（宇垣2005）は二重濠を有するとされ、後円部側の外堤にやはり二重濠を伴う和田茶臼山古墳という帆立貝式古墳が取り付くとされる。地方では唯一の帆立貝式古墳が陪冢候補となるものであり、それまで二重濠を有するとなると、陪冢の格が高すぎるきらいがある。そもそも自らの濠で主墳とは隔絶し、それ

図20　日向・女狭穂塚古墳と陪冢

第2章　陪冢の展開　99

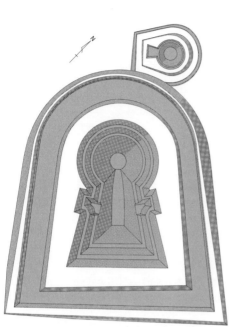

図21　吉備・両宮山古墳と和田茶臼山古墳

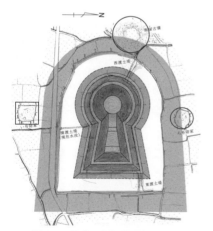

図22　丹波・雲部車塚古墳と陪冢

(1/5000)

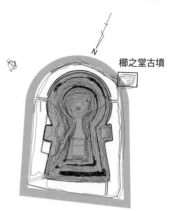

図23　播磨・壇場山古墳と陪冢

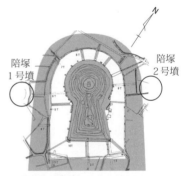

図24　播磨・玉丘古墳と陪冢

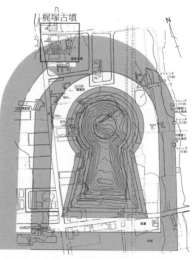

図25　山城・久津川車塚古墳と陪冢

も二重となると果たして陪冢としてふさわしいのかさえ疑問視される。ここでは示された復元図を用いておくが、復元図の是非を含めて、両墳の関係性についてはさらなる検討が必要であろう。

図22の丹波・雲部車塚古墳（徳田・有馬2006）では既に述べたとおり、後円部の中心主体である竪穴式石室に納められた長持形石棺があり、甲冑保有形態は月岡パターンであった。「い号」「ろ号」「飯塚古墳」という3基の陪冢が知られる。周辺には継続する盟主墳さえ知られておらず、派遣将軍は一代限り、を示す典型例の一つである。

図23の播磨・壇場山古墳（岸本ほか2005）では陪冢として櫛之堂古墳が知られ、図24の播磨・玉丘古墳（立花1990）では陪冢として陪塚1号墳、陪塚2号墳の2基の陪冢が知られる。壇場山古墳、玉丘古墳ともに長持形石棺を直葬する。小口に小石室を設けたか否かについては不明である。なお、櫛之堂古墳も長持形石棺直葬で、これについては竜山石の産地の近傍ならではといえる。

図25の山城・久津川車塚古墳（近藤・伊賀1986）では既に述べたとおり、後円部の中心主体として長持形石棺を直葬し、両小口に小石室を作り付け、5セットの甲冑が副葬されていた。甲冑保有形態は月岡パターンである。陪冢は梶塚古墳で発掘調査もなされている。乱掘の影響は否定できないが、甲冑の出土は知られていない。のちの畿内に相当する山城に所在する本墳の甲冑保有形態が月岡パターンとなり、派遣将軍を想定できる点については、前期以来の勢力が未だ健在であったためであり、それを牽制する目的であった。中期畿内政権は、前期以来の伝統勢力には牽制策で、新興勢力には懐柔策で当たってきたことは度々述べてきたが、本書でも第3章で詳論する。

図26の伊賀・殿塚古墳（森・森川1973）は美旗古墳群における最古の盟主墳である。殿塚古墳には隍はあっても明確な周堤は存在しない。したがって本来ならば、わき塚1号墳と2号墳は、陪冢の要件を満たしているとは言い難いものであるが、殿塚古墳の築造時期は中期初頭と古いこと、殿塚古墳から壕を隔てた同一の地形的高まりの上に1号墳と2号墳は接して築造されていること、1号墳には人体埋葬はないとみられていることは、2号墳との関係において1号墳の存在を説明せざるを得ず、これは陪冢という概念を用いなければ理解しがたいことなどから、先述の周堤のことについては例外として扱うべきと

第2章 陪冢の展開 101

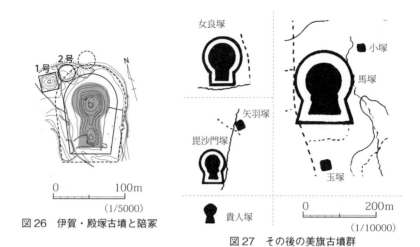

図26 伊賀・殿塚古墳と陪冢

図27 その後の美旗古墳群

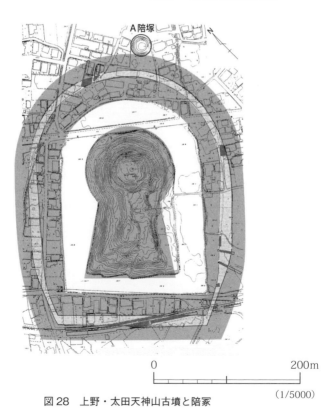

図28 上野・太田天神山古墳と陪冢

思われ、ゆえに、わき塚1号墳と2号墳は、殿塚古墳の陪冢と認めてよいと考える。

美旗古墳群でも、殿塚古墳において一度は主墳に陪冢を伴う形態は導入されながら、全く定着しない。想定される築造期（森・森川1973）順に古墳分布図（森川ほか1970）により示す（図27）と、続く盟主墳の女良塚古墳の周囲に小墳はないし、毘沙門塚古墳、馬塚古墳の場合には、その周堤から遠く離れた位置に小古墳が点在するのみで、陪冢としての形態は完全に崩れている。これは本節で取り上げた、陪冢を伴う盟主墳の全てに該当する傾向であり、そればかりか丹波・雲部車塚古墳などの場合には、継続する盟主墳さえ存在しない。一度は盟主墳に陪冢を伴う形態が導入されながら、各地域の続く盟主墳には陪冢がみられなくなることについては、やはり一代限りの派遣将軍、という被葬者の性格が色濃く現れている、といえる。

図28の上野・太田天神山古墳（金澤ほか1999）は関東最大の前方後円墳で長持形石棺の存在が知られる。二重濠だが外堤の存在については必ずしも明瞭ではない。後円部側にA陪塚が知られる。なお、前方部の外堤上にあるとされたB陪塚は、古墳ではないことが判明しており、現在の復元案の前方部側の外濠・外堤の特異な形状についても検討が必要である。

3. 陪冢とは認めないものの例示

各地には一見、陪冢を有するかのごとくみえるものも存在する。図29から図33に掲げるようなものであるが、この中では図33の上野・保渡田八幡塚古墳のような事例を除いては、いずれも陪冢とも疑似陪冢とも認めない。なお、本項においてそれぞれの古墳名に続けて付した文献は、図示の下絵となった測量図である。

図29の日向・西都原72号墳（日高1993）の事例は、不定型な隍を巡らせるものの周堤はなく、隍の上の段の旧地形上に数基の小墳がみられるものである。これは盟主墳としての西都原72号墳の周囲に形成された西都原古墳群中の一支群、と評価するべきである。

図30の日向・松本塚古墳（蓑方1993）の事例は、松本塚古墳には周濠と周堤はあるものの、近在する小古墳が周堤には接しないものである。円墳の三納

第 2 章　陪冢の展開　103

図 29　日向・西都原 72 号墳
　　　と周辺の古墳

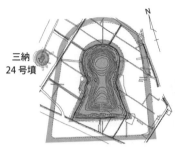

図 30　日向・松本塚古墳と周辺の古墳

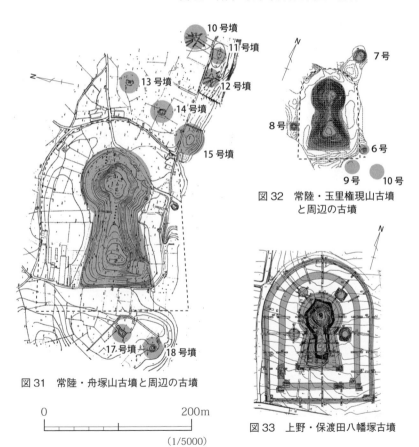

図 31　常陸・舟塚山古墳と周辺の古墳

図 32　常陸・玉里権現山古墳
　　　と周辺の古墳

図 33　上野・保渡田八幡塚古墳

(1/5000)

24号墳には完周する周溝があり、松本塚古墳とはこの点でも隔絶する。したがって三納古墳群は盟主墳としての松本塚古墳の周囲に形成された古墳群にすぎず、陪冢は存在しない。

図31の常陸・舟塚山古墳（山内・瓦吹・山下1972）（諸星・黒澤1977）（黒澤・諸星1978）と図32の常陸・玉里権現山古墳（小林・新井ほか2000）は同一の首長墓系譜に連なる盟主墳とみていた（藤田2007）が、佐々木憲一によると別と考えるべき（佐々木2018）と言う。そのことは認めつつ、興味深いことが分かったので、本書第4章第2節で論じる。さて、この両墳共に隍は巡るが精美な形状の濠（各図上で破線で表現）というにはほど遠く、また、周堤も伴わない。さきの西都原72号墳の場合と同様、隍の上の段の旧地形上に数基の小墳がみられるものである。舟塚山古墳の墳長は180mを測り、図27に掲げた上野・太田天神山古墳に次ぎ関東地方で第2位の規模の古墳であるが、それでさえ占地上の制約から精美な濠や外堤を有し得ていないことに注意が必要である。そもそも陪冢を伴うのであれば、精美な濠と外提は不可欠であり、その条件に見合う占地が前提条件である。したがってこれらは舟塚山古墳および玉里権現山古墳を盟主墳とする古墳群として捉えるべきものであり、陪冢は存在しない。

図33の上野・保渡田八幡塚古墳（若狭・田辺・大塚ほか2000）と井出二子山古墳（後藤1953）（保渡田愛宕塚古墳）はいわゆる保渡田3古墳のうちの2基で、同一の首長墓系譜に連なる盟主墳である。ともに内濠の中に4基の中島を設け、中島に埋葬主体があることも確認されている。非常に計画性の高い中島の配置であることはいうまでもないが、元より陪冢制を背景とした陪冢そのものとは異質のものである。陪冢のあり方を参考にしつつ、中期末葉以降、保渡田古墳群で独自に採用された形態として評価し、疑似陪冢保渡田型と呼ぶことにしたい。

4．小　結

本章では陪冢とそれを伴う古墳について、従来から述べてきたこともまとめて述べるようにした。

第1節では基準とするべき畿内中枢部の陪冢を取り上げた。

第1項と第2項では、陪冢の概念規定をより厳密に「主墳の周堤に接する位

置にある、ほぼ同時期の中小規模墳」とするべきことを述べ、それに限ってあえて旧字を用いて「陪冢」と表記することを再度提言した。また、陪冢には人体埋葬があるとみるべきこと、殉葬は無いか、もしくは一般的とはいえないことを述べた。

　第3項では、武器・武具集中管理体制など政権の存立基盤となる重要な職掌を陪冢被葬者に委ねる高度なシステム、陪冢制が百舌鳥・古市古墳群の被葬者をはじめ、畿内（山城を除く）では成立していたことを述べた。

　第4項では、陪冢の終焉は継体大王の規制によるものであることを述べた。そして、仲哀陵古墳において、以前に築造された古墳を陪冢のように見せかける疑似陪冢岡古墳型と、後円部側の墳丘中軸上に比較的大形の前方後円墳を配し、旧来であれば陪冢被葬者であったであろう人々を集約したとみられる疑似陪冢鉢塚型が成立するのは、その規制にかからない形態で何とか陪冢を存続させようとする古市古墳群の被葬者の意図によるものであることを述べた。なお、疑似陪冢鉢塚型はより整った形態となって清寧陵古墳に継続する。

　第5項では、後期に入ると陪冢制は止揚され、原初的官僚は大形群集墳などに葬られるようになることを述べた。

　第2節では、地方において陪冢を伴う古墳を取り上げた。

　第1項では、地方において陪冢を伴う古墳は、後円部中心主体において、竪穴式石室に長持形石棺を納め、月岡パターンの甲冑保有形態を採ることにより、派遣将軍と見なすべきことを述べた。

　第2項では、個々の陪冢を伴う古墳を取り上げ、図示することによりその状況を整理した。

　第3項では、陪冢とは認めることのできないものを例示して誤解を避けることに努めた。

※　本章は同題の「陪冢の展開」『考古学論究―小笠原好彦先生退任記念論集―』、2007年と「陪冢論の現状」『古墳時代の考古学3 墳墓構造と葬送祭祀』、2011年、同成社および「陪冢論」『講座　畿内の古代学　第Ⅱ巻　古墳時代の畿内』、雄山閣、2018を元にするが、紙数の制限に配慮することなく陪冢に関する私見をまとめておく必要を感じ、それを意図した書き下ろしである。論旨には変更

はないものの、節と項立ての構成を大きく変えており、補筆したところも多い。

補註
(1) 調査担当者の天野末喜氏の御教示による。
(2) ただし、久津川車塚古墳の場合は、直葬した長持形石棺の両小口に小石室を付設したものである。

参照・引用文献
石川悦雄 1992「女狭穂塚古墳」『前方後円墳集成　九州編』　山川出版社
宇垣匡雅 2005『両宮山古墳』(『赤磐市文化財調査報告』第1集)
梅沢重昭 1981「151　天神山古墳」『群馬県史　資料編』3
梅原末治 1924「播磨壇場山古墳の調査」『人類学雑誌』第39巻第2号
金澤　誠ほか 1999『天神山古墳外堀発掘調査報告書』　太田市教育委員会
岸本直文ほか 2005「姫路市壇場山古墳の測量調査」『前方後円墳の築造企画からみた古墳時代の政治的変動の研究』　大阪市立大学
北野耕平 1969「5世紀における甲冑出土古墳の諸問題」『考古学雑誌』第54巻第4号
黒澤彰哉・諸星政得 1978『舟塚山古墳群（10号・12号）発掘調査報告書』2　石岡市教育委員会
児玉真一ほか 2005『若宮古墳群Ⅲ―月岡古墳―』(『吉井町文化財調査報告書』第19集)
小林三郎・新井　悟ほか 2000『玉里村権現山古墳発掘調査報告書』　玉里村教育委員会
後藤守一 1953「上野国愛宕塚」『考古学雑誌』第39巻第1号
近藤義行・伊賀高弘 1986「久津川遺跡発掘調査概報」『城陽市埋蔵文化財調査報告書』第15集
佐々木憲一 2018「第8章　総括　霞ヶ浦沿岸地域における首長墓系譜の併存」佐々木憲一編『霞ヶ浦の前方後円墳』　明治大学考古学研究室　六一書房
末永雅雄 1930『円照寺墓山第1号古墳』(『奈良県史跡名勝天然記念物調査報告』第11冊)
末永雅雄・勝部明生・田中晋作ほか 1991『盾塚・鞍塚・珠金塚古墳』　明新出版
鈴木博司 1961「栗東町安養寺古墳群発掘調査報告2　新開古墳」『滋賀県史跡調査報告』第12冊
立花　聡 1990『玉丘古墳―史跡保存整備国庫補助事業に係る調査整備報告―』(『加西市埋蔵文化財報告』4)
徳田誠志・有馬　伸 2006「雲部陵墓参考地墳塋裾護岸その他工事に伴う事前調査」『書陵部紀要』第57号
日高政晴 1993「56-3　西都原72号墳」『宮崎県史　資料編 考古2』
藤田和尊 1988「古墳時代における武器・武具保有形態の変遷」『橿原考古学研究所論集』

第8　吉川弘文館
藤田和尊 2006『古墳時代の王権と軍事』　学生社
藤田和尊 2007「陪冢の展開」『考古学論究 小笠原好彦先生退任記念論集』
蓑方政幾 1993「61　松本塚古墳」『宮崎県史　資料編 考古2』
宮崎勇蔵 1935「筑後国浮羽郡千年村徳丸塚堂古墳」『福岡県史跡名勝天然記念物調査報
　　　告書』第10集
森川桜男ほか 1970『青蓮寺開拓建設事業地域遺跡地図』(『三重県埋蔵文化財調査報告』3)
森　浩一・森川桜男ほか 1973「三重県わき塚古墳の調査」『古代学研究』第66号
諸星政得・黒澤彰哉 1977『舟塚山周辺古墳群発掘調査報告書』1　石岡市教育委員会
柳本照男・橋本正幸・服部聡志ほか 1989『摂津豊中大塚古墳』(『豊中市文化財調査報告』
　　　第20集)
山内昭三・瓦吹　堅・山下房子 1972『舟塚山古墳周濠調査報告書』石岡市教育委員会
山本明彦ほか 1984『雲部車塚古墳―道路改良工事に伴う周堤帯の発掘調査報告書―』
　　　篠山町教育委員会
吉井町教育委員会 1989『月岡古墳』
吉村和昭 2006「室宮山古墳出土の甲冑」『葛城氏の実像』(『奈良県立橿原考古学研究所
　　　附属博物館特別展図録』第65冊)
若狭　徹・田辺芳昭・大塚美恵子ほか 2000『保渡田八幡塚古墳』(『群馬県埋蔵文化財調
　　　査報告』第57集)

第3章
河内政権肯定論と大和に対する経営戦略

第1節　河内政権肯定論

1. 古墳時代中期と河内政権論

　ここでいう中期とは、古墳時代を大きく三期区分して前期・中期・後期に分期するに際しての中期を指している。

　後藤守一 1935 は群馬県白石古墳群のケーススタディから、前方後円墳を立地・墳形・埴輪・段築・周濠・主体部を勘案のうえ、第1から第3様式を設定して墳形を基準とした古墳編年の基礎を固めた。

　小林行雄 1950 はこれを前期・中期・後期と読み替えて「中期古墳文化」の存在を確立すると共に、後藤の編年観の欠点であった、中央からの文化伝播と周縁部における地域的伝統の分離に成功する。その小林の執筆にかかる、戦後初の概説書『日本考古学概説』（小林 1951）や『古墳の話』（小林 1959）でも三期区分とするが、後者とほぼ同時に出版された、小林編集による『世界考古学大系』日本Ⅲ（1959）では2期区分で、中期を設けていない。同書中で「古墳の変遷」（近藤 1959）を共著した近藤義郎の意向が強く反映されたものとみられる。

　その近藤は『日本の考古学』Ⅳでも前期・後期の二期区分を採用するが、それは「説明の便宜上」であると断りながらも「…後期においても、諸要素において卓越した支配階級の墳墓がいぜん営造されていることはいうまでもない。しかしそれと同時に、送葬のイデオロギーおよび社会の変化を反映し、…しだいに被支配者階級の中にもその造営の風がおよび…押し並べて群集墳という通称で知られているように、その形式はひろくふかく民衆の墓制に浸透する。」（近藤 1966）と述べ、これを中期を設けずに古墳時代を前期・後期の二

期区分とする根拠にしていたことは明らかである。

つまり『世界考古学大系』『日本の考古学』の両書ともに、群集墳は後期を特徴付けるものとの当時の共通の認識が大きく作用していたことになるわけだが、その後次第に古式群集墳（石部1975）と評価された、視覚的には群集墳としか呼べないような群集形態を呈する前期や中期の事例も各地で判明するに及び、実態としては2期区分法も次第に拠所を失うことになる。

こうした事態を配慮してか今井堯は『日本考古学を学ぶ』で8小期に区分したままにする方法を採用（今井1987）し、一方で「時期区分と評価とは区別していかなければならない」（近藤1987）との認識の転換もあってか、近藤義郎を編者とする『前方後円墳集成』でも前方後円墳が畿内で存続する時代全体を10期に分け（広瀬1991）、小期区分の姿勢を踏襲する。

一方で、こうした網羅的概説書を中心とした動きとは別に、個々の著作や論文でも依然「中期」を用いる研究者も数多い。そこには積極的な意図が隠されている場合も少なからずあり、例えば川西宏幸は「大和北部、同西部の両伝統勢力に加え、著しく強大化した河内南部、和泉北部の両勢力」の存在を認め「中期畿内政権」を提唱（川西1983）する。

筆者のいう中期は、小林のいう「中期古墳文化」の存在を認めると共に、川西らの視角にもまた基づくものであるが、次章で整理するように、古墳時代中期に、和泉北部、河内南部に超大形墳を築造した勢力の本貫地がいずれにあったのかは、いまだ未解明の問題である。本項では、従来より筆者が論じてきた甲冑保有形態の検討を通じて、前期と中期の畿内政権の間には系統の違いがあると理解するべき理由を述べる。

2. 従来の諸説

いわゆる「河内王朝」の存否をめぐる問題に関して考古学側からは、次の先学がほぼ純粋な考古学的手法によって比較的まとまった発言をしている。

この時期の主導勢力の交替に関して肯定の立場を採る白石太一郎は畿内の大形古墳を編年し、「…最大級の大形前方後円墳の所在が時期毎に転々と移動している」ことを明解に論じて、これを「…大和政権における首長権は…連合政権といわれる大和政権を構成する諸勢力の間を転々と移動した」と解釈

(白石1969) する。

　対して否定派の近藤義郎は「大和連合勢力の中枢首長は大和盆地南部を基盤として大和全体に君臨し、その墳墓地を、はじめ萱生・柳本、ついで北部（佐紀盾列＝筆者補筆）へと移動築造したが、さらに…古市、ついで百舌鳥の地に墳墓地を求めるにいたった。」とする（近藤1983）。

　その論拠として、百舌鳥・古市古墳群の周辺では併行期の中小規模墳の造営が「陪塚」を除くとほとんど見られないのに対し、大和南部に集中していることを挙げ、「古墳が、小墳といえど同族的権威のつながりを示すとすれば、まさに大和盆地南部にこそ同族の頂点たる最高首長の部族的基盤があったことを示す」という。

　一方の白石はこれを受けて「しかし現実に前期末葉から中期の中・小古墳が初期ヤマト王権の当初の基盤であった奈良盆地東南部にとくに多いとは考えがたい。」と述べ、若干論点の齟齬は認められるものの、認識の違いを顕わにして、真っ向から対立する（白石1984）とともに、「職務執行についても畿内、とりわけ大和および河内各地の諸政治集団によって分担して執行されるもので、その機関も必ずしも盟主権の所在地に集中する必要はなかった」との反論も用意する。

　また、石部正志は、前期末葉に至って祖形の長持形石棺を採用した松岳山（美山）古墳から古市古墳群、乳の岡古墳から百舌鳥古墳群への系譜を考える（石部1980）が、一方で広瀬和雄は畿内の大王墓の系譜を論じる中でこの問題に触れ、河内の前期古墳にはのちに古市古墳群を造営するような中核となる大首長を抽出できず、和泉の場合には摩湯山古墳ののち規模を縮小しており、河内とともに大形の前方後円墳を中核としたピラミッド的広がりがまったく展開していない（広瀬1987・1988）と述べ、これもほぼ同じ物を扱いながら、全く正反対の評価となっている。

　畿内中枢部の大形古墳の編年という意味では川西宏幸（川西1978）と関川尚功（関川1985）の研究を忘れることはできない。それぞれが主張する肯定論、否定論は、大形古墳編年の再検討、金属器生産、窯業、玉生産、祭祀、交通路、集落の分布など新たな視点を用意してこの問題に挑むが、それまでの論考も含めて田中晋作が要領よく整理したように、確かに「従来から行われてきた古

墳・古墳群の変遷、構造からの検討が、ほぼ一定の到達点にあり…その状況の解釈がそれぞれの立場によって異なるだけ」（田中1990）といわざるを得ない。

その田中は「三角縁神獣鏡・石製腕飾類・甲冑の保有は…それを贈与、もしくは供給する主体者が異なって」おり、「それぞれの主体者が各時期における主導勢力であり、その変換がその交替につながる」と想定（田中1993）する。その論旨の一部については妥当性を認めるが、例えば仮に百舌鳥・古市古墳群で三角縁神獣鏡が出土すれば、立論自体に疑問が生じるという危うさを抱えている。

このように、百舌鳥・古市古墳群出現の経緯、および、当時の政権と大和盆地南部に集中するという中小規模墳との有機的な関係は、未だ未解明の問題である。

また、この時期に主導する勢力の交替があったか否かの問題を別にしても、小林の論じる通り、少なくとも中期という時期区分は確かに存在し得るわけだから、こうした転換期においては特に、首長墓系譜の継続や断絶には様々な要素が絡むことも予想されなければならない。この点については田中の桜塚古墳群、淡輪古墳群に対する位置付け（田中1993）もまた例外ではない。このように肯定派、否定派ともに、その主張には一長一短があると断ぜざるを得ず、ともに未だ決定打を欠いている。

また、近藤が主張した河内・和泉における生産基盤の脆弱さ（近藤1983）の問題も、仮にそれが妥当であったにせよ、田中がいうように、「経済効率の高い集約化された生産」が十分になされていれば、それを補い得る（田中1990）ものと考えられる。

ただし、そこで田中によって取り上げられた製塩や鉄製品に関しても、その生産の管理・掌握権が大和東南部に勢力基盤を置く集団のものではなかったとする保障はない。ただ、近藤が説くような、水田経営のみを念頭に置いた生産基盤の評価のみでは解決し得ない問題を孕んでいることは、もはや改めて述べるまでもないだろう。

このほか、都出比呂志は異なった方向から肯定論を展開する。京都府桂川流域を取り上げ、首長墓系譜の継続と断絶の検討（都出1988）から「五世紀前葉における向日グループから長岡グループへの盟主的首長権の移動は、五世紀前葉における大王墓周辺の政治的変化と連動していた」と述べ、「この変動期が

各地の首長墓系譜の断絶をともなっていることを重視すれば、中央と地方とを巻き込んだ大きな政治的激動がこの時期に生じたことは間違いない。」と言い切る。

しかしながら全国的に見ても、こうした首長墓の多くは内部主体への調査が及んでいないこともあって、築造時期の認定に際する恣意性を尽く排除することは困難と言わざるをえないという問題がある。また、この動きに合致しない首長墓系譜の存在も当然予想され、さらに穿った見方をすれば、この連動は、墳墓地の移動という当時の中央の動きが、単に地方にも伝播あるいは流行したか、一定の強制力を伴って波及しただけかもしれない。

以上概観してきたように、アプローチの仕方のやや異なる都出の論を別とすれば、肯定派・否定派ともに、畿内、とりわけその舞台となった、中枢部の情報のみでこの問題に迫ろうとしたところに無理があったのではないだろうか。

いかに畿内での発掘調査が頻繁に行われているとはいえ、大形墳の実態を始め、居館を含む集落や生産関連遺跡における素材の入手から流通に至る過程の情報量もいまだ少なく、有体に述べれば、いかようにも解釈が可能な主観に基づく材料をいくら積み上げたところで結論は出ようはずもないと思う。

さらに、この議論が行われる際に常に引き合いに出される奈良県域と大阪府域の中期の中小規模墳の問題、それは2期区分法を提唱者にあきらめさせたとみられる、についても若干の検討を加えることにしたい。

一方で、記紀を主たる素材とする文献の研究から提唱された王朝交替論は、王朝の概念には合致しないとして、政権の交替あるいは単に王統の変化として主張される傾向にあり、極端な例では無意味であるとの主張まで展開されるに至り、議論は一時下火になった感もあったが、近年では熊谷公男らが積極的に河内政権否定論を展開している。

熊谷が否定論の根拠とするのは次に掲げる2つの主張による。

ひとつは「5世紀の倭政権の主要な構成メンバーは、倭王家・葛城・王珥氏などのヤマトの勢力と吉備・出雲・紀・上毛野氏などの有力地方豪族であったとみられ、河内の勢力は見いだせない。」「吉田晶が主張（吉田1982）しているように、古代の河内は在地性力の著しく弱体な地域なのである。」との論点（熊谷2001）である。

しかし元より、玉手山古墳群など河内の在地勢力がそのまま成長して河内政権が成立したと考える肯定論者は少数派である。例えば石部正志は、前期末葉に至って祖形の長持形石棺を採用した松岳山古墳から古市古墳群への系譜（石部1980）を考えている。その松岳山古墳は日葉酢媛陵古墳の有孔立石をもつ主体部構造と共通性を有する（石田1967）ことから、大王家の構成メンバーの一人が河内に進出してきたと考えることも可能である。そして墳長約200ｍで横並びとなる畿内の中期初頭の大形墳のなかにあって、ひとり津堂城山古墳のみがその後の大王墓において通有の施設となる二重濠を有している（藤井寺市教委1986）ことも看過されてはならない。

なお、文献史学側からの見解として塚口義信が、「河内大王家」の成立は佐紀盾列古墳群西群に造墓し続けていた大王家の正当な後継者、香坂王・忍熊王に象徴される集団に対して、王権の内部にあった神功・応神に象徴される集団が内乱を起こした結果である（塚口1993）とするのは、上記と一部通じるものである。

さて、熊谷公男による否定論の第2は、直木孝次郎の理解（直木2005）の否定からなるもので、大伴・物部・中臣氏をはじめとする連姓氏族の本拠地が河内に進出するのは5世紀後半以降のことであり、河内政権の成立時期までは溯り得ない、と主張する（熊谷2006）ものである。

熊谷のこの見解自体は妥当かとも思われるが、既に様々な形で河内政権肯定論が提示されている現在、直木の理解の一部を否定したのみでは、河内政権の存在を否定したことにはならない。

また、熊谷は摂河泉地域には有力な臣姓氏族がほとんど存在しないとも述べる。なるほどそうではあるかも知れないが、ならば入婿の形を採った、のちの継体の場合はどうであったか。

改めて述べるまでもないが、継体は河内や北摂の勢力に寄って立った痕跡があるわけではなく、大連大伴金村・大連物部麁鹿火・大臣許勢男人の、大和を本貫地とする有力氏族によって擁立されたのである。なぜ近似したような状況が河内政権成立期にはあり得ないなどと言えようか。

いずれにせよ度々述べるように、中央の状況を検討材料とする限りにおいては、解釈はいかようにも成り立つ余地があることを、文献史学者、考古学研究

者共に自覚するべきなのである。

　それでもなお、過去多くの論者によって主張されてきた論点、つまり、この時期の王宮の所在が大和であることも多いことをもって、改めて河内政権否定論の根拠として掲げられる場合（吉村2003）がある。

　この点についても筆者は既に一定の見解を表明している（藤田2003）が、本節ではより理解を得やすいように配慮した挿図を提示して見解を明確にしておきたい。

3. 甲冑保有形態からの河内政権肯定論

　実はこの時期の主導勢力の交替の問題に関しては、筆者は比較的早くに肯定の立場を表明している（藤田1988）のではあるが、そこでの主要な論点は別のところにあったために、このことについての論旨が明解ではなかった。そこで改めて以下に、古墳時代が前期から中期に移行するに際して畿内政権を主導する勢力に交替があり、河内・和泉勢力による政権が誕生したと考えるべき理由を、他の旧稿にも基づきつつ提示する。

　その際に前提となる理解は、従来より筆者が主張してきた次の3点である。

　まず第1には、古墳時代中期の甲冑は畿内政権から一元的に供給されたこと。この想定は北野耕平の提示（北野1969）以来、様々なかたちで検証が試みられてきた。筆者もまた、中期においては少なくとも二度にわたって新たな工人集団の参入があり、彼らは間もなく既存の生産組織の中へ適宜組み入れられていったことを頸甲編年の成果から述べ、在来新来を問わず、その背景にはすべての甲冑工人集団を統括する特定の権力の存在を想定するべきことを論じて、この前提を追証（藤田1984）した。なお、これは百舌鳥・古市古墳群被葬者という特定勢力からの中期型甲冑の一元的供給を説くものではあるが、その勢力の本貫地にまで言及したものではない。

　第2の前提的理解は、それぞれの甲冑出土古墳における甲冑保有形態の優劣が、その古墳の所在地や規模、内部主体の種類など、階層性や中期畿内政権との政治的距離を反映するとみられる他の政治的秩序の構造と適確に対応していることである。

　甲冑保有形態の格差とは単純にいえば冑、頸甲、短甲の中期型甲冑3点セッ

トをセットで持っているか否かなどを問うものであるが、それを畿内ではセットで揃える古墳が多いのに対して、地方では甲冑保有形態がそれより劣っていることが所在地との対応関係である。

規模との対応とは、一定地域において、大形の古墳の方が中小規模の古墳よりも甲冑保有形態が優れていることなどを指し、内部主体との対応関係とは、竪穴式石室の古墳の方が箱形石棺や舟形石棺など在地色の強い古墳よりも甲冑保有形態が優れていることなどを指す。

これらは第一の前提、つまり、畿内政権からの甲冑の一元的供給、が妥当であるとするならば、ある意味では当然ともみられる状況である。

前提的理解の第3は、原則として、古墳に副葬された中期型甲冑は、その被葬者が生前所有した甲冑の全てと認められることで、これは図らずも松木武彦の二度目の疑問の提示（松木1995）の以前に、中期後葉の甲冑保有形態の検討によって詳論している（藤田1995）ので、ここでは詳論しないが、要するに、前提的理解の第2で述べたように、甲冑保有形態の優劣は、階層性や中期畿内政権と政治的距離と的確に対応しており、それは甲冑1セット副葬の古墳同士の比較のうちにおいて完結しているから、それぞれの古墳被葬者の背景には配下に貸与するに足る甲冑は存在しない、ということである（藤田1995・2006）。

さて、前提的理解の第2には例外的存在もある。しかしそれらはいずれも同一の方向性を持った理由により説明が可能であり、実はここにこそ重要な意味がある。

表10では、中期初頭から前葉にかけて築造された地方の中小規模の甲冑出土古墳を2つの類型に分類している。

まず「性格」として、前期からの系譜関係をたどれる伝統的な勢力と、中期に入って新興した勢力に区分する。

伝統勢力の「主体部」は竪穴式石室、粘土槨、割竹形の木棺を直葬したものなど前期以来の畿内的伝統の色濃い主体部を採用することを常とする。例示の順にしたがって説明を加えておくと、周防・天神山1号墳（山口市教委1979）の所在する吉敷川右岸には弥生時代から続く朝田墳墓群・古墳群（山口県教委1983）がある。美作・月の輪古墳（近藤ほか1960）の所在する飯岡地区では、報告書にも記された王子古墳などをあげることができる。紀伊・寺内63号墳

（薗田・網干ほか 1972）の所在する紀の川左岸では、秋月 1 号墳（冨加見 1992）の周辺に前期古墳の集中が知られる。また、美濃・長良龍門寺 1 号墳（楢崎 1962）の所在する中濃地区では報告書に前期古墳として坂尻古墳などが紹介され、谷内 21 号墳（伊藤 1992）の属する越後・谷内古墳群は前期以来継続して営まれている。つまり、これら伝統勢力は、前期畿内政権の影響下で古墳の築造を始めた勢力ということができる。

一方の新興勢力の方は、周辺に前期に遡る古墳が知られない。

その内部主体は、日向・木脇塚原地下式横穴 A 号墳（宮崎県総合博 1983）は読んで字のごとくであり、また、吉敷川左岸に新興した周防・赤妻古墳（弘津 1928）は舟形石棺と箱形石棺、阿波・恵解山 2 号墳（末永・森 1966）は箱形石棺と、それが前期にもみられる主体部であった場合でも、それぞれ在地色の強いものを採用することを常としている。遠江の千人塚古墳（鈴木 1998）、五ヶ山 B2 号墳（磐田市 1992）は木棺直葬だが割竹形木棺とは異なる。

以上を確認しておいた上で、それぞれの甲冑保有形態に注目すると、前期以来の伝統勢力では中期型甲冑 3 点セット（冑・頸甲・短甲）のうち、冑を欠く第Ⅵ類型（●×型）の甲冑保有形態を採るのに対し、新興勢力の方は 3 点セット全てを併せ持ち、しかも第Ⅰ類型（●○型）という最も優秀な甲冑保有形態を含むという、顕著な違いを認めることができる。

これは非常に奇妙な事態ではないだろうか。つまり前期の畿内政権がそのまま素直に中期の政権に移行したとすれば、前期以来影響力を与え続けた伝統勢力にこそ篤く遇して甲冑 3 点セットを与え、新興勢力の方にはそれより劣った甲冑保有形態で与えた方が、地方経営のあり方としては自然でかつ合理的である。にもかかわらず、それとは全く逆の事態となっている状況をどのように理解すればよいのだろうか。

また、以下でも同様のことがいえる。次に例示する筑前の老司古墳（渡辺・吉留編 1989）、鋤崎古墳（柳沢・杉山 1984）、豊後の御陵古墳（小田 1972）、臼塚古墳（小田・石松 1964）の 4 基の古墳は、九州地方における前期以来の首長墓系譜に乗る、中期型甲冑を出土した首長墳で、いずれも地域を代表する前方後円墳である。

老司古墳や鋤崎古墳は内部主体こそ進取の気風で初現的な横穴式石室を採用

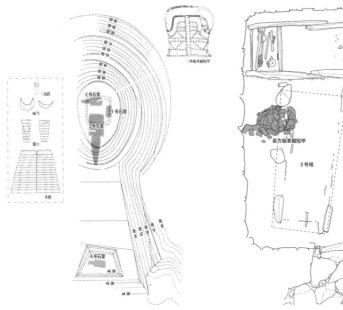

図34　老司古墳の甲冑出土位置　　　図35　鋤崎古墳の甲冑出土位置

表10　中期前葉の地方における甲冑出土古墳の2類型

性格	旧国名	古墳名	主体部	類型	頸甲	=線	短甲	一線	冑
伝統勢力	周防	天神山1号	竪穴式石室	Ⅵ	Ⅰ-b	●	長方板革綴短甲	×	−
	美作	月の輪	粘土槨	Ⅵ	Ⅰ-b	●	長方板革綴短甲	×	−
	紀伊	寺内63号	粘土槨	Ⅵ	Ⅱ-c	●	三角板革綴短甲	×	−
	美濃	長良龍門寺1号	粘土槨	Ⅵ	Ⅰ-b	●	三角板革綴短甲	×	−
	越後	谷内21号	割竹形木棺直葬	Ⅵ	Ⅲ-c	●	小形三角板革綴短甲	×	−
				Ⅶ	なし	×	長方板革綴短甲	×	−
新興勢力	日向	木脇塚原A号	地下式横穴	特殊	Ⅰ-b	▲	三角板革綴短甲	△	長方板革綴衝角付冑
	阿波	恵解山2号	箱形石棺	Ⅰ	Ⅱ-c	●	三角板革綴短甲	○	三角板革綴衝角付冑
	周防	赤妻	舟形石棺・箱形石棺	Ⅰ	Ⅱ-c	●	（三角板）革綴短甲	○	三角板革綴衝角付冑
	遠江	千人塚第2主体	木棺直葬	Ⅰ	（あり）	●	三角板革綴短甲	○	三角板革綴衝角付冑
	遠江	五ケ山B2号	木棺直葬	Ⅲ	Ⅰ-b	▲	三角板革綴短甲	○	三角板革綴衝角付冑

しているが、ともに前期以来の、在地に根ざした伝統的な大首長墳である。老司古墳では妙法寺2号墳、安徳大塚古墳から老司古墳、博多1号墳へ、鋤崎古墳では若八幡山古墳から鋤崎古墳、丸隈山古墳への首長墓系譜が想定（柳沢1992）され、また、御陵古墳では亀甲山古墳から蓬莱山古墳、御陵古墳へ、臼塚古墳では上の坊古墳や野間古墳群からの首長墓系譜が想定（田中 1992）される。

　これらの古墳ではいずれも冑も頸甲も有さない、短甲のみの副葬、第Ⅶ類型（××型）であり、これは先述の新興の中小勢力の方がむしろ、最も優秀な甲冑保有形態の第Ⅰ類型（●○型）で甲冑3点セットを持っていたことを考えれば、極めて特異な状況というべきである。

　とりわけ、筑前・老司古墳や鋤崎古墳の場合には、転換期に相当したためか、それぞれの古墳の中心的な被葬者自身も中期型甲冑の所有に消極的であったことが判り、興味深い。

　老司古墳の中心主体である3号石室からは舶載品とみるべき特殊な構造の籠手や肩甲のほか、草摺と三尾鉄が単体で出土しているが、甲冑出土古墳として通常見られるべき短甲は、副次的な埋葬施設である2号石室に副葬されていた（図34）。

　また、鋤崎古墳の場合には短甲は追葬棺に伴う遺物であった（図35）。

　このことから、未だ十分には「まつろわぬ者」に対して、中期畿内政権は甲冑をセットでは与えず、一方で、かれら前期以来の在地首長も中期型甲冑に重きを置かないと言った、双方の根底にある対立した意識が見えてくる。

　改めて述べよう。中期の畿内政権が、前期のそれと同じ系統の上に成り立っていたとするならば、その地方経営は、前期以来の大首長や表10に掲げた中小の伝統勢力の方を軸に展開させるのが自然かつ合理的である。

　ところが事実はそれとは異なり、中期の政権はむしろ、新興のしかも中小の首長の方をより篤く遇しているのである。

　これら一見矛盾するかにみえる事例は、中期畿内政権が地方において新たな勢力を興し、甲冑の配布などを通じてむしろそれらを篤く遇することにより、旧来の伝統的な在地首長層を牽制し、ひいては、彼らをも、自らの勢力下に収めようとする政策の顕現したもの、と評価できる。

地方経営に際しての、この前期とは整合性の認められない政策の存在は、前期以来の畿内政権がそのまま中期に入っても継続して地方に対応したとするには明らかに矛盾を呈するものであり、これは前期と中期の畿内政権の間には連続性が無いこと、すなわち、系統の違いがあることの明確な証左である。

　このことにより、白石の想定（白石1969）の通り、古墳の所在地をもってその勢力の本貫地とみなし、大王墓を擁する古墳群の移動をもって王権の所在の移動とみなすという、いわば考古学的常道に基づいた方法が妥当であったことが判明する。

　そして「この新しい王権（百舌鳥・古市古墳群の勢力を指す＝筆者補筆）が、おそらく前段階の…王家との婚姻を通じて王権の正当性・連続性を主張していたらしいことが、佐紀古墳群では中期になっても大王墓に告ぐ規模の古墳が造りつづけられていることから推定される」との想定（白石1984）も、継体擁立時の手白香皇女との婚姻の際の記紀の記載に鑑みれば、俄然現実味を帯びてくるのである。

　それは、旧来の大和の勢力の温存が中期の政権の成立の条件となっていることを唱える点で征服王朝説としての河内王朝論とは明らかに一線を画するものであり、本書ではその提言を容れ、これを中期畿内政権と呼ぶ。

※　本節は1998年の「中期における政権の所在」『網干善教先生古稀記念　考古学論考』に挿図を加え、加除補筆したものである。

参照・引用文献

石田茂輔 1967「日葉酢媛命御陵の資料について」『書陵部紀要』第19号
石部正志 1975「古墳文化論—群集小古墳の展開を中心に—」『日本史を学ぶ』1　原始・古代　有斐閣
石部正志 1980「第3章　大王の世紀」『大阪の古墳』　松籟社
伊藤隆三 1992「谷内21号墳」（『小矢部市埋蔵文化財調査報告書』第35冊）
今井　堯 1987「古墳の様相とその変遷」『日本考古学を学ぶ』1　有斐閣
磐田　市 1992『磐田市史』資料編1
梅原末治 1921『久津川古墳研究』　岩波書店
小田富士雄 1972「御陵古墳緊急発掘調査」『大分県文化財調査報告』第24集
小田富士雄・石松好雄 1964「九州古墳発見甲冑地名表」『九州考古学』23　第68冊）

川西宏幸 1978「円筒埴輪総論」『考古学雑誌』第 64 巻第 2 号
川西宏幸 1983「中期畿内政権論」『考古学雑誌』第 69 巻第 2 号
川西宏幸 1988「序章 政治史論への視角」『古墳時代政治史序説』 塙書房
北野耕平 1958「斑鳩大塚古墳」『奈良県史跡名勝天然記念物調査抄報』第 10 集
北野耕平 1969「5 世紀における甲冑出土古墳の諸問題」『考古学雑誌』第 54 巻第 4 号
熊谷公男 2001「治天下大王の登場」『大王から天皇へ』(『日本の歴史』第 3 巻) 講談社
熊谷公男 2006「文献史学から見た畿内と近国―氏族分布論―」『古代史の舞台』(『列島の古代史』1) 岩波書店
後藤守一 1935「前方後圓墳雑考」『歴史公論』第 4 巻第 7 号、のち 1942『日本古代文化研究』 河出書房に所収
小林行雄 1950「古墳時代における文化の伝播」『史林』第 33 巻第 3 号・第 4 号、のち 1961『古墳時代の研究』 青木書店に、「中期古墳時代文化とその伝播」として所収
小林行雄 1951『日本考古学概説』、東京創元社
小林行雄 1957「河内松岳山古墳の調査」(『大阪府文化財調査報告書』第 5 輯)
小林行雄 1959『古墳の話』 岩波書店
小林行雄 1959「古墳が造られた時代」『世界考古学大系』3 日本Ⅲ 平凡社
近藤義郎 1959「古墳の変遷」『世界考古学大型』3 日本Ⅲ 平凡社
近藤義郎ほか 1960『月の輪古墳』 月の輪古墳刊行会
近藤義郎 1966「古墳とはなにか」『日本の考古学』Ⅳ 古墳時代(上) 河出書房新社
近藤義郎 1983「第 11 章 大和連合勢力の卓越」『前方後円墳の時代』 岩波書店
近藤義郎 1987「考古学研究会第 33 回総会討議」『考古学研究』第 34 巻第 2 号
西藤清秀 1996『タニグチ古墳群』(『高取町文化財調査報告』第 17 冊) 1996 年
白石太一郎 1969「畿内における大型古墳群の消長」『考古学研究』第 16 巻第 1 号
白石太一郎 1984「日本古墳文化論」『講座日本歴史』1 東京大学出版会
末永雅雄・森 浩一 1966『眉山周辺の古墳』(『徳島県文化財調査報告書』第 9 集)
鈴木一有 1998『千人塚古墳、千人塚平・宇藤坂古墳群』浜松市教育委員会
関川尚功 1985「大和における大型古墳の変遷」『橿原考古学研究所紀要考古学論改』第 11 冊
薗田香融・網干善教ほか 1972『和歌山市における古墳文化』(『関西大学考古学研究』第 4 冊)
田中晋作 1990「百舌鳥・古市古墳群被葬者の性格について」『古代学研究』第 122 号
田中晋作 1993「百舌鳥・古市古墳群成立の要件―キャスティングボートを握った古墳被葬者たち―」『関西大学考古学研究室開設 40 周年記念 考古学論叢』
田中裕介 1992「豊後」『前方後円墳集成』九州編 山川出版社
塚口義信 1993「佐紀盾列古墳群とその被葬者たち―4 世紀末の内乱と"河内大王家"の成立―」『ヤマト政権の謎をとく』 学生社

都出比呂志 1988「古墳時代首長系譜の継続と断絶」『待兼山論叢』第 22 号史学篇　大阪大学文学部
都出比呂志 1986「墳墓」『岩波講座 日本考古学』4
直木孝次郎 2005「河内政権と古代氏族」『古代河内政権の研究』、塙書房
楢崎彰一 1962『岐阜市長良龍門寺古墳』(『岐阜市文化財調査報告書』第 1 集)
広瀬和雄 1991「前方後円墳の畿内編年」『前方後円墳集成』中国・四国編　山川出版社
広瀬和雄 1987・1988「大王墓の系譜とその特質(上)(下)」『考古学研究』第 34 巻第 3 号・第 4 号
弘津史文 1928「周防国赤妻竝茶臼山古墳」『考古学雑誌』第 18 巻第 4 号・第 5 号
冨加見泰彦 1992「紀伊」『前方後円墳集成』近畿編　山川出版社
福永信雄 1995「生駒山西麓における小型低方墳の一形態」『古墳文化とその伝統』　勉誠社
藤井寺市教育委員会 1986『古市古墳群―藤井寺の遺跡ガイドブック No.1―』
藤田和尊 1984「頸甲編年とその意義」『関西大学考古学研究紀要』4
藤田和尊 1988「古墳時代における武器・武具保有形態の変遷」『橿原考古学研究所論集』第 8　吉川弘文館
藤田和尊 1995「古墳時代中期における軍事組織の実態」『考古学研究』第 41 巻第 4 号
藤田和尊 2003「大形群集墳の性格」『古代近畿と物流の考古学』　学生社
藤田和尊 2006『古墳時代の王権と軍事』　学生社
松木武彦 1995「考古資料による軍事組織研究」『展望 考古学（考古学研究会 40 周年記念論集）』
宮崎県総合博物館 1983『宮崎県総合博物館収蔵目録』
森　浩一・森川桜男 1973「三重県わき塚古墳の調査」『古代学研究』第 66 号
柳沢一男・杉山富雄 1984『鋤崎古墳』(『福岡市埋蔵文化財調査報告書』第 112 集)
柳沢一男 1992「筑前」『前方後円墳集成』九州編　山川出版社
山口市教育委員会 1979『天神山古墳』(『山口市埋蔵文化財調査報告』第 8 集)』
山口県教育委員会 1983『朝田墳墓群』IV
山本　彰編 1980『太寺古墳群』(『大阪府文化財調査報告書』第 33 輯)
　　なお、安堂古墳群も小形前方後円(方)墳の周囲に円墳が取り巻く群形態であり、中期に群形成が開始されたとみて良い。
山本　彰 1985「紺口県主の墳墓」『末永先生米壽記念献呈論文集』
　　大阪府教育委員会が継続的に発掘調査中。
山本義孝 1993『五ケ山 B1 号墳』　浅羽町教育委員会
吉田　晶 1982『古代の難波』(『教育社歴史新書』)
吉村武彦 2003「ヤマト王権の成立と展開」『古墳時代の日本列島』　青木書店
和田晴吾 1992「群集墳と終末期古墳」『新版 古代の日本』第 5 巻　近畿 I　角川書店
渡辺芳郎・吉留秀敏編 1989『老司古墳』(『福岡市埋蔵文化財調査報告書』第 209 集)

第2節　中期畿内政権の大和に対する経営戦略

1. 奈良県内における中期中小規模墳の分布

　前節の通り中期畿内政権の本貫地が河内・和泉だとすれば、大和は管理し、経営するべき対象である。ただ、中期の政権を下部から支えたとみられる中小規模の古墳が河内や和泉にはむしろ少なく、大和南部に集中傾向をみせるとの近藤1983の主張が妥当であるとすれば一考に価する。

　まず、この問題を検討しておこう。大阪府域では、長原古墳群の調査や、近畿自動車道天理～吹田線建設に伴う一連の調査以来、埋没した状態で次々に中期の方墳が群を為して府内各地で検出され、福永信雄の集成（福永1995）の時点でその数はもはや300基に達しようとしている。

　大阪府域で検出される多くが低塚系または小型低方墳などと称されるもので、これを奈良県域の中小規模墳と同列に扱うことに批判があるかもしれないが、中期における主要遺物としての甲冑の検出例も、内部主体の遺存率の低さにもかかわらず複数例知られるし、中期全般を見通してみても大阪府域の事例の方が埴輪（各種形象埴輪を含む）の保有率は圧倒的に高く、たとえ小形でも古墳であることに変わりはない。度々説かれるように、特殊な群集形態を採ることにこそ意義を求めるべきであろう。

　無論、通有の形態の中期に属する群集墳も知られ、柏原市の太平寺古墳群（山本編1980）、安堂古墳群（山本編1980）、南河内郡河南町の寛弘寺古墳群（山本1985）などを挙げることができるだろう。

　一方、奈良県全域を扱った群集墳の分布に関する研究は、河上邦彦の論考（河上1976）が先駆的である。大和の群集墳には木棺直葬を主とするものと横穴式石室を主とするものがあり、前者から後者へと時期的な変遷がみられること、また両者が併存する例もみられることを指摘する。

　服部聡志はこのうち、木棺直葬を主たる内部主体とする群集墳について詳論し、葛城山東麓、盆地南部に集中すると指摘した（服部1984）。結論自体はほぼ妥当なものであったが、その方法は当時の資料的制約から、奈良県遺跡地図

から群集墳を拾い、古式群集墳と見るべき木棺直葬を主たる内部主体とする群集墳を抽出するものであるために、中期古墳のみならず、後期前葉の木棺直葬墳などもその基数にカウントされるという難点があった。

そこで既に発掘調査がなされ、所属する時期が明らかな古墳のみを取り上げて、奈良県内における中期中小規模墳を抽出した（2008年11月時点）。結果は表11の通りで各古墳には個別番号を付した。図36はその分布図である。

二上山から葛城山東麓にかけての葛城地域では、的場池古墳群［1〜7］で7基、兵家古墳群［8〜12］で5基、寺口和田古墳群［14〜16］で3基、火野谷山古墳群［17〜19］で3基、寺口忍海古墳群［20〜24］で5基、石光山古墳群［26〜36］で11基、巨勢山古墳群［37〜50］で14基などとなっており、この地域だけで50基を数える。

橿原市域では四条古墳群［51〜54］で4基、新沢千塚古墳群［55〜86］ではやはり多く32基、南山古墳群［87〜90］で4基となっている。高取町域ではイノヲク6号墳［91］、市尾今田古墳群［92・93］、タニグチ古墳群［94〜96］、坂ノ上古墳群［97〜99］の計9基である。

盆地東南部では池之内5号墳［100］、からタキハラ1号墳被破壊下層墳［112］までの13基、盆地北部は円照寺墓山1号墳［113］と2号墳［114］の2基となっている。

五條市域では前方後円墳の今井1号墳や方墳の塚山古墳［115］、猫塚古墳［127］の甲冑出土古墳のほか、引ノ山古墳群［116〜121］で6基、近内古墳群［122〜126］で5基、西山古墳群［128〜131］で4基の計17基とかなりの集中傾向を見せる。

注目すべき集中を見せるのは盆地東南部を超えて山中に入った宇陀の地域で、野山古墳群［142〜153］で12基、池殿奥古墳群［154〜158］で5基、平尾東古墳群［165〜170］で6基、後出古墳群［172〜185］で14基など計56基となる。

以上の合計はおよそ190基となるが、既に記したとおり大阪府域では約300基知られるから、結果として近藤の指摘（近藤1983）とは逆の結果となり、その論拠を失ったのである。

それにも況して注目されるのは分布の偏在性である。近藤によるところの、中期の政権の本貫地たるべき盆地東南部では、実は、磐余池ノ内5号墳［100］

第3章　河内政権肯定論と大和に対する経営戦略

表11　奈良県内の中期中小規模墳

番号	名称	所在地	墳形	主体部	外表	副葬品等 主体部	文献
1	的場池1号墳	葛城市竹内	円墳 (8m)		埴輪		1
2	的場池2号墳	葛城市竹内	方墳 (11m)		土師器、埴輪		
3	的場池3号墳	葛城市竹内	円墳 (8m)	東 木棺直葬	土師器、須恵器	変形四獣鏡、鎌	
				西 木棺直葬		乳乳鏡	
4	的場池4号墳	葛城市竹内	方墳 (9m)	円筒棺	埴輪、土師棺	碧玉製勾玉	
5	的場池7号墳	葛城市竹内	円墳 (15m)	木棺直葬	埴輪、土師器、須恵器		
6	的場池8号墳	葛城市竹内	円墳 (15m)	木棺直葬	埴輪	剣、銅釧、滑石製勾玉 (4)、碧玉製管玉 (22)、ガラス玉 (21)、滑石製臼玉 (766)	
7	的場池9号墳	葛城市竹内	円墳 (8m)	木棺直葬		剣、滑石製勾玉	
8	兵家1号墳	葛城市兵家	円墳 (16m)	木棺直葬	埴輪	五獣鏡、剣 (2)、刀 (3)、鉄鏃 (117+)、瑪瑙製勾玉 (2)、ガラス玉 (104)	2
9	兵家5号墳	葛城市兵家	方墳?	木棺直葬	埴輪	変形四獣鏡、碧玉製管玉 (2)、刀、ヤリ、斧、鎌 (3)、瑪瑙製勾玉 (3)、碧玉製管玉 (44)、滑石製紡錘車 (2)	
10	兵家6号墳	葛城市兵家	方墳 (14m)	東 竪穴式石室	埴輪	変形四獣鏡、三角板革綴短甲、(Ⅱ-c)頭甲、刀、剣 (4)、鋳造鉄斧、斧、ヤリ (2)、刀子 (2)、瑪瑙製勾玉 (11+)、鉄鏃 (2)、翡翠製勾玉	
				西 木棺直葬		碧玉製勾玉 (2)、滑石製勾玉 (2)、碧玉製管玉 (30+)、ガラス玉 (71)、滑石製臼玉 1682	
11	兵家12号墳	葛城市兵家	円墳?	木棺直葬	須恵器 (TK47)	剣、刀 (3)、鉄鏃 (18+)、刀子 (2)、鑿 (5)、滑石製刀子 (10)	
12	兵家13号墳	葛城市兵家			埴輪	剣 (2)、小札鋲留庇付冑、長方板革綴短甲、I-b頭甲、鎌、刀子、斧 (2)、鉄鏃 (45)、碧玉製管玉 (11)、ガラス玉 (48)、滑石製臼玉 (2)、砥石、石棒	
13	寺口大池採集	葛城市寺口				小札鋲留庇付冑、三角板鋲留短甲、頭甲、鉄鏃	3
14	寺口和田4号墳	葛城市寺口	円墳 (16m)	北 木棺直葬	埴輪、須恵器 (TK23)	鏡、刀、斧、鋤先、斧、刀子、鎌	4
15	寺口和田10号墳	葛城市寺口	円墳 (17m)	南 木棺直葬		刀、斧、ガラス玉、堅櫛	
16	寺口和田12号墳	葛城市寺口	方墳 (14m)	北 木棺直葬	埴輪、須恵器 (TK23)	鉄鏃、鉄鎌	5
17	火野谷山2号墳	葛城市寺口	円墳 (14m)	南 木棺直葬	埴輪	剣、鉄鏃、斧	
18	火野谷山3号墳	葛城市寺口	円墳 (9m)	西 木棺直葬	埴輪、須恵器 (TK23)	捩文鏡、剣 (2)、刀子 (4)、手鎌 (2)、堅櫛	6
19	火野谷山9号墳	葛城市寺口	円墳 (10m)	中央 木棺直葬	埴輪、須恵器 (TK47)	刀、鉄鏃 (5)、刀子、鏃 (2)	

番号	名称	所在地	墳形	主体部	外表	副葬品等 主体部	文献
20	寺口忍海 E-21 号墳	葛城市寺口	円墳 (8m)	竪穴式石室	須恵器 (TK47)	刀子、石製紡錘車、砥石、須恵器	7
21	寺口忍海 H-7 号墳	葛城市寺口		竪穴式石室	須恵器 (TK47)	刀子 (2)、鎌、鑿、鉄鏃	
22	寺口忍海 H-8 号墳	葛城市寺口		竪穴式石室			
23	寺口忍海 H-10 号墳	葛城市寺口	円墳 (10m)	横穴式石室		刀 (2)、楕円鏡板付轡、辻金具、鉸具、鉋 (3)、斧 (2)、U字形鍬鋤先、刀子 (6)、鉄鏃 (38)、釘 (8)、砥石、須恵器	
24	寺口忍海 H-16 号墳						
25	小林堅ノ木 3 号墳	御所市小林		横穴式石室?	埴輪	須恵器 (TK23)	8
26	石光山 3 号墳	御所市元町	円墳 (12m)	木棺直葬	須恵器 (TK23)	刀、鉄鏃 (22+)、刀子	9
27	石光山 4 号墳 (破壊下層墳)	御所市元町		木棺直葬			
28	石光山 5 号墳	御所市元町	円墳 (12m)	木棺直葬	埴輪、土師器、須恵器 (TK23)	鉄鏃、刀子、須恵器	
29	石光山 9 号墳	御所市元町	円墳 (8m)	竪穴式石室 小形竪穴式石室			
30	石光山 15 号墳	御所市元町	円墳 (13m)	木棺直葬	須恵器	刀子、鉄鏃 (3)、須恵器	
31	石光山 18 号墳 (古)	御所市元町		木棺直葬		須恵器	
32	石光山 28 号墳	御所市元町	円墳 (14m)				
33	石光山 31 号墳 (破壊下層墳)	御所市元町					
34	石光山 49 号墳 (破壊下層墳)	御所市元町					
35	石光山 50 号墳 (破壊下層墳)	御所市元町					
36	石光山 51 号墳	御所市元町	円墳 (14m)		埴輪、須恵器、土師器		
37	巨勢山 290 号墳	御所市西寺田	円墳 (24m)		埴輪、須恵器 (TK23)		10
38	巨勢山 324 号墳	御所市西寺田	円墳 (7m)	木棺直葬?	須恵器、刀子		11
39	巨勢山 409 号墳	御所市西寺田	円墳 (10m)	木棺直葬 (古)		須恵器 (TK47)	12
40	巨勢山 436 号墳	御所市市室	円墳 (10m)	木棺直葬		刀、鉄鉗、鉄鎚、鉄斧、斧、鉄鏃	13
41	巨勢山 438 号墳	御所市市室	円墳 (14m)	北 木棺直葬 南 木棺直葬		変形神獣鏡、珠文鏡、勾玉 (60)、管玉 (4)、丸玉 (30) 剣	
42	巨勢山 458 号墳	御所市市室	円墳 (25m)		埴輪		14
43	巨勢山 460 号墳	御所市市室	円墳 (15m)		埴輪		15
44	巨勢山 461 号墳	御所市市室	円墳 (11m)		埴輪		
45	巨勢山 462 号墳	御所市市室	円墳 (11m)		埴輪		
46	巨勢山 745 号墳	御所市戸毛	円墳 (15m)	木棺直葬	埴輪、須恵器 (TK47)		16
47	巨勢山 746 号墳	御所市戸毛	円墳 (13m)	木棺直葬	埴輪	鎌 (2)、鉄鏃 (6)	
48	巨勢山 769 号墳下層墳 (破壊墳 323 号墳下層墳)	御所市西寺田				刀子、鉄鏃、馬具片	11

第 3 章　河内政権肯定論と大和に対する経営戦略　127

番号	名称	所在地	墳形	主体部	外表	副葬品等（主体部）	文献
49	巨勢山770号墳（掖破城下層墳）	御所市西寺田	円墳 (14m)		須恵器 (TK208)、土師器	刀子	17
50	巨勢山771号墳（掖破城下層墳）	御所市西寺田	方墳 (16m)		須恵器 (TK73)		18
51	四条1号墳	橿原市四条町	方墳 (29m)		埴輪、須恵器、土師器		19
52	四条4号墳	橿原市四条町	円墳 (23m)		埴輪	素文鏡、ガラス玉	20
53	四条5号墳	橿原市四条町	方墳 (17m)		須恵器、土師器		
54	四条6号墳	橿原市四条町	円墳		埴輪		
55	新沢43号墳	橿原市川西町	円墳 (17m)	木棺直葬			21
56	新沢52号墳	橿原市川西町	円墳 (13m)	木棺直葬	須恵器 (TK23)	剣、鉄鏃 (30)	
57	新沢71号墳	橿原市川西町	円墳 (13m)	木棺直葬		鎌、刀子、鉄鏃 (5)、須恵器	
58	新沢75号墳	橿原市川西町	円墳 (12m)	木棺直葬		刀、鏃、鑿、鎌、鉄鏃 (6)、須恵器 (TK47)	
59	新沢97号墳	橿原市川西町	円墳 (11m)	木棺直葬	須恵器	剣、刀子 (2)、鉄鏃 (5)	
60	新沢103号墳	橿原市川西町	円墳 (7m)	木棺直葬	埴輪、須恵器 (TK47)	刀	
61	新沢107号墳	橿原市川西町	円墳 (17m)	木棺直葬	埴輪、須恵器 (TK47)	斧、刀子	
62	新沢114号墳	橿原市川西町	円墳 (14m)	木棺直葬	須恵器 (TK23)	刀、鉄鏃 (8)	
63	新沢115号墳	橿原市川西町	円墳 (14m)	木棺直葬	埴輪、須恵器	剣	
64	新沢129号墳	橿原市川西町	円墳 (15m)	木棺直葬	須恵器 (TK23)	内行花文鏡、刀、ガラス玉 (4)	
65	新沢131号墳	橿原市川西町	円墳 (15m)	木棺直葬	埴輪、須恵器	鉄鏃 (3)	
66	新沢115号墳	橿原市川西町	円墳 (18m)	木棺直葬	埴輪	二神二獣鏡、五鈴鏡、三角板鋲留短甲、横矧板鋲留衝角付冑、Ⅱ-b頭甲、刀、肩甲、刀子 (3)、剣、鉄鏃 (48)、斧、刀子、翡翠製勾玉、ガラス玉 (954)、鐙 (6)、釘 (2)	
67	新沢139号墳	橿原市川西町	方墳 (23m)	木棺直葬	埴輪	刀 (2)、剣 (2)、刀子 (10)、鏃 (23+)、鑿 (5)、轡 (3)、鐎 (3)、鉄鏃 (83)	
68	新沢166号墳	橿原市川西町	円墳 (17m)	木棺直葬	埴輪	長方板革綴短甲、三角板革綴短甲、広板鋲留短甲、刀子 (6)、刀子 (10)、鏃 (23+)、鑿 (5)、轡、須恵器 (TK216)	
69	新沢173号墳	橿原市川西町	円墳 (14m)	木棺直葬	埴輪	細線式獣帯鏡、刀、横矧板鋲留短甲、斧、鉄鏃 (21)	
70	新沢205号墳	橿原市川西町	円墳 (17m)	木棺直葬	埴輪	刀、刀子 (2)	
71	新沢221号墳	橿原市川西町	円墳 (13m)	横穴式石室		刀子 (2)、木芯鉄板張輪鐙、鉸具 (2)、須恵器 (TK47)	22
72	新沢（遺跡地図）328号墳	橿原市川西町	円墳 (8m)			砥石、須恵器 (TK23)	
73	新沢225号墳	橿原市川西町	円墳 (12m)		須恵器 (TK23)	剣 (1)、土坑内-須恵器 (TK23)	21
74	新沢230号墳	橿原市川西町	円墳 (12m)		須恵器 (TK23)、土師器	斧、刀子 (3)	
75	新沢255号墳	橿原市川西町	円墳 (16m)	西　木棺直葬　東　木棺直葬	埴輪	刀 (2)、刀子 (2)、須恵器 (TK47) ／ 刀、刀子、須恵器、鉄鏃 (29)	
76	新沢281号墳	橿原市川西町	円墳 (23m)	木棺直葬	埴輪、須恵器 (TK47)	刀 (2)、剣、鉾、鎌 (2)、鉸具、横矧板鋲留短甲、小札鋲留衝角付冑、Ⅲ-d頭甲、肩甲、鉄鏃 (44)	

第2節　中期畿内政権の大和に対する経営戦略

番号	名称	所在地	墳形	主体部	外表	副葬品等		文献
						主体部		
77	新沢329号墳	橿原市川西町	円墳	木棺直葬		刀、鉾、斧、鉄鏃 (5)、須恵器 (TK47)		21
78	新沢501号墳	橿原市一町	方墳 (9m)	木棺直葬	埴輪、土師器	刀、岩玉製管玉		
79	新沢505号墳	橿原市一町	円墳 (11m)	木棺直葬		剣 (2)、針状鉄器		
80	新沢506号墳	橿原市一町	円墳 (9m)	木棺直葬		長方板・三角板併用革綴短甲、剣 (3)、盾		
81	新沢508号墳	橿原市一町	円墳 (18m)	東　粘土椰 西　粘土椰		鉾、斧、鉄鏃、竪櫛 (6)、盾		
82	新沢510号墳	橿原市一町	円墳 (13m)		埴輪、須恵器 (TK23)	刀 (2)、剣 (3)、横矧板鋲留短甲、木芯板張輪鐙、鉸具、方形金具 (2)、鉄鏃 (24)		
83	新沢514号墳	橿原市一町	円墳 (12m)	木棺直葬	須恵器	剣、鑿、斧、刀子、鉄鏃 (13)		
84	新沢517号墳	橿原市一町	円墳 (11m)	木棺直葬	須恵器 (TK47)			
85	新沢521号墳	橿原市一町	円墳 (15m)	木棺直葬		刀、U字形鍬鋤先、刀子、鉄鏃 (4)		
86	新沢522号墳	橿原市一町	円墳 (16m)	木棺直葬		刀		
87	南山1号墳	橿原市南山町	円墳 (13m)		埴輪、須恵器	刀子		23
88	南山2号墳	橿原市南山町	円墳 (11m)		埴輪、須恵器			
89	南山3号墳	橿原市南山町	円墳 (10m)		埴輪、須恵器			
90	南山4号墳	橿原市南山町	円墳 (10m)			(副室) 鑢、轡、鉄鏃、鉄鋌、陶質土器		
91	イノヅケ6号墳	高取町藤井	円墳 (16m)	木棺直葬？	埴輪、須恵器 (TK23)	鉄鏃 (6)		24
92	市尾今田1号墳	高取町市尾	円墳 (22m)	粘土椰		刀、剣、鏃、Ⅱ-a1頚甲冑、三角板革綴短甲 (2)、三角板鋲留短甲、小札鋲留衝角付冑、Ⅱ-c頚甲冑、肩甲、鉄鏃、鎌、斧、玉、竪櫛、革盾		25
93	市尾今田2号墳	高取町市尾	円墳 (18m)	木棺直葬	埴輪、須恵器	刀、鉾、鉄鏃、石製刀子		
94	タニグチ2号墳	高取町谷田	円墳 (10m)	木棺直葬	埴輪、須恵器	刀子、鉄鋌、滑石製紡錘車、滑石製臼玉 (16)、砥石、須恵器 (TK208)		26
95	タニグチ3号墳	高取町谷田	円墳 (12m)	木棺直葬	埴輪	剣、刀、鉾、鏃、斧、鉄鏃、針、竪櫛		
96	タニグチ4号墳	高取町谷田	円墳 (10m)	木棺直葬	須恵器 (TK208)	刀 (1)		
97	坂ノ上1号墳	高取町観覚寺	円墳 (11m)	木棺直葬	埴輪、須恵器 (TK208)			27
98	坂ノ上3号墳	高取町観覚寺	円墳 (10m)	木棺直葬		刀子、釵子、耳環 (2)、釘 (32)		
99	坂ノ上4号墳	高取町観覚寺	円墳 (10m)	木棺直葬	鎌、U字形鍬鋤先			
100	池之内5号墳	桜井市池之内	円墳 (16m)	1 木棺直葬		変形獣形鏡、刀、長方板革綴短甲、斧 (2)、刀子、石釧、鉄鏃 (20+)、滑石製臼玉 (2)、瑪瑙製勾玉 (3)、滑石製切子玉 (53)、碧玉製管玉 (1)、滑石製臼玉 (227)		28
				2 木棺直葬		三角縁神獣鏡、剣、鉄鏃、滑石製臼玉 (40)、竪櫛		
				3 土坑		筒形銅器 (2)、茅柱形石製品 (2)、紡錘車、滑石製管玉 (19)、竪櫛 (3)		
				4 木棺直葬		珠文鏡、刀、剣		

第 3 章　河内政権肯定論と大和に対する経営戦略

番号	名称	所在地	墳形	主体部	外表	副葬品等 主体部	文献
101	双槻1号墳	桜井市谷・阿部	円墳 (30m)	粘土槨	埴輪	剣(3)、鉾(3)、斧、刀子、環状鉄鏃品、琥珀製勾玉、碧玉製管玉(3)、緑色凝灰岩製管玉(6)、ガラス玉(50+)、堅櫛	29
102	慈恩寺1号墳	桜井市慈恩寺	円墳 (22m)	木棺直葬		刀子、鉄鏃器(47+)、金環(2)、銀製空玉(7)、銀製勾玉、水晶製切子玉、琥珀製棗玉、ガラス玉(31)、滑石製臼玉(14)ほか　主類	30
103	慈恩寺8号墳	桜井市慈恩寺	円墳 (15m)	木棺直葬		刀、鏃、刀子、斧、鉄鏃、釘	
104	忍坂1号墳(被破壊下層墳)	桜井市忍坂			埴輪		31
105	忍坂2号墳(被破壊下層墳)	桜井市忍坂					
106	赤坂19号墳	天理市和之内町	方墳 (7m)	木棺直葬?	須恵器 (TK47)		
107	ツルクビ1号墳	天理市守目堂町	円墳 (14m)		埴輪、須恵器 (TK47)		32
108	ツルクビ2号墳	天理市守目堂町	円墳 (10m)		埴輪、円筒棺		
109	ツルクビ3号墳	天理市守目堂町	円墳 (14m)		埴輪、須恵器 (TK47)		
110	ツルクビ4号墳	天理市守目堂町	円墳 (13m)		埴輪、須恵器 (TK47)		
111	ツルクビ5号墳	天理市守目堂町	円墳 (11m)		須恵器 (TK47)		
112	タヰハラ1号墳(被破壊下層墳)	天理市石上町			須恵器 (TK47)		33
113	円照寺墓山1号墳	奈良市山町	円墳 (15m)	礫床粘土槨小石室		方格規矩鏡(2)、三角縁神獣鏡、四獣鏡、刀、剣、三角板鋲留短甲、横矧板鋲留衝角付胄、小札鋲留革綴短甲、菱形板鋲留衝角付胄、横矧板鋲留眉庇付胄、Ⅱ-c胄頭、Ⅱ-d胄頭、Ⅲ-c胄頭、Ⅲ-d胄頭、皿、鑿、鉄鏃	34
114	円照寺墓山2号墳	奈良市山町	方墳 (24m)	礫床粘土槨	埴輪	剣、三角板鋲留短甲、横矧板鋲留衝角付胄、小札鋲留眉庇付胄、Ⅲ-c胄頭、Ⅱ-d中間型胄頭、肩当、脇当(2)、堅櫛	35
115	塚山古墳	五條市出屋敷町		箱形石棺		刀、鹿角装剣(2)、鏡、刀子(4)、三角板鋲留短甲、横矧板鋲留眉庇付胄、Ⅲ-c胄頭、Ⅲ-d胄頭、棗栗鏡板轡付轡、斧、鑿、鑿(17)、鉄鏃(267)、篠籠手(2)、鑿(2)、砥石(2)	36
116	引ノ山3号墳	五條市近内町	円墳 (10m)		須恵器 (TK23)		37
117	引ノ山7号墳	五條市近内町	円墳 (8m)		埴輪、須恵器 (TK47)	刀、清石製紡錘車	
118	引ノ山8号墳	五條市近内町	円墳 (8m)		埴輪、須恵器 (TK208)		
119	引ノ山9号墳	五條市近内町	円墳 (6m)	木棺直葬	須恵器 (TK47)	須恵器 (TK47)	
120	引ノ山10号墳	五條市近内町	円墳 (9m)	木棺直葬	須恵器 (TK23)	刀、鉄鏃、砥石	
121	引ノ山11号墳	五條市近内町	円墳 (7m)	木棺直葬			
122	近内1号墳	五條市近内町	円墳 (5m)	円筒棺	埴輪	刀、剣、刀子、鎬、鉄鏃	38
123	近内2号墳	五條市近内町	円墳 (5m)	円筒棺	埴輪		
124	近内3号墳	五條市近内町	円墳 (5m)			刀、剣、石突	39
125	近内4号墳	五條市近内町	円墳 (15m)			獣形鏡	40

第2節 中期畿内政権の大和に対する経営戦略

番号	名称	所在地	墳形	主体部	外表	副葬品等 主体部	文献
126	近内7号墳	五條市近内町	円墳	円筒棺	埴輪	珠文鏡、環頭剣、鉾(4)、刀子(5)、三角板革綴短甲(2)、挂甲(3)、蒙古鉢形小札鋲留眉庇付冑、小札鋲留頸甲、Ⅲ-c頭甲(4)、篠籠手(2)、鈴帯金具(10)、鉸具、斧(8)、鑿(11)、鏃(4)、鉄釘(2)、鉄鋌(3)、鉄砧、鉄鎌(724)	39
127	猫塚古墳	五條市西河内町	方墳 (27m)	堅穴式石室	埴輪		41
128	西山1号墳	五條市住川町	方墳 (7m)	箱形石棺		刀、剣、斧、鎌	42
129	西山2号墳	五條市住川町	方墳	木棺直葬			
130	西山3号墳	五條市住川町		円筒棺	埴輪、土師器		
131	西山4号墳	五條市住川町	方墳 (11m)	箱形石棺		銅製丸玉	43
132	丹切6号墳	宇陀市榛原区下井足	円墳 (12m)	箱形石棺		ガラス玉 (100+)、須恵器 (TK47)	
133	丹切38号墳	宇陀市榛原区下井足	円墳 (7m)	円筒棺		鹿角装刀子	
134	篠楽向山古墳	宇陀市榛原区篠楽	円墳 (15m)	木棺直葬		櫛歯文鏡、刀、刀子、鉄鏃 (14+)、碧玉製勾玉 (2)、碧玉製管玉 (2)、ガラス玉 (7)	44
135	大王山12号墳	宇陀市榛原区下井足	円墳 (10m)	木棺直葬	須恵器 (TK23)	刀、鎌、鉄鏃 (5)	
136	下井足1号墳	宇陀市榛原区下井足	円墳 (20m)	1 木棺直葬 2 木棺直葬 3 木棺直葬 4 木棺直葬 5 木棺直葬		斧 珠文鏡 獣形鏡、斧	45
137	谷5号墳	宇陀市榛原区下井足	円墳 (16m)	1 木棺直葬		刀、剣、刀子、吊金具、鉄鏃 (22)、須恵器 (TK47)	46
138	能鉾前山1号墳	宇陀市榛原区上井足	円墳 (16m)	東 木棺直葬 西 木棺直葬		刀、剣、刀子、鑿 刀子、鉄鏃 (2)、砥石	46
139	高山1号墳	宇陀市榛原区池上	方墳 (23m)	木棺直葬		内行花文鏡、方格規矩鏡、獣形鏡、刀 (3)、剣 (4)、刀子 (4)、三角板革綴短甲 (2)、斧 (3)、鏃 (5)、鑿、鉄鏃 (60+)、鉄鋌 (7)、埚塙製勾玉、碧玉製勾玉、緑色凝灰岩製管玉 (16)、滑石製玉、ガラス玉 (120)	47
140	高山2号墳	宇陀市榛原区池上	方墳 (13m)	木棺直葬		剣、斧、鉄鏃 (22)、堅櫛	
141	トノヤシキ5号墳	宇陀市榛原区粟谷	円墳?		須恵器		48
142	野山1号墳	宇陀市榛原区沢	円墳 (8m)	木棺直葬	須恵器 (TK47)、土師器	剣、刀子 (2)、鏃 (3)、鉋、砥石、須恵器	49
143	野山2号墳	宇陀市榛原区沢	円墳 (12m)	北 木棺直葬	須恵器 (TK23)	内行花文鏡、刀子、鉄鏃 (6)、鎌	
144	野山3号墳	宇陀市榛原区沢	方墳 (10m)	木棺直葬	鉄鏃、U字形鍬鋤先、須恵器 (TK23)	刀子 (3)	
145	野山4号墳	宇陀市榛原区沢	円墳 (8m)	北 木棺直葬 南 木棺直葬	土師器	剣 (3)、刀子 (4)、鉄鏃 (21)、鎌 (2)、鑿 (2)、堅櫛 (3)	

第3章　河内政権肯定論と大和に対する経営戦略

番号	名称	所在地	墳形	主体部	外表	副葬品等	文献
146	野山5号墳	宇陀市榛原区沢	方墳 (10m)	北 木棺直葬	土師器	剣、刀子、砥石、須恵器 (TK23)、土師器	49
147	野山7号墳	宇陀市榛原区沢	方墳 (8m)	木棺直葬	須恵器 (TK47)	刀、刀子 (3)	
148	野山8号墳	宇陀市榛原区沢	方墳 (11m)	木棺直葬	須恵器 (TK47)	鏃、刀子、斧	
149	野山9号墳	宇陀市榛原区沢	円墳 (13m)	北 木棺直葬 南	須恵器 (TK208)	四獣形鏡、刀 (3)、刀子 (3)、剣 (2)、刀子 (3)、鎌、鉄鏃 (25)、斧、瑪瑙製勾玉 (2)、琥珀岩製勾玉、緑色凝灰岩製管玉 (7)、瑪瑙製管玉 (11)、ガラス玉 (95)、土師器、堅櫛	
150	野山10号墳	宇陀市榛原区沢	方墳 (10m)	北 木棺直葬 南	土師器	U字形鍬鋤先、刀子 (3)	
151	野山11号墳	宇陀市榛原区沢	円墳 (10m)	東 木棺直葬	U字形鍬鋤先、須恵器 (TK216)、土師器	刀、刀子、鉄鏃 (24)、鉇、堅櫛、須恵器 (TK216)	
152	野山14号墳	宇陀市榛原区沢		西 木棺直葬		剣、鉄鏃 (12)	
153	野山15号墳	宇陀市榛原区沢	円墳 (10m)	木棺直葬		剣 (2)、刀子 (4)、鎌、瑪瑙製勾玉、瑪瑙製管玉 (5)、土師器	
154	池殿奥1号墳	宇陀市榛原区沢	円墳 (4m)	木棺直葬	須恵器 (TK23)	刀、剣、刀子、鉄鏃 (32)、須恵器	
155	池殿奥2号墳	宇陀市榛原区沢	円墳 (12m)	木棺直葬	土師器	須恵器 (TK23)	
156	池殿奥3号墳	宇陀市榛原区沢	円墳 (12m)	東 木棺直葬 西	須恵器 (TK23)	刀子、鉄鏃 (6)、須恵器 (TK23) 刀、刀子、鉄鏃 (28)、須恵器 (TK23)	
157	池殿奥4号墳	宇陀市榛原区沢	円墳 (14m)	東 木棺直葬	須恵器	内行花文鏡、剣、刀子 (2)、鎌、鉄鏃 (9)、紡錘車 (3)、ガラス玉 (16)	
				西 木棺直葬		刀	50
158	池殿奥6号墳	宇陀市榛原区沢	円墳 (8m)	木棺直葬	須恵器 (TK47)、土師器	刀、剣、刀子	
159	菖蒲谷2号墳	宇陀市榛原区沢	方墳 (11m)	木棺直葬		刀、刀子 (2)、斧、鉇	
160	菖蒲谷3号墳	宇陀市榛原区沢	円墳 (12m)	木棺直葬	土師器	剣、刀子	
161	シメン坂1号墳	宇陀市榛原区沢	円墳 (18m)	木棺直葬		刀子 (2)、鉇 (2)、斧、石釧、滑石製勾玉 (2)、石杵、砥石 (3)、滑石製臼玉 (42)、滑石製管玉 (502)	
162	シメン坂2号墳	宇陀市榛原区沢	円墳 (7m)	木棺直葬		堅櫛	
163	シメン坂3号墳	宇陀市榛原区沢	円墳 (9m)	東 木棺直葬	土師器	剣、刀子、鎌、鉄鏃 (2)	
				北 木棺直葬		鉇、鉄鏃、砥石	
164	サドガハナ1号墳	宇陀市榛原区沢	円墳 (12m)	南 木棺直葬		鎌、鉇、斧 (2)、鉄鏃 (3)、碧玉製管玉 滑石製勾玉 (2)、砥石	

第2節　中期畿内政権の大和に対する経営戦略

番号	名称	所在地	墳形	主体部	外表	副葬品等（主体部）	文献
165	平尾東1号墳	宇陀市大宇陀区平尾	円墳 (15m)	木棺直葬	須恵器 (TK47)	剣	51
166	平尾東2号墳	宇陀市大宇陀区平尾	円墳 (13m)	木棺直葬	須恵器 (TK23)	刀、鉄鏃	
167	平尾東3号墳	宇陀市大宇陀区平尾	円墳 (12m)	木棺直葬	須恵器 (TK47)	刀、鉄鏃 (4)、管玉、滑石製玉、ガラス玉 (2)	
168	平尾東4号墳	宇陀市大宇陀区平尾	円墳 (13m)	木棺直葬	須恵器 (TK47)	刀子、鉄鏃	
169	平尾東9号墳	宇陀市大宇陀区平尾	円墳 (7m)	木棺直葬		刀、須恵器	
170	平尾東10号墳	宇陀市大宇陀区平尾				土師器、滑石製玉	
171	北原古墳	宇陀市大宇陀区野依	方墳 (16m)	北 木棺直葬 南 木棺直葬	土師器	刀、剣 (4)、鏃、刀子 (7)、鎌 (5)、手鎌、鍬先 (6)、斧、鉈 (2)、鋸、鑿 (2)、針 (6)、釧 (2)、鉄釧 (22)、鉄鏃 (62)、琴柱形石製品 (2)、 滑石製臼玉 (10)、滑石製管玉 (8)、滑石製白玉 (525)、堅櫛 (30+)、堅櫛 (14+)	52
172	後出1号墳	宇陀市大宇陀区守道	円墳 (15m)	木棺直葬	須恵器 (TK23)	刀 (2)、剣 (2)、刀子 (6)、滑石製白玉 (147)、滑石製白玉	53
173	後出2号墳	宇陀市大宇陀区守道	円墳 (15m)	木棺直葬		刀 (2)、剣 (3)、刀子 (3)、鉄鏃 (32)	
174	後出3号墳	宇陀市大宇陀区守道	円墳 (13m)	1 木棺直葬 2 木棺直葬		刀 (3)、剣 (3)、槍 (2)、斧 (5)、横矧板鋲留短甲 (3)、鉄鏃 (62)、須恵器 (TK23) 刀子 (3)、斧、鎌、鑿 (2)、鉈、須恵器 刀、剣 (2)、鎬、横矧板鋲留短甲、鉄鏃 (11)、刀子 (3)、鎌、来須綾絎付轡、石志鉄板革輸鐙、棗珠、鉸具 (5)、針、土師器 獣形鏡、刀 (4)、蛇行剣、鎬、横矧板伴用鋲留短甲、刀子、須恵器 (TK23)	
175	後出6号墳	宇陀市大宇陀区守道	円墳 (10m)	木棺直葬	須恵器 (TK23)	剣、鉄鏃 (5)、U字形鋤先、刀子、鉈	
176	後出7号墳	宇陀市大宇陀区守道	円墳 (12m)	木棺直葬	須恵器 (TK23)	刀 (4)、剣 (5)、蛇行剣、鏃 (2)、三角板鋲留短甲、鉄鏃 (171)	
177	後出8号墳	宇陀市大宇陀区守道	円墳 (9m)	木棺直葬		刀、鉄鏃 (3)、刀子 (3)、斧、須恵器 (TK23)、土師器	
178	後出11号墳	宇陀市大宇陀区守道	円墳 (8m)	木棺直葬	須恵器 (TK208)	刀子、斧	
179	後出12号墳	宇陀市大宇陀区守道	円墳 (11m)	木棺直葬		刀、鉄鏃 (18)、ガラス玉 (139)	
180	後出14号墳	宇陀市大宇陀区守道	円墳 (8m)	木棺直葬		鉄鏃 (3)、刀子、鎌、堅櫛、須恵器	
181	後出15号墳	宇陀市大宇陀区守道	円墳 (12m)	木棺直葬		鉄鏃 (7)、刀子 (2)	
182	後出16号墳	宇陀市大宇陀区守道	円墳 (7m)	木棺直葬	須恵器 (TK23)	刀、刀子	
183	後出17号墳	宇陀市大宇陀区守道	円墳 (18m)	1 木棺直葬 2 木棺直葬		刀 (3)、蛇行剣、剣 (3)、刀子 (6)、鉄鏃 (10)、土師器 刀、鉄鏃 (2)、刀 (3)、剣 (3)、鉾、鉄鏃 (24)、刀子 (4)、鎌、須恵器	54
184	後出18号墳	宇陀市大宇陀区守道					
185	後出20号墳	宇陀市大宇陀区守道	円墳 (15m)	1 木棺直葬 2 木棺直葬	須恵器 (TK47)	獣形鏡 (2)、刀、刀 (3)、剣 (2)、鉾、鉄鏃 (24)、刀子 (4)、琥珀製勾玉、琥珀製棗玉 (3)、滑石製臼玉 (19) 刀、鉄鏃 (51)、須恵器 (TK47)	53
186	安楽寺山1号墳	宇陀市菟田野区稲戸	方墳 (13m)	木棺直葬	須恵器 (TK23)	刀子、鉄鏃、碧玉製管玉、滑石製玉	55
187	安楽寺山2号墳	宇陀市菟田野区稲戸	円墳 (25m)	木棺直葬		刀子、鉄鏃、碧玉製管玉、滑石製玉 (600+)	

第3章 河内政権肯定論と大和に対する経営戦略 133

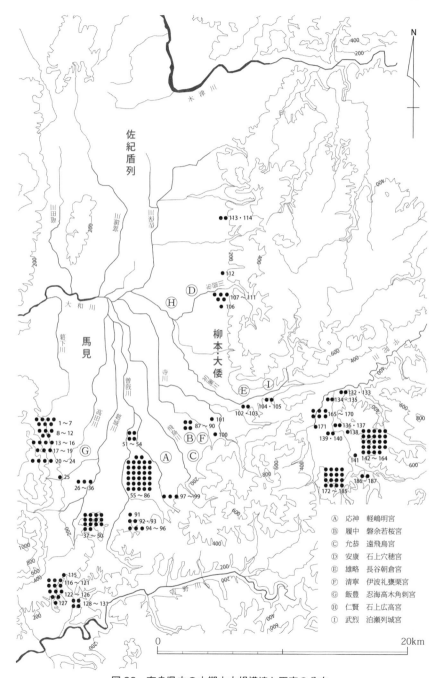

図36 奈良県内の中期中小規模墳と王宮の分布

のほか、中期中小規模墳は計12基しか判明していない。中小規模墳のほぼ全てが後期に属するもので、これは近藤1983が東南部とは言わずにあえて南部と濁している所以である。このことについては、調査例に恵まれない（吉村1989）との意見もあるが、外鎌山北麓（前園編1987）や石上・豊田（泉森編1975）（泉森・河上編1976）、さらには龍王山古墳群（河上・松本1993）で大規模な調査が実施されていながらこの程度にとどまっていることは偶然とは言い難い。

　中期に群形成の認められる大形の群集墳では、石光山古墳群、巨勢山古墳群、新沢千塚古墳群に共通してみられるごとく、独立丘陵状を呈する地形に占地し、群中に中小規模の前方後円墳を数基含んでいる。盆地東南部にはそのような群形態を採る中期群集墳は皆無といってよく、したがって今後の発掘調査の進捗によっても大幅に中期中小規模墳の検出例が増加するとは考え難い。

　また、中期中小規模墳の検出例の集中する盆地西南部・中南部および宇陀、五條の地域は、木棺直葬主体または木棺直葬・横穴式石室混在の群集墳の分布が集中する地域と重なり合うことからも、奈良県域における中期中小規模墳の分布の偏在性は必然であることがわかる。

2. 大和の勢力に対する包囲網の形成

　ではこの偏在性は何を意味するのであろうか。注意されるのは、中期の中小規模墳が集中する地域は、前期古墳の存在が稀薄で、また、仮にあっても中小規模のものしか存在しないことである。

　それぞれの地域について確認しておこう。第1章第2節で述べたとおり、馬見古墳群は特殊な位置づけなので、ひとまずこれを除外して考えると、盆地西南部では直径50mの円墳の寺口和田13号墳（伊藤1981）が、盆地中南部では墳長62mの前方後円墳の新沢500号墳（網干ほか1981）が、宇陀地域では墳長48mの前方後円墳の鴨池古墳（服部1986）が、それぞれ最大規模の前期古墳である。つまり50～60m級が最大ということになる。また、それぞれの地域で判明している前期古墳は5基に満たない。

　五條市域には明確な前期古墳は知られないものの、東京国立博物館に伝・二見町出土とされる車輪石と、大墓古墳（墳形規模とも不明）出土と伝える方形

板革綴短甲があって、前期古墳の存在した可能性はあるが、五條という地域性に鑑みると、さほど大規模な前期古墳があったとは考え難い。

今一度繰り返すことになるが、このように、中期の中小規模墳が集中する盆地西南部、盆地中南部、宇陀、五條の地域は、前期古墳の存在が稀薄で、また、あっても中小規模のものしか存在しない。

このことを理解する上での重要な位置を占めるのは、盆地西南部の一画に突如として出現する室宮山古墳（網干1959）の存在である。室宮山古墳は墳長238mの破格の規模を誇り、従前の系譜を引かずに中期前葉に至って突如としてこれだけの規模の古墳が出現するのであるから、その意味は重大である。

前節によって中期に河内・和泉の勢力による政権が成立したことを検証できたとするならば、室宮山古墳出現の背景として想定できるのは、豪壮な長持形石棺と陪冢「ネコ塚古墳」の存在に示唆されるごとく、中期畿内政権による極めて濃厚な政治的意図にほかならず、それは前期以来の勢力の稀薄な盆地西南部のうちでも、とりわけその傾向の強い南葛城の地に打ち込まれた、旧来の大和の勢力に対する巨大な楔ともいうべきものではなかったかとみられる（南葛城の様相については次節で取り上げる）。

そして、その意図の行使者たる中期畿内政権が、当初、この巨大な楔を核として、盆地西南部全域を、自らの大和の中での拠点としようとした姿勢こそが、現在認識できる、この地域への中期中小規模墳の異常ともいうべき集中として顕現しているのではないか。

さきに前提の1とした、特定勢力による中期型甲冑の一元的供給は、もはや中期畿内政権による一元的供給と言い換えて良い。その中期型甲冑の中心的な生産工房は、近藤が「寥々たる」5世紀集落、生産基盤と評価した、河内・和泉の段丘上にこそ想定したいと考えるが、その一方で、大和西南部、御所市所在の南郷角田遺跡（坂編1996）で生産されたとみられる鉄製品のなかに、甲冑が含まれていた意味は重要である。

甲冑など武器・武具の、生産も含めた集中的な管理と掌握は、当時の政権にとっての存立基盤である。その生産工房の出先ともいうべき施設を、敢えて盆地西南部の核たる南葛城に配備させたことは、さきに想定したような、中期畿内政権による大和西南部への強力な介入の証しでもある。

そして、中期畿内政権は旧来の前期の政権の息のかかった勢力には牽制策で、新興の勢力には懐柔策であたり、自らの勢力の浸透を図った、とのこれまでの理解は、次のように、奈良県域内部においても適用することができる。この場合も一元的供給が保障される遺物である点で、やはり甲冑保有形態からの検討（表12）が最も有効である。なお、同表では前方後円墳とそれに準じる独立墳とみられるものには個別のa～gの番号を与え、節末の文献の番号と対応させた。中期中小規模墳の番号は表11と共通である。

さて、中期型甲冑を1セット副葬するものとしては最も優秀な甲冑保有形態、第Ⅰ類型（●○型）や、甲冑3点セットの副葬が目立つ古墳群に新沢千塚古墳群がある。とりわけ、同じ新沢千塚古墳群として扱われているうちでも、千塚山地区を構成するA地区・B地区の古墳においてのみ優秀な甲冑保有形態が知られる事実は興味深い。

A・B両地区はわずかな接点を持ちながらもそれぞれ独立丘陵状を呈しており、表2に挙げたものでは115号墳［66］から173号墳［69］までの4基がA地区、281号墳［76］（河上1981）がB地区に属している。それぞれの地区の115号墳と281号墳に第Ⅰ類型（●○型）の甲冑保有形態が知られ、139号墳［67］も第Ⅱ類型（●△型）とはいえ冑・頸甲・短甲をセットで副葬するから、5基中3基が中期型甲冑3点セットを揃えることになる。

寺沢知子が述べるように（寺沢1987）、A地区で最も遡る古墳は48号墳（伊達1981）の北槨で、仿製鏡2面を副葬するなど前期的様相が認められる。B地区では寺沢は213号墳（山田1981）を他より遡る古墳として挙げる。213号墳は舶載鏡2面を含め4面の鏡や石釧の副葬が知られ、前期的様相を色濃く残す。共に前期古墳として扱うことが妥当と考えるが、[1]48号墳は一辺16mの方墳、213号墳は前方後円墳とはいえ墳長26mの小形である。したがって、千塚山地区のA・B両地区は、中期に新興する古墳群と捉えて良い。

一方で、同じ新沢千塚古墳群として扱われているうちでも貝吹山の一画、C地区には前期古墳として墳長62mの前方後円墳で500号墳（網干ほか1981）がある。第1章第1節で述べたとおり、鏡を副次施設に大量埋納する類型4に相当するから、48号墳や213号墳に比して相当格上の前期古墳と言うべきである。508号墳［81］はその500号墳の系譜をひく、中期でも初頭（第1期）に築造さ

第3章 河内政権肯定論と大和に対する経営戦略

表12 奈良県内出土の中期型甲冑諸類型

種別	番号	古墳名	墳形（規模 m）	主体部	甲冑保有形態	頸甲	短甲	一線	二線	胄
前方後円墳	a	ベンショ塚（第2主体）	前方後円墳（墳長70m）	粘土槨	第V類型（×○型）	―	三角板革綴短甲	○	×	小札鋲留眉庇付胄
	b	新沢109号	前方後方墳（墳長28m）	木棺直葬	第VII類型（××型）	―	横刺板革綴短甲	×	●	（三角板）革綴衝角付胄
	c	室宮山（南主体）（北浪出部）	前方後円墳（墳長238m）	竪穴式石室	第Ⅰ類型（●○型）	（Ⅱ-c）頸甲	三角板革綴短甲	（○）	●	革製衝角付胄
	d	今井1号（前方部）	前方後円墳（墳長31m）	木槨埋納	第Ⅰ類型（●○型）	Ⅱ-c頸甲	三角板革綴短甲	○	●	横刺板鋲留衝角付胄
	e	池殿塚5号	前方後円墳（墳長23m）	木棺直葬	第VII類型（××型）	Ⅲ-c・d中間型頸甲	横刺板伴用鋲留短甲	×	●	―
	f	柴屋丸山	円墳（直径32m）	粘土槨	第VII類型（××型）	―	三角板鋲留短甲	×	●	―
	g	斑鳩大塚	円墳（一辺35m）	竪穴式石室	第VI類型（●×型）?	Ⅱ-c頸甲	三角板革綴短甲	×	●	(―)
中期小規模横穴墳	10	兵家6号	方墳（一辺13m）	木棺直葬	第Ⅱ類型（●△型）	Ⅰ-b頸甲	三角板革綴短甲	△	●	小札鋲留眉庇付胄
	11	兵家12号	円墳（直径不詳）	木棺直葬	第Ⅱ類型（●○型）	Ⅲ-b頸甲	三角板鋲留短甲	○	●	横刺板鋲留衝角付胄
	66	新沢115号	円墳（一辺23m）	木棺直葬	第Ⅱ類型（●△型）	Ⅲ-b頸甲	三角板革綴短甲	△	●	小札鋲留眉庇付胄
	67	新沢139号	方墳（一辺23m）	木棺直葬	第Ⅰ類型（●○型）	―	長方板革綴短甲	○	●	広板鋲留眉庇付胄
	68	新沢166号	円墳（直径17m）	木棺直葬	第Ⅰ類型（××型）	―	長方板鋲留短甲	×	×	―
	69	新沢173号	円墳（直径14m）	粘土槨	第Ⅰ類型（●○型）	Ⅲ-d頸甲	横刺板鋲留短甲	○	●	小札鋲留眉庇付胄
	76	新沢281号	円墳（直径23m）	木棺直葬	第VII類型（××型）	―	三角板・三角板鋲綴甲	×	×	―
	81	新沢508号	円墳（直径18m）	粘土槨	第Ⅰ類型（●○型）	Ⅱ-c頸甲	長方板・三角板鋲留短甲	○	●	小札鋲留衝角付胄
	82	新沢510号	円墳（直径13m）	木棺直葬	第VII類型（××型）	―	三角板鋲留短甲	×	×	―
	92	市尾今田1号	円墳（直径22m）	粘土槨	第Ⅰ類型（●○型）	(Ⅰ・Ⅱ類中間型頸甲)	長方板鋲留短甲	×	●	―
	100	池ノ内5号	円墳（直径17m）	粘土槨	第Ⅰ類型（●○型）	Ⅲ-c頸甲（1）	三角板鋲留短甲（3）	○	●	小札鋲留衝角付胄（1）
	113	円照山墓山1号	円墳（直径13m）	粘土槨（竪穴式小石室）	第Ⅰ類型（●○型）	Ⅲ-c頸甲（1）	横刺板鋲留短甲（1）	○	●	小札鋲留衝角付胄（1）
						Ⅲ-d頸甲（1）	三角板鋲留短甲（1）			横刺板鋲留衝角付胄（1）
						(使用せず)	三角板鋲綴襟付短甲（1）			菱形鋲留眉庇付胄（1）
	114	円照寺墓山2号	円墳（直径8m）	木棺直葬	第V類型（×○型）	―	三角板鋲留短甲	○	×	鋲留眉庇付胄
	115	塚山	方墳（一辺24m）	箱形石棺	第Ⅰ類型（●▲型）	Ⅲ-c・d中間型頸甲	三角板鋲留短甲	○	▲	小札鋲留眉庇付胄
	127	五條猫塚	方墳（一辺32m）	竪穴式石室	第Ⅳ類型（▲×型）	Ⅲ-c頸甲（2）	三角板革綴短甲（2）	△	×	横刺板鋲留衝角付胄（1）
	139	高山1号	方墳（一辺23m）	木棺直葬	第Ⅰ類型（××型）	―	三角板鋲留短甲（2）	×	×	小札鋲留眉庇付胄（3）
	173	後出2号	円墳（直径14m）	木棺直葬	第VI類型（××型）	―	横刺板鋲留短甲（3）	×	×	―
	174	後出3号（第1主体）	円墳（直径13m）	木棺直葬	第VII類型（××型）	―	横刺板伴用鋲留短甲	×	×	―
	176	後出7号（第2主体）	円墳（直径12m）	木棺直葬	第VII類型（××型）	―	三角板鋲留短甲	×	×	―

れた古墳である。前期の政権がそのままスムーズに中期の政権に移行したのであれば、前節で述べたと同様に、本墳にこそ優秀な甲冑保有形態がみられてしかるべきである。ところが508号墳は、短甲のみ副葬の第Ⅶ類型（××型）の甲冑保有形態しか採り得なかった。これは、前期以来の系譜をひくという、かれの出自が影響したのではないだろうか。また、C地区でもう一基知られる甲冑出土古墳、510号墳［82］も、甲冑量産体制のピークを迎えた中期後葉築造の古墳でありながら、第Ⅶ類型（××型）に甘んじている点にも注目されて良い。

ちなみに、これも新沢508号墳と同様、やはり前期以来の系譜をひき、中期初頭（第1期）に築造された甲冑出土古墳、磐余池ノ内5号墳［100］で検出されたのも甲冑は短甲のみで、第Ⅶ類型（××型）の甲冑保有形態であった。いうまでもなく同墳は前期の政権の本貫地たる東南部の古墳で、また、本墳をもって池ノ内古墳群は群形成を終える。

このように、新沢千塚古墳群においては、第Ⅰ類型（●○型）や甲冑3点セットを揃える優秀な甲冑保有形態は、中期以降に新興した千塚山地区（A・B地区）においてのみ認められる。

他方、前期古墳が同一古墳群内に所在し、その系譜をひく貝吹山地区（C地区）や磐余の勢力にも敢えて甲冑を与えるものの、しかしそれは3点セットのうち短甲のみを副葬する、第Ⅶ類型（××型）でしかない甲冑保有形態を採らせている点にこそ意味がある。

特に、千塚山地区（A・B地区）と貝吹山地区（C地区）は近在し、双方の被葬者には常時出会いの機会があったと想定されるがゆえに、甲冑のセット関係に格差をつけて下賜する、牽制・懐柔策はより有効なものとなるであろう。したがって千塚山地区と貝吹山地区は、従来から説かれるように本来別個の古墳群として捉えるべきでなのである。

また、宇陀の地域では、中葉の高山1号墳を皮切りに、後葉ないし末葉に至って、いずれも第Ⅶ類型（××型）とはいえ、極めて集中的に甲冑の供給を受けた後出古墳群が登場する。実はこれほど各古墳に甲冑の副葬が知られる中期群集墳は他に知られておらず、いずれ宇陀の地域においても第Ⅰ類型（●○型）の甲冑保有形態も確認されるであろう。

また、中期中小規模墳の検出が相次ぐ五條市域の古墳では、第5期築造の第Ⅳ類型（▲△型）の猫塚古墳［127］、第6期築造の第Ⅰ類型（●○型）の今井1号墳（藤井1984）および塚山古墳［115］と、いずれも甲冑三点セットを保有しており、その甲冑保有形態は常に優秀で、この地域で中期に入って新興する盟主墳としての一連の流れを形成するものである。

また、これまで触れなかったが、奈良市のなかでも最南端の帯解の地域は、中期中小規模墳がややまとまってみられる地域である。そこでの盟主墳の一基、ベンショ塚古墳（森下1991）の第2主体では第Ⅴ類型（×○型）の甲冑保有形態での副葬が知られる。第2主体は副次的主体部なので、破片でしか甲冑が検出されなかった中心主体（第1主体）には、第Ⅰ類型（●○型）で甲冑の副葬が為されていた可能性が高い。

ベンショ塚古墳は、中期中葉に帯解の地に突然に出現する前方後円墳であり、甲冑大量埋納（墓山パターン）の知られる小円墳、円照寺墓山1号墳［113］はその東の山麓にある。筆者は襟付短甲の存在から、墓山1号墳の被葬者は政権が所有する各種施設を警衛するために、政権中枢に直接所属した衛兵のひとり（藤田1996・2006）と考えた。

乱掘は著しいが、奈良県域でもう1基、墓山パターンの甲冑保有形態の可能性のある古墳に、これも中期中小規模墳が集中して知られる高取町所在の市尾今田1号墳［92］がある。前期の小円墳、タニグチ1号墳（西藤1996）は尾根をはさんだ至近の距離にあるが、かえってそれゆえに、旧来勢力への牽制のために、市尾今田1号墳は小規模な円墳でありながら、甲冑大量埋納墳（墓山パターン）たり得たかもしれない。

このように、奈良県域で優秀な甲冑保有形態を採ることのできる古墳は、いずれも中期に至って新興する勢力とみられ、その甲冑は中期畿内政権から供給されるものであるから、当然、その強い影響下にあった勢力と理解できる。したがって、必ずしもかれらの全てを、大和の在地勢力と考える必要は無いであろう。そしてこのことは、中期畿内政権が大和においても、甲冑の配布に際するセット関係の優劣さらには甲冑配布そのものの有無に象徴されるような、前期以来の勢力と中期に新興した勢力とでの各勢力に対する取り扱いの格差をもって、牽制や懐柔を常に行っていたことを示すものである。

なお、こうした理解は、畿内連合政権論を唱える白石 1984 とは若干異なったものとなっている。

　また、中期中小規模墳の集中する地域と、優秀な甲冑保有形態の見られる地域または甲冑が集中的にもたらされる地域が、まさに重なり合うことにも注目されて良い。前期の勢力の稀薄なところを選んでそうした中期群集墳や甲冑出土古墳が分布しており、盆地西南部、五條、宇陀と、盆地東南部から南や東に抜けるルートを完全に抑え込んでいる。

　ひとまず保留しておいた馬見古墳群の勢力は、第1章第2節で論じたとおり室宮山古墳被葬者の出身母体であった可能性が高い。馬見古墳群は確かに前期から継続するが、その被葬者像としては特殊なもの、原葛城氏と葦田系葛城氏および一部は大王家を想定する。

　そうすると旧来の大和の勢力にとって残されたルートは北しかないが、ここには墳長 183 m の大形前方後円墳、久津川車塚古墳（梅原 1921）を擁する久津川古墳群がある。久津川車塚古墳は長持形石棺を埋葬主体に用いる甲冑大量埋納墳（月の岡パターン）で、しかも陪冢を伴うことから、第2章第2節では派遣将軍を想定した。中期畿内政権のこの地域への強力な梃入れを想定せざるを得ない。

　宇陀の勢力の著しい新興は、中期も後葉になってからであるが、それまでは、陪冢を伴う伊賀・殿塚古墳（森ほか 1973）を群形成の端緒とする美旗古墳群が、盆地東南部から東へ抜けるルートを抑え込む。これで旧来の大和の政権にとって残された、畿外へのルートは全て断たれた。

　まさに包囲網の完成である。中期畿内政権は、このようにして旧来の大和の勢力の復権を抑え込もうとしたとみられる。

3. 大和における河内政権期の王宮の所在と性格

　既に述べた通り、河内政権の存在を否定する根拠として、この時期の宮の所在が大和である場合も多いことが度々挙げられる（吉村 2003 ほか）。しかし改めて述べるまでもないが、記紀にいう「宮」には実に幅広い性格のものが含まれていることには注意しておきたい。行宮も特に断りなく「石上振神宮」（履中紀）などと記されることも多い。

そのような中で極端な例に「筒城宮」がある。「筒城宮」については、古事記は仁徳の皇后、磐之媛が隠棲したのは奴理能美の居宅であると、より具体的に記すが、ただそれだけのことで記紀共にこれを「筒城宮」と称しているのである。要するに天皇、時には皇后の居所であっても、それは全て「宮」として扱われる。吉村は、王宮は政治的センターであると強調するが、その「王宮」も上記のような居所としての「宮」も記紀では一切区別せず、いずれも「宮」として扱っている。吉村が政治的センターとしての「宮」に、後代に比してどの程度の整った機能を想定しているかは不明と言うほかないが、記紀の扱いに区別が存在しない以上、この時期の「王宮」と居所としての「宮」との間にあまり大きな格差を想定することはできまい。

そして吉村が言う王宮もまた、記紀では天皇の代が代わる毎に畿内各地を移動することが通例である。「歴代遷宮」と称されるこの現象は、中国や朝鮮半島にも存在しない倭国特有のものであり、なぜ歴代の天皇がそのようにしなければならなかったかの理由も説明されなければなるまい。

奈良県内に比定される河内政権期の王宮所在地（西宮1979）を、さきに中期中小規模墳の分布を示した、図36に重ね合わせると興味深いことに気づく。

まず全体としてみれば、王宮の比定地は中期中小規模墳と同様、盆地南部に集中することに注目される。いまだ造墓活動が継続している佐紀盾列古墳群の近辺に営まれることは、決してないのである。

そしてこのうちの最初の王宮、応神の軽嶋明宮Aは前期古墳の分布が稀薄かあっても規模の小さい地域、そして中期中小規模墳が集中して分布する一角にまず営まれる。王権発祥の地である大和東南部への王宮の造営は、続く履中の磐余若桜宮Bまで待たねばならない。その後も自らの直属の配下ともいえる中期中小規模墳が集中する盆地南部に限って王宮が営まれており、最も北に営まれた安康・石上穴穂宮D、仁賢・石上広高宮Hも、物部氏の本貫地内においてあたかも守護されているかのようである。

かつて筆者は「宮」は政治の中心というよりも、畿内各地を天皇自らがあたかも巡視するように移動して旧来の勢力の動きを牽制する、いわば前線基地としての機能をより多く有していた（藤田2003）、と記したが、上記のような王宮の分布はこれを支持する。

そして「旧来の勢力」であるが、それは前期以来の旧来勢力のことを指しており、その代表格はかつては正当な大王を輩出してきた佐紀盾列古墳群の被葬者集団である。そこで注目したいのは雄略の長谷朝倉宮Eであり、初瀬谷のやや奥まったところに比定されるこの王宮は、防御に優れた立地にある。

それは何に対する防御であろうか。記紀によれば雄略は円大臣を坂合黒彦皇子、眉輪王と共に焼死させ、葛城本宗家を滅亡させている。そして皇族ではそのほか八釣白彦皇子、市辺押磐皇子、御馬皇子らを次々に殺して即位している。

したがって歴代の天皇に比して、より防御を固める必要はあったかもしれないが、それならば旧来の勢力が集中する大和にあえて宮を置くのはむしろ危険であるから、何らかの積極的な意図が存在した、とみたい。

佐紀盾列古墳群では中期中葉のうちでも後半の築造と目される磐之媛陵古墳（小栗1993）の後、大形古墳の系譜は途絶えるという。ならばTK23型式期は、強大化した中期畿内政権が、佐紀盾列古墳群の勢力のしがらみを断ち切って、ついに摧破するに至った段階と捉えることも無稽とはいえない。雄略の長谷朝倉宮の立地は、まさにそのための前線基地としてこそ相応しい。

※　本節は2009年の「河内政権肯定論」『一山典還暦記念論集　考古学と地域文化』に加除補筆したものである。

補註
(1) 48号墳では双孔円板や滑石製臼玉の副葬も知られ、前期的様相を色濃く残した中期初頭の築造となる可能性もあるが、全体として前期色が強い。213号墳からは曲刃鎌が出土しているとされるが、混在の可能性を疑っている

参照・引用文献
網干善教 1959『室大墓』(『奈良県史跡名勝天然記念物調査報告』第18冊)
網干善教 1962『五条猫塚古墳』(『奈良県史跡名勝天然記念物調査報告』第20冊)
網干善教ほか 1981「500号墳（茶臼山古墳）」『新沢千塚古墳群』(『奈良県史跡名勝天然記念物調査報告』第39冊)
梅原末治 1921『久津川古墳研究』岩波書店
泉森　皎編 1975『石上・豊田古墳群』I（『奈良県文化財調査報告書』第20集）
泉森　皎・河上邦彦 1971「室大墓古墳前方部張出部の調査」『青陵』18
泉森　皎・河上邦彦編 1976『石上・豊田古墳群』II（『奈良県文化財調査報告書』第27

伊藤勇輔 1981「新庄町寺口和田古墳群発掘調査概報」『奈良県遺跡調査概報 1979 年度』
小栗明彦 1993「磐之媛古墳内堤発掘調査概報」『奈良県遺跡調査概報』1992 年度
河上邦彦 1976「大和の群集墳概観」『横田健一先生還暦記念　日本史論叢』
河上邦彦・松本百合子 1993『龍王山古墳群』(『奈良県史跡名勝天然記念物調査報告』第 68 冊)
北野耕平 1958「斑鳩大塚古墳」『奈良県史跡名勝天然記念物調査抄報』第 10 集
北野耕平 1969「5 世紀における甲冑出土古墳の諸問題」『考古学雑誌』第 54 巻第 4 号
近藤義郎 1983「第 11 章　大和連合勢力の卓越」『前方後円墳の時代』　岩波書店
西藤清秀 1996『タニグチ古墳群』(『高取町文化財調査報告』第 17 冊)、 1996 年
白石太一郎 1984「日本古墳文化論」『講座 日本歴史』　東京大学出版会
伊達宗泰 1959「奈良市柴屋町丸山古墳」『奈良県史跡名勝天然記念物調査抄報』第 11 輯
伊達宗泰 1981「48 号墳」『新沢千塚古墳群』(『奈良県史跡名勝天然記念物調査報告』第 39 冊)
寺沢知子 1987「新沢古墳群の被葬者集団について」『考古学と地域文化』(『同志社大学考古学シリーズ』Ⅲ)
西宮一民校注 1979『古事記』(『新潮日本古典集成』第 27 回)　新潮社
服部聡志 1984「木棺直葬を主たる埋葬施設とする群集墳」『関西大学考古学研究紀要』4
服部伊久男 1986「鴨池古墳の調査」『北原古墳』(『大宇陀町文化財調査報告書』第 1 集)
坂　靖編 1996『南郷遺跡群』Ⅰ(『奈良県史跡名勝天然記念物調査報告』第 69 冊)
藤井利章 1984「今井 1 号墳」『奈良県遺跡調査概報 1983 年度』
福永信雄 1995「生駒山西麓における小型低方墳の一形態」『古墳文化とその伝統』勉誠社
藤田和尊 1996「親衛隊と衛兵の武装」『室宮山古墳範囲確認調査報告書』御所市教育委員会
藤田和尊 2006『古墳時代の王権と軍事』　学生社
前園実知雄編 1987『外鎌山北麓古墳群』(『奈良県史跡名勝天然記念物調査報告』第 34 冊)
森　浩一ほか 1973「三重県わき塚古墳の調査」『古代学研究』第 66 号
森下浩行 1991「ベンショ塚古墳の調査」『奈良市埋蔵文化財調査概要報告書　平成 2 年度』
山田良三 1981「213 号墳」『新沢千塚古墳群』(『奈良県史跡名勝天然記念物調査報告』第 39 冊)
山本　彰編 1980『太平寺古墳群』(『大阪府文化財調査報告書』第 33 輯)
山本　彰 1985「紺口県主の墳墓」『末永先生米壽記念献呈論文集』
吉村　健 1989「小古墳にみる奈良盆地の政治史的研究(下)」『考古学研究』第 36 巻第 1 号
吉村武彦 2003「ヤマト政権の成立と展開」『古墳時代の日本列島』　青木書店

表 11　奈良県内の中期中小規模墳　文献

1　奈良県立橿原考古学研究所編 1992『的場池古墳群』(『当麻町埋蔵文化財調査報告』

第1集)
2　奈良県立橿原考古学研究所編 1978『兵家古墳群』(『奈良県史跡名勝天然記念物調査報告』第37冊)
3　奈良県立橿原考古学研究所編 1983「寺口千塚・新池支群」『奈良県遺跡調査概報（第1分冊）1981年度』
4　奈良県立橿原考古学研究所編 1981「寺口和田古墳群発掘調査概報」『奈良県遺跡調査概報 1979年度』
5　奈良県立橿原考古学研究所編 1982「寺口和田古墳群第2次発掘調査概報」『奈良県遺跡調査概報 1980年度』
6　奈良県立橿原考古学研究所編 1979『新庄火野谷山古墳群』(『奈良県文化財調査報告書』第31集)
7　奈良県立橿原考古学研究所編 1988『寺口忍海古墳群』(『新庄町文化財調査報告書』第1冊)
8　御所市教育委員会 1986『小林遺跡群発掘調査現地説明会資料』
9　奈良県立橿原考古学研究所編 1976『石光山古墳群』(『奈良県史跡名勝天然記念物調査報告』第31冊)
10　御所市教育委員会 1987『工業団地開発に伴う巨勢山古墳群第Ⅲ次・Ⅳ次発掘調査現地説明会資料』
11　御所市教育委員会編 1987『巨勢山古墳群』Ⅱ (『御所市文化財調査報告書』第6集)
12　御所市教育委員会編 2005『巨勢山古墳群』Ⅴ (『御所市文化財調査報告書』第28集)
13　奈良県教育委員会編 1974『大和巨勢山古墳群（境谷支群）』
14　御所市教育委員会編 1985『巨勢山境谷10号墳』(『御所市文化財調査報告書』第4集)
15　御所市教育委員会編 2007『巨勢山古墳群』Ⅵ (『御所市文化財調査報告書』第30集)
16　奈良県立橿原考古学研究所編 1990「戸毛向谷6・7号墳」『奈良県遺跡調査概報（第2分冊）1989年度』
17　御所市教育委員会編 2002『巨勢山古墳群』Ⅲ (『御所市文化財調査報告書』第25集)
18　奈良県立橿原考古学研究所編 1990「四条遺跡」『奈良県遺跡調査概報（第2分冊）1987年度』
19　奈良県立橿原考古学研究所編 1993「四条遺跡―第14次―」『奈良県遺跡調査概報（第2分冊）1992年度』
20　奈良県立橿原考古学研究所編 1993「四条遺跡第15・16次発掘調査概報」『奈良県遺跡調査概報（第2分冊）1992年度』
21　奈良県立橿原考古学研究所編 1981『新沢千塚古墳群』(『奈良県史跡名勝天然記念物調査報告』第39冊)
22　奈良県教育委員会編 1992『史跡新沢千塚古墳群整備事業報告書（ふるさと歴史の広場事業）』

第 3 章　河内政権肯定論と大和に対する経営戦略　145

23　奈良県教育委員会編 1998『奈良県遺跡地図』第 2 分冊（14-D-322〜325）ほか
24　高取町教育委員会編 1991『イノヲク古墳群　第 3 次発掘調査報告』(『高取町文化財調査報告』第 11 冊)
25　奈良県立橿原考古学研究所編 1982「市尾今田古墳群発掘調査概報」『奈良県遺跡調査概報 1981 年度』
26　奈良県立橿原考古学研究所編 1996『タニグチ古墳群』(『高取町文化財調査報告』第 17 冊)
27　奈良県立橿原考古学研究所編 1987『坂ノ上古墳群』(『高取町文化財調査報告』第 6 冊)
28　奈良県立橿原考古学研究所編 1973『磐余池之内古墳群』(『奈良県史跡名勝天然記念物調査報告』第 28 冊)
29　桜井市文化財協会編 2007『桜井公園内遺跡群』(『桜井市埋蔵文化財 2002 年度発掘調査報告書』4)
30　奈良県立橿原考古学研究所編 1978『外鎌山北麓古墳群』(『奈良県史跡名勝天然記念物調査報告』第 34 冊)
31　日野　宏 1995「群集墳にあらわれた古墳時代後期の集団関係について」『西谷眞治先生古稀記念論文集』
32　日野　宏 1988「群集墳と集落に関する一考察」『天理大学学報』第 157 輯
33　奈良県立橿原考古学研究所編 1976『石上・豊田古墳群』II (『奈良県文化財調査報告書』第 27 集)
34　奈良県史跡名勝天然記念物調査会編 1930『円照寺墓山第 1 號古墳』(『奈良県史跡名勝天然記念物調査報告』第 11 冊)
35　奈良市史編纂委員会編 1968『奈良市史　考古編』奈良市
36　奈良県教育委員会編 1957『奈良県文化財調査報告書』第 1 集
37　奈良県立橿原考古学研究所編 1980『引ノ山古墳群』五條市教育委員会
38　奈良県教育委員会編 1941『奈良県史跡名勝天然記念物調査抄報』第 2 輯
39　奈良県教育委員会編 1959『奈良県史跡名勝天然記念物調査抄報』第 11 輯
40　奈良県教育委員会編 1971『大和考古資料目録』1
41　奈良県教育委員会編 1961『五条猫塚古墳』(『奈良県史跡名勝天然記念物調査報告』第 20 冊)
42　奈良県立橿原考古学研究所編 1977「近内遺跡発掘調査概報」『奈良県遺跡調査概報 1976 年度』
43　奈良県立橿原考古学研究所編 1975『丹切古墳群』(『奈良県史跡名勝天然記念物調査報告』第 30 冊)
44　奈良県立橿原考古学研究所編 1977『大王山遺跡』
45　奈良県立橿原考古学研究所編 1987『下井足遺跡群』(『奈良県史跡名勝天然記念物調査報告』第 52 冊)

46　奈良県立橿原考古学研究所編 1987『能峠遺跡群』Ⅱ (『奈良県史跡名勝天然記念物調査報告』第51冊)

47　奈良県立橿原考古学研究所編 1990「宇陀地方の遺跡調査」『奈良県遺跡調査概報 (第2分冊)』1989年度」

48　奈良県立橿原考古学研究所編 1980「宇陀地方の遺跡調査」『遺跡調査概報 (第2分冊) 1979年度』

49　奈良県立橿原考古学研究所編 1988『野山遺跡群Ⅰ』(『奈良県史跡名勝天然記念物調査報告』第56冊)

50　奈良県立橿原考古学研究所編 1989『野山遺跡群Ⅱ』(『奈良県史跡名勝天然記念物調査報告』第59冊)

51　奈良県立橿原考古学研究所編 1985「宇陀地方の遺跡調査」『奈良県遺跡調査概報 (第2分冊) 1984年度』

52　奈良県立橿原考古学研究所編 1986『北原古墳』(『大宇陀町文化財調査報告書』第1集)

53　奈良県立橿原考古学研究所編 2003『後出古墳群』(『奈良県史跡名勝天然記念物調査報告』第61冊)

54　奈良県立橿原考古学研究所編 1993『後出古墳群―18号墳―』(『奈良県文化財調査報告書』第69集)

55　奈良県立橿原考古学研究所編 1979「大和高原南部地区パイロット事業地内の遺跡調査概報」『奈良県遺跡調査概報1978年度』

表12　奈良県内の中期型甲冑諸類型 [首長墳]　文献

a　森下浩行 1991「ベンショ塚古墳の調査」『奈良市埋蔵文化財調査概要報告書　平成2年度』

b　山田良三 1981「109号墳」『新沢千塚古墳群』(『奈良県史跡名勝天然記念物調査報告』第39冊)

c　網干善教 1959『室大墓』(『奈良県史跡名勝天然記念物調査報告』第18冊)

d　藤井利章 1984「今井1号墳」『奈良県遺跡調査概報1983年度』

e　楠本哲夫 1988「池殿奥5号墳」『野山遺跡群Ⅰ』(『奈良県史跡名勝天然記念物調査報告』第56冊)

f　伊達宗泰 1959「奈良市柴屋町丸山古墳」『奈良県史跡名勝天然記念物調査抄報』第11輯

g　北野耕平 1958「斑鳩大塚古墳」『奈良県史跡名勝天然記念物調査抄報』第10集

第3節　葛城氏の盛衰と葛城県の成立

1. はじめに

　前節では室宮山古墳（網干 1959）について「前期以来の勢力の稀薄な盆地西南部のうちでも、とりわけその傾向の強い南葛城の地に打ち込まれた、旧来の大和の勢力に対する巨大な楔ともいうべきものではなかったかとみられる」と評価した。

　本節ではそれを受け、中期畿内政権が南葛城という個別の地域に対して採用した経営戦略について取り扱う。それは室宮山古墳の後を担った玉田系葛城氏に対する中期畿内政権による厳しい締め付けと、そしてついには滅亡へと至らしめる、記紀の記事をそのまま反映したかのように変遷する同地域の首長墓系譜に顕現していた。

2. 南葛城に前期古墳が稀薄な理由

　この地域には前期古墳はない、とまですると少し言い過ぎになる。

　しかし、前期において次々と大王墓級の古墳が継続して築造される奈良盆地内にあっては、この地域の前期古墳の分布は特異なまでに稀薄である。また、あっても、中小規模のものしか存在しない。

　まず、隣接する中南部についてみておくと、前期古墳としては橿原市の新沢500号墳（網干ほか 1981）を挙げることができる。中心主体の粘土槨は乱掘の影響を被っていたが、その長辺に接して設けられた副槨からは6面の銅鏡、筒形銅器5、銅釧、車輪石3、鍬形石、石釧、石製坩、石製鏃7、方形板革綴短甲などの武器・武具、農工具各種などの豊富な副葬品が検出された。しかし、この古墳にしたところで、前方後円墳とはいえ墳長は62mに過ぎず、300mに成りなんとする大王墓級の古墳が目白押しの大和の前期古墳にあっては、明らかに見劣りのするものとなっている。また、新沢千塚古墳群には他に48号墳（伊達 1981）、213号墳（山田 1981）の2基の前期古墳が知られるが、いずれも小規模墳である。

このほか橿原市域では、出現期の古墳として注目される弁天塚古墳（中井・豊岡1996）も、また、内容は明らかではないが、墳形から前期古墳とみられるスイセン塚古墳（網干1962）も60～70m級である。学史上名高いイトクノモリ古墳（森本1923）も墳長30mとされる。方形板革綴短甲や筒形銅器などを出土して新沢500号墳との有機的な関係が想定される高取町のタニグチ1号墳（西藤1986）も長径20mの円墳である。
　他方、南葛城地域ではそもそも前期の前方後円墳が知られない。葛城市（旧新庄町）の寺口和田13号墳（伊藤1981）は直径50mの円墳、その他、御所市には西浦古墳（梅原1922）、オサカケ古墳（島本1938）、巨勢山419号墳（藤田2002）、さらに第1章第2節で詳論した鴨都波1号墳（藤田・木許編2001）などがあるが、いずれも小円墳または小方墳である。
　この地域では前期のうちには大形古墳を築造できるほどの勢力が育たなかったと考えるのが常道であろうが、そうすると、少し不思議なことがある。
　目を全国に転じてみると、前期古墳はとりわけ、水路・陸路を問わず、交通の要衝と評価できるところに分布することが多い。
　それではこの南葛城の地域はどうかというと、まさに奈良盆地から吉野または五條を経て、橋本、紀伊へ抜ける、交通の要衝に相当している。このルートは弥生時代には確実に拓かれていた。
　これに先立つ弥生時代には、南葛城地域では紀伊型甕（土井1989）の分布も知られたし、吉野から紀伊方面で産出する結晶片岩製の石包丁が専ら用いられた。
　古墳時代に入っても、御所市の楢原遺跡では広範な地域からの搬入土器がみられるが、その中には胎土に結晶片岩を多量に含み、産地を紀伊に特定できる甕が知られた（藤田1994）。
　しかし、紀伊に至るこのルート上では、南葛城地域のみならず、五條、橋本、紀伊でも前期古墳の分布は稀薄である。交通の要衝に相当しながら前期古墳の分布が稀薄であること、その背景には、政権の中枢、前期の大和ならではの、特殊な事情を考慮する必要があると思う。
　結論を先に述べる。こうした交通の要衝にはやはりそれを抑える勢力が不可欠であり、南葛城地域から紀伊に抜けるルート上においてその役を担ったのは、

第3章　河内政権肯定論と大和に対する経営戦略　149

前期においては、北葛城にあって馬見古墳群に葬られた原葛城氏であったと考える。このことについては既に論じた（第1章第2節）が、若干の補足をしておく。

　鴨都波1号墳（藤田・木許編2001）に加え、近在の盆地中南部の新沢48号墳（伊達1981）、新沢213号墳（山田1981）の2基の前期古墳はいずれも、頭足分離型の鏡副葬配置を採っている。このことから、前期においては南葛城とその周辺は馬見古墳群の被葬者、原葛城氏側の強い影響下にあったといえる。

　また、紀伊付近で産出する結晶片岩（特に紅簾片岩）も、このことについて重要な示唆を与える。馬見古墳群の竪穴式石室の実態が不明瞭であることは残念だが、一方で、結晶片岩を多用する竪穴式石室は、淀川右岸と向日丘陵に集中する（宇垣1987）。そして淀川右岸と向日丘陵の地域こそは、頭足分離型の鏡副葬配置が集中する地域と重なるから、紀伊付近の結晶片岩は、頭足分離型の鏡副葬配置の本貫地、馬見古墳群の被葬者たちによって掌握されていたことになる。したがって、そのルート上の南葛城とその周辺も同様に、その管轄下にあるとみなければならないであろう。

　筆者はこのような事情こそが、前期の南葛城とその周辺の地域に大形の前方後円墳が造られなかった要因であると考えている。

3. 葛城氏の盛衰と中期畿内政権

　このように前期古墳の分布が稀薄であった地域に、中期前葉に至って、突如として破格の規模の古墳が出現する。御所市の室宮山古墳（網干1959）である。墳長238mは、併行する時期の奈良市のコナベ古墳（中井・赤塚・日野1981）が204mであるから、当時にあっては奈良県最大の規模を誇る。

　従前の系譜を引かずにこれだけの規模の古墳が突如として出現するのであるから、その背景には強い政治的意図を想定する必要がある。それは前期から中期に移行するに際しての政権を主導する勢力の交替（第3章第1節）に伴うものにほかならない。

　この政権の交替という激変は無論、原葛城氏をも巻き込んで、その編成に大きな変化が生じる。それが、室宮山古墳（89ページ図16）の突然の登場である。

　室宮山古墳が陪冢ネコ塚古墳を伴っていることは重要である（第2章第2節）。

この時期の陪冢は、このネコ塚古墳を除いては南北葛城を問わず存在せず、併行期の馬見古墳群より優位に立っている。「陪冢制」そのものの存在を示唆するネコ塚古墳、そして室宮山古墳に採用された長持形石棺（図37）の存在は、室宮山古墳出現の背景に、中期畿内政権の極めて強い政治的意図があったことを示すものである。

　馬見古墳群は中期に入っても大形前方後円墳の系譜は存続している。したがってその前代の原葛城氏は、前期から中期への政権を主導する勢力の交替に際しては、中期畿内政権の側についたと推測される。

　おそらく中期畿内政権としては、強大な原葛城氏の勢力を二分し、新興の南葛城の勢力つまり玉田宿禰系、をより強くバックアップすることにより、自らの大和における勢力の浸透を図ったのではないだろうか。それは前期以来の勢力の稀薄な南葛城の地に打ち込まれた、旧来の大和の勢力に対する巨大な楔ともいうべきもの（前節）ではなかったかと見られる。

　ところが一定の目的が達せられると、南葛城にあった玉田系葛城氏、いわゆる葛城本宗家は、玉田宿禰や円大臣の『記』『紀』の記事に見られるごとく誅せられて一気に衰退する。その一定の目的とは佐紀盾列古墳群をはじめとする大和の旧来の勢力に対する包囲網の形成（前節）にほかならない。

　では玉田系葛城氏に関係すると見られる古墳と記紀の記事との関係を考えてみたい。かつては葛城市（旧 新庄町）域の墳長90mの火振山古墳（久保1975）、墳長135mの新庄屋敷山古墳（菅谷1975）の2基の前方後円墳については葛城県との関係で捉えようとした（藤田2003a）こともあったが、やはり時系列的に無理がある。

　室宮山古墳に続く盟主墳については、より近傍で求めるならば墳長149mの掖上鑵子塚古墳（今尾ほか1986）ということになるが、火振山古墳、新庄屋敷山古墳についても注意が必要である。なぜなら両墳は神功皇后紀五年条において、葛城襲津彦が俘人を住まわせたとする4つの地域のうちの一つ、忍海郡に属するからである。つまり玉田系葛城氏の所領の中に築造されたことになる。このことからすればむしろ、いずれの古墳も葛城襲津彦を含む玉田系葛城氏の系譜の中で捉えた方が自然であると考えを改めるに至った。

　玉田系葛城氏の系譜は葛城襲津彦、「名欠」、玉田宿禰、円大臣と続くと復元

第3章 河内政権肯定論と大和に対する経営戦略 151

されている（塚口1984）。定説どおり室宮山古墳を葛城襲津彦の墓と見る（白石1973）ならば、火振山古墳、新庄屋敷山古墳、掖上鑵子塚古墳の3基という古墳の数と「名欠」以降の人物の数が合致する状況も魅力的である。

3基の古墳はいずれも室宮山古墳に比べれば墳丘規模の縮小が著しく、この時期、百舌鳥・古市古墳群や佐紀盾列古墳群など、他では墳丘は巨大化するのにもかかわらず、逆の流れを辿るのには特殊な状況を考慮する必要がある。

また、室宮山古墳で一度は導入された陪冢制であるが、これら3墳には陪冢はない。このことについては、かつてネコ塚古墳に葬られたような原初的官僚が、3墳の被葬者には伴わなかったとは思わない。強い規制により視認できる対象としての陪冢の築造がなしえなかった、と見るのが妥当である。

このように考えるなら、室宮山古墳の後の玉田系葛城氏に対する中期畿内政権の締め付けは実に厳しいものがある、といわねばならない。

3基の古墳の築造時期については、それぞれで出土した埴輪により次のように評価されている。「掖上鑵子塚古墳と…屋敷山古墳との年代差を認めるのは

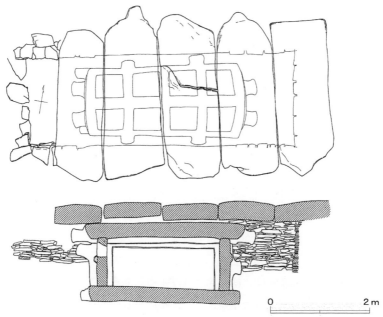

図37　室宮山古墳の竪穴式石室と長持形石棺

難しいという。…同様のことは火振山古墳を含めた場合でもいえることであるという。ただし、火振山古墳には他の2基の古墳には認められない高く突出する突帯を持つ円筒埴輪が含まれる。この一点のみを重視するならば、火振山古墳が他の2基よりやや先行する可能性を指摘できるという。」これは坂　靖、青柳泰介、小栗明彦らによる埴輪に関する見解を展示図録（神庭2006）に記したものだが、このことからすると「やや先行する可能性」のあるという火振山古墳は「名欠」の人物に当てたいところである。

　続く玉田宿禰、円大臣はともに誅せられている。玉田宿禰は、反正天皇の殯を怠った罪により誅せられる（允恭紀五年七月条）。また、円大臣の事件（雄略紀即位前記）は次の通りである。眉輪王は父親の大草香皇子の敵である安康天皇を殺害し、円大臣の宅に避難した。それを追跡する大泊瀬皇子（のちの雄略天皇）の勢いを恐れて坂合黒彦皇子も円大臣の宅に避難した。円大臣の宅は大泊瀬皇子の軍に囲まれ、ついには火を放たれて焼失し、三人の骨は見分けがつかなかったという。

　掖上鑵子塚古墳の墳丘（図38）については帆立貝形古墳と評価する研究者もある（宮川1985）ように、この点においても築造にあたって規制が加えられた可能性がある。濠も同一水面では巡らないし、また、盆地側からは比高差わずか7mの須坂峠を越えた位置に占地しており、墳長149mという規模の前方後円墳でありながら奈良盆地を一切望むことができず、どの方向に対しても眺望の利かない山地形の谷間に築造されているという立地の特異さは、隠蔽されて築造された古墳との印象さえ与える。玉田宿禰、円大臣ともに不幸な末路を迎えるとされるわけだが、いずれの運命にも相応しい掖上鑵子塚古墳の状況ともいえる。

　埴輪においても「時期差を認めることは難しい」とされる新庄屋敷山古墳と掖上鑵子塚古墳であるから被葬者の比定は難しいが、筆者は以下のような想定の元、円大臣の墓を掖上鑵子塚古墳とみなしたいと思う。

　まず、新庄屋敷山古墳は玉田宿禰の寿陵と見ても時期の上での矛盾はない。既に述べたとおり室宮山古墳と比べれば規模の縮小は著しいが、前方後円墳としての墳形には特異な点はないようで、長持形石棺の存在も知られる。これは次代の首長としての円大臣が健在であったゆえに、墳丘規模の縮小以外には特

に目立った規制はなかったともいえる。

　対して掖上鑵子塚古墳は、さきの想定どおり「隠蔽されて築造された古墳」だとすれば、何らかの深刻な事態が生じた後に築造を始めていることになるので、寿陵ではなく被葬者の死後に築造を始めた可能性も高い。

　大泊瀬皇子の目的が、葛城本宗家を潰すことにあったとすればそのようなことは関係なかったのかも知れないが、円大臣に直系の男子の名が伝わって

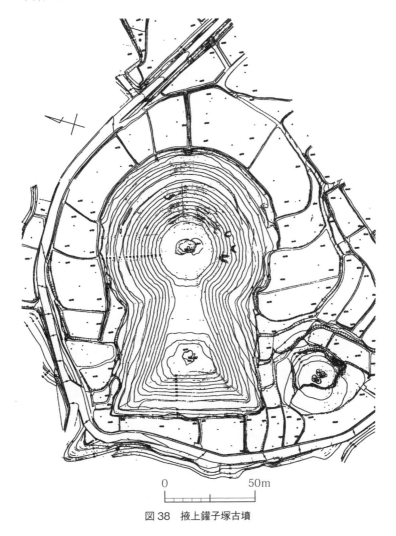

図38　掖上鑵子塚古墳

いないこともまた事実である。結果、葛城本宗家は、残党と思しき勢力（藤田2003b・2006）を除けば滅亡する。すなわち、父の玉田宿禰を不測の事態で失った円大臣は、娘の韓媛の後に、特に男子を成すには至らなかったほどにはまだ若く、したがって寿陵の築造にはまだ取りかかっていなかった結果をして、掖上鑵子塚古墳を「隠蔽されて築造された古墳」などと評価させる点に現れているのではないか、とも思えるのである。この事件を契機として玉田系葛城氏の所領は葛城県に編入されるとする塚口義信の見解（塚口1984）については第1章第2節で既に述べた。

※　本節は「明日香・南葛城地域の古墳」『新近畿日本叢書　大和の考古学第2巻　大和の古墳Ⅰ』、2003年、人文書院　のうちの一部を元にし、加除を行ったものである。

参照・引用文献

網干善教 1959『室大墓』（『奈良県史跡名勝天然記念物調査報告』第18冊）

網干善教 1962「スイセン塚古墳」『橿原市史』

網干善教ほか 1981「500号墳（茶臼山古墳）」『新沢千塚古墳群』（『奈良県史跡名勝天然記念物調査報告』第39冊）

伊藤勇輔 1981「新庄町寺口和田古墳群発掘調査概報」『奈良県遺跡調査概報1979年度』

今尾文昭ほか 1986『奈良県御所市掖上鑵子塚古墳測量調査報告』　南葛城地域の古墳文化研究会

宇垣匡雅 1987「竪穴式石室の研究—使用石材の分析を中心に—」（上）・（下）『考古学研究』第133・134号

梅原末治 1922「大和御所町附近の遺蹟」『歴史地理』第39巻第4号

神庭　滋 2006『葬送の目撃者—葛城の埴輪Ⅱ—』（『葛城市歴史博物館特別展図録』第7冊）

久保哲正 1975「新庄神塚古墳」『青陵』No.29

西藤清秀 1986「タニグチ古墳群」『高取町文化財調査報告』第17冊

島本　一 1938「琴柱形石製品の新例」『考古学雑誌』第28巻第6号

白石太一郎 1973「大型古墳と群集墳」『橿原考古学研究所紀要　考古学論攷』第2冊

菅谷文則 1975『新庄屋敷山古墳』　奈良県教育委員会

伊達宗泰 1981「48号墳」『新沢千塚古墳群』（『奈良県史跡名勝天然記念物調査報告』第39冊）

塚口義信 1984「葛城県と蘇我氏」『続日本紀研究』第231号・232号

土井孝行 1989「紀伊地域」『弥生土器の様式と編年』　木耳社

中井　公・赤塚次郎・日野美智代 1981「コナベ古墳外提」『奈良市埋蔵文化財調査報告書　昭和54年度』
中井一夫・豊岡卓之 1996「葛本弁天塚古墳」『中山大塚古墳』(『奈良県立橿原考古学研究所調査報告書』第82冊) 1996
藤田和尊 1994『楢原遺跡Ⅰ』(『御所市文化財調査報告書』第17集)
藤田和尊 2002『巨勢山古墳群Ⅲ』(『御所市文化財調査報告書』第25集)
藤田和尊 2003a「明日香・南葛城地域の古墳」『新近畿日本叢書　大和の考古学　第2巻　大和の古墳Ⅰ』人文書院
藤田和尊 2003b「大形群集墳の性格」『古代近畿と物流の考古学』学生社
藤田和尊 2006『古墳時代の王権と軍事』学生社
藤田和尊・木許　守編 2001『鴨都波1号墳調査概報』学生社
森本六爾 1923「大和高市郡畝傍イトクノモリ古墳調査報告」『考古学雑誌』第14巻第1号
宮川　徏 1985「築造企画から見た前方後円墳の群的構成の検討」『橿原考古学研究所論集』第6
山田良三 1981「213号墳」『新沢千塚古墳群』(『奈良県史跡名勝天然記念物調査報告』第39冊)

第4節　葛城県における蘇我氏と巨勢氏の考古学的動向

1. はじめに

　玉田系葛城氏（葛城本宗家）の所領を没収して成立したとされる朝廷の直轄地、葛城県であるが、本節ではその後の推移について考古資料により予察する。
　第1章第2節で述べたとおり、塚口義信は結論として、1. 葛城県は葛城円大臣から雄略に「奉献」された「五処之屯倉」（『記』）あるいは「葛城宅七区」（『紀』）にその起源を求めることができること、2. 葛城県の領域は、神功皇后摂政五年紀で葛城襲津彦が苑人を住まわせたとする、忍海・高宮・桑原・佐糜をはじめ、柏原・玉手・楢原・森脇・増付近も含む広大な地域であったこと、3. 葛城県の経営・管理ははじめ、葛城北部地域に盤踞していた葦田宿禰系の葛城氏がこれを行っていたが、まもなく中央官司機構直属の行政官たる蘇我氏にその権限を奪われたこと、などを指摘（塚口1984）している。
　その後、葛城県に蘇我氏が関わった考古学的証左として、図39の南郷ハカナベ古墳（坂1996）と図40のドンド垣内5号墳（十文字2007）が検出され注目された。いずれも方墳で、墳丘に加え隍の斜面にも張石を施す点で、蘇我馬子の墓とされる石舞台古墳

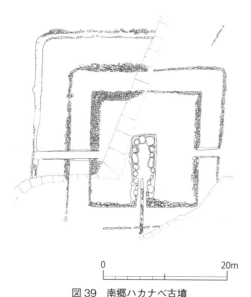

図39　南郷ハカナベ古墳

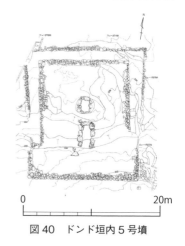

図40　ドンド垣内5号墳

(濱田1937)と共通する特徴を有する。とりわけ南郷ハカナベ古墳は、かつて葛城氏が経営した南郷遺跡群の一角に所在する点で葛城県との関係をみる上で示唆的である。

一方、巨勢氏は葛城県に隣接する巨勢谷を本貫地とするが、葛城県との関係は文献の上では一切見えない。しかし考古学的アプローチからは、わずかではあるが関係性を指摘することができると思う。これらのことから葛城県に対する対応が、蘇我氏と巨勢氏ではどのように異なっていたか、について考古資料から予察することにしたい。

2. 條ウル神古墳の被葬者像

平成14年に條ウル神古墳の巨大な横穴式石室(図41)と家形石棺が再発見され脚光を浴びた(御所市教委2002)。現地説明会資料でも示したとおり、石室規模は石舞台古墳に比肩し(表13)、刳抜式家形石棺の規模も見瀬丸山古墳に比肩(表14)する最大級のものである。また、平成26年度の範囲確認調査では70m級の前方後円墳であることも判明した。

條ウル神古墳の被葬者像については、石野博信、河上邦彦、筆者の鼎談で話題として取り上げられ、その内容は既に刊行されている(御所市教委編2003)ので、次に必要部分を書き出しておく。

まず第1に、河上邦彦により指摘された通り、横穴式石室の玄室平面形について、幅と長さの比で検討すると、巨勢谷の横穴式石室は他に比して幅がやや狭く、狭長という特徴を有しており、そしてその平面形を相似形にして重ね合わせたもの(河上1992)に條ウル神古墳の平面形を重ねると(図42)、見事に合致することが挙げられる。第2には、條ウル神古墳近傍の條池南古墳(田中1984)の刳抜式家形石棺の棺身には、珍しいことに石枕が造り付けられているが、同様の造作の刳抜式家形石棺は巨勢谷の樋野権現堂古墳(河上1992・1995)においてのみ認められることを挙げることができる。これらのことから、條ウル神古墳の被葬者は巨勢氏の盟主とみるのが妥当である。

條ウル神古墳の築造時期については、太田宏明による畿内型石室の編年では5群新相(太田2003)に相当することから、6世紀後葉(須恵器ではTK43型式併行期)とみられるが、この時期の巨勢氏には複数の人物の活動が知られるの

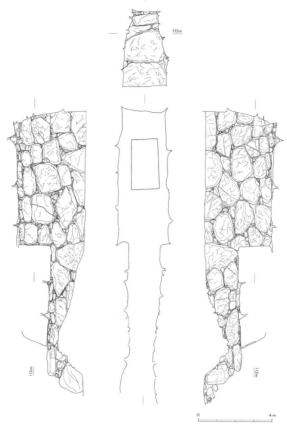

図41　條ウル神古墳の横穴式石室

表13　横穴式石室規模（玄室）の比較

古墳名	所在地	長さ	幅（奥壁）	幅（玄門）	高さ
見瀬丸山	橿原市五条野町	8.3+α	4.1+α	3.6+α	3.9+α
石舞台	明日香村島ノ庄	7.6	3.4	3.4	4.8
條ウル神	御所市條	7.1+α	2.4+α	2.7+α	3.8+α
塚穴山	天理市勾田町	7.0	3.0	3.0	不明

表14　家形石棺規模（蓋）の比較

古墳名	所在地	全長	幅	高さ
見瀬丸山（前棺）	橿原市五条野町	289(275)	145	63
條ウル神	御所市條	278(270)	147	53
植山（東石室）	橿原市五条野町	270(260)	158	62
赤坂天王山	桜井市倉橋	264(255)	170(159)	55

（　）内は縄掛突起を除く数値

第3章 河内政権肯定論と大和に対する経営戦略　159

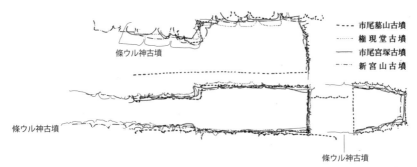

図42　巨勢谷の横穴式石室と條ウル神古墳の横穴式石室の相似性（河上1992に加工）

で個人を特定するには至らない。なお、図42においては石室の縦断面も比較しているが、條ウル神古墳のみ相似形にはならず、石室高が高い形状となるのは、これが太田5群新相の時期の横穴式石室の特徴の一つであるためと考えられる。

3．二上山白色凝灰岩製家形石棺と巨勢氏

　條ウル神古墳の石棺蓋は長辺に3対の縄掛突起を配置し、計8つの縄掛突起を有する点で特異である（図43）。和田晴吾の分類（和田1976）に従うならば刳抜1・3型式という新たな型式の南大和型刳抜式家形石棺を加えたことになる。長辺に3対の縄掛突起を有する家形石棺としては天理市ハミ塚古墳（土橋ほか2003）でやはり二上山白色凝灰岩製の刳抜0・3型式のものが知られる。

　また、蓋の長辺に3対の縄掛突起を有する家形石棺としては組合0・3型式あるいは0・4型式等で和田により葛城型組合式家形石棺とされた（和田1976）ものがあり、やはり二上山白色凝灰岩製である。

　このほか、上記、ハミ塚古墳の報告書では山田隆文が、二上山白色凝灰岩製以外のものも含め、蓋の長辺に3対の縄掛突起を有する家形石棺を全国的に集成したうえで、物部氏との関係を示唆している（山田2003）。

　しかし南大和型刳抜式家形石棺および葛城型組合式家形石棺の二上山白色凝灰岩製とそれ以外のものとは下記の通り相違点も多く、九州型家形石棺や舟型石棺の影響下において成立したとみられる次のa〜fの要素のみられるものが大半を占め、gも畿内の石棺にはみられない要素であるため、縄掛突起の数の

一致のみをもって同列で論じることには賛同しない。

　a. 石棺の長短辺の比率が異なり長い（駿河丸山古墳、駿河賤機山古墳）

　b. 石棺内面角部の処理が明確な隅角を形成せず丸みを持たせて仕上げる（駿河丸山古墳）

　c. 短辺の縄掛け突起のみが他に比して大きく突出する（駿河賤機山古墳）

　d. 縄掛け突起の形状が円形である（出雲矢田1群3号横穴、出雲岡田山1号墳、出雲大念寺古墳、肥後楢崎古墳）

　e. 横口を持つ（出雲矢田1群3号横穴、出雲大念寺古墳）

　f. 縄掛突起の側面が楔状を呈する（因幡橋本38号墳）

　g. 蓋が高く縄掛突起が上辺から下辺まで一連（美濃不孝寺塚古墳）

さて、和田晴吾は、南大和型刳抜式家形石棺は大和盆地南部に分布の中心があり、7世紀前葉に分布を最大に広げるが、7世紀中葉以降になると、大阪平野南部の磯長谷と羽曳野丘陵の一部（の終末期古墳＝筆者補記）に収束し、奈良盆地南部には確例がなくなる、とした。そしてこの時期に盆地南部から姿を消さざるを得なくなったのは政治的変動（乙巳の変＝筆者補記）を暗示している、と述べた上で、それを採用した氏族が蘇我氏、およびそれと密接な関係にある氏族ではなかったか、と推測し、蘇我稲目以降の蘇我氏の発展と二重写しにしうるものである、とした（和田1976）のである。

　しかし、和田論文後の調査成果は、その推測を支持する方向には進んでいない。まず、市尾墓山古墳（河上編1984）が調査され、初期の南大和型刳抜式家形石棺が知られるようになったことが挙げられる。さらに同

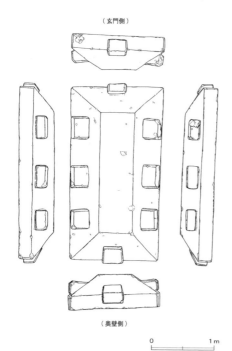

図43　條ウル神古墳の家形石棺蓋

報告書で河上邦彦は、同墳が令制の波多郷に属したか、それとも巨勢郷に属したかを検討し、結論として巨勢郷羽田は市尾付近と考証して市尾墓山古墳は巨勢男人の墓の有力候補とした。いうまでもなく巨勢男人は継体天皇の擁立に関わり、その後は大臣として仕えた人物である。このことから筆者は、二上山白色凝灰岩の開発に携わったのは、実は巨勢男人ではなかったのかと考えてきた。

また、真の継体陵と目される今城塚古墳でも阿蘇溶結凝灰岩製、竜山石製と共に二上山白色凝灰岩製の石棺も存在していたことが確実視されるようになった（高槻市教委編2008）。いずれも刳抜式家形石棺と推測される。この二上山白色凝灰岩製の石棺についても、巨勢男人との関係で考えた方が理解しやすく、蘇我氏を介在させることには無理がある。なお、巨勢男人については非実在説があるが、筆者はこの考えは採らない。

終末期古墳についても1972年発見の高松塚古墳以降、マルコ山古墳、キトラ古墳、束明神古墳や石のカラト古墳など二上山白色凝灰岩を用いた石槨が知られたことにより、少なくとも「大阪平野南部の磯長谷と羽曳野丘陵の一部（の終末期古墳＝筆者補記）に収束し、奈良盆地南部には確例がなくなる」という状況ではなくなった。そしてこれらの石槨の内面の天井部も、平天井で最も時期が下るとみられる高松塚古墳を除けば、いずれも屋根形を呈している（相原2008）ことは家形石棺の痕跡器官と評価できる。

加えて既に述べたとおり、條ウル神古墳の石棺蓋が長辺に3対の縄掛突起を有する1・3型式という特異なものであり、また、條池南古墳と樋野権現堂古墳の石棺身には造付石枕を有する点で特異といえることに注目したい。このようなオーダーメイドともいえる特殊な造作の家形石棺が巨勢氏に関わるとみられる古墳に集中することにも注目され、これは巨勢氏が石工集団を管轄下に置いていたことを示唆する。

以上から、二上山白色凝灰岩は巨勢氏の管理下で提供された可能性が高い。二上山白色凝灰岩が高松塚古墳をはじめ終末期古墳の石槨材として用いられたことについては、巨勢氏が勢力を保っていたからこそ提供が可能であったため、ともいえるのである。

なお、組合式石棺について和田は、群集墳中のものも多いことを認めた上で、それを採用する大形古墳の場合には、南大和型刳抜式家形石棺を採用する大形

古墳と比較した場合にもまったく遜色はない（和田 1976）とされた。

しかし二塚古墳（上田ほか 1962）では後円部石室が南大和型刳抜式家形石棺と推定できるのに対し、二上山白色凝灰岩製組合式石棺は前方部石室で採用されていること、平林古墳（小島・北野 1960）では初葬棺が木棺であるのに対し二上山白色凝灰岩組合式石棺は羨道の追葬棺であることから階層差により使い分けされる場合があることは明らかである。また、牧野古墳（河上編 1987）では初葬棺は竜山石製の播磨型刳抜式家形石棺で追葬棺が二上山白色凝灰岩製組合式石棺となっており、これも階層差を反映したものであることが明らかである。したがって二上山白色凝灰岩製の刳抜式家形石棺・組合式石棺は共に、巨勢氏の管理の下で提供されたと考えられる。(2)

4. 葛城県への巨勢氏の進出姿勢

かつて筆者は、巨勢山古墳群について、支群ごとの個性が強いことから、多様な集団が集められ大形群集墳を形成したと考えられること、群形成のピークが、むしろ「葛城本宗家滅亡」後の 6 世紀中葉にあることから、当初は葛城氏の墓域として始まった巨勢山古墳群は、葛城県の成立と共に、ヤマト政権に直属する原初的官僚（藤田 2006）の墓域として設定され直され、大形群集墳となっていったと考えられる、と論じた（藤田 2003・2006）ことがある。

その巨勢山古墳群の東には巨勢氏の本貫地である巨勢谷が接する。(3) そして葛城県は、巨勢山古墳群の北に接する奈良盆地の一角と巨勢山古墳群の西に接する金剛・葛城山東麓とを加えた範囲ということになる。

さて、條ウル神古墳は巨勢山丘陵から北に延びる尾根を切断して築造されており、巨勢山古墳群の北端に所在する。つまり巨勢氏は、巨勢山古墳群の東の巨勢谷から北の葛城県の一角に進出した、とも言えることになる。それは遅くとも條池南古墳が築造された 6 世紀中葉（TK10 型式併行期）に溯る時期のことであった。

一方、別の視点からすれば、條ウル神古墳や條池南古墳は巨勢山古墳群に接して築造されていることから、この点では原初的官僚としての分をわきまえている、とも言えるのである。

こうした観点からすると、南郷ハカナベ古墳やドンド垣内 5 号墳の存在から

示唆されたように、葛城県の奥深くまで進出した蘇我氏の専横ぶりとは比べるべくもない、控えめな巨勢氏の進出の仕方といえる。

　日本書紀の皇極天皇元年条には蘇我蝦夷が葛城県の高宮において、「祖廟建立」「八の舞」「軍立ちの歌」という天皇をことごとくないがしろにした行為を行ったとあるが、そのわずか3年後の645年には乙巳の変により蝦夷・入鹿の蘇我本宗家は滅亡し、蘇我氏は急激に衰退する。

　一方で巨勢氏は飛鳥・奈良時代には左大臣、右大臣、そして平安時代においても中頃までは大納言、中納言といった高級官僚を輩出し続ける。

　石舞台古墳と條ウル神古墳という、巨大石室を構築したそれぞれの大豪族がたどった運命は大きく異なるものとなったが、それはかつて葛城県の領域内において、それぞれの豪族により築造された古墳のあり方により既に予言されていた、と評価することも可能である。

5. 小　結

　葛城県に対する蘇我氏の進出については、最近ではミニ石舞台古墳とも称された南郷ハカナベ古墳やドンド垣内5号墳などの検出により、考古資料でも裏付ける資料が知られるようになってきた。

　一方、葛城県に隣接する巨勢谷を本貫地とする巨勢氏については、文献上は葛城県に関わる記事は一切知られない。しかし、條ウル神古墳が発見され、その被葬者像としては巨勢氏の盟主とみるべきとのかつての鼎談の内容（御所市教委編2003）が妥当とみられることから、そのときには示し得なかった図42などを改めて示すとともに、その巨勢氏の奥津城とみられる條ウル神古墳の位置は、葛城県に一歩踏み込んでいるとも評価できることを述べた。

　ただし、蘇我氏が葛城県の奥深くまで進出しているのに対し、條ウル神古墳や條池南古墳の場合には、原初的官僚層の墓域として設定された巨勢山古墳群に接する位置にあることから、巨勢氏の進出具合は控えめで、原初的官僚としての分をわきまえているとも評価できると考えた。

　このような蘇我氏と巨勢氏の葛城県への進出の度合いの違いは、その後、両豪族がたどった運命の著しい違いを予見させるものであったと考えることも可能である、とした。

第4節 葛城県における蘇我氏と巨勢氏の考古学的動向

※　本節は「葛城縣における蘇我氏と巨勢氏の考古学的動向予察」『塚口義信博士古稀記念　日本古代学論叢』　2016年　和泉書院　を元にしている。

補註
(1) 巨勢男人が非実在とされる根拠は、次に掲げる日本続紀の記事による。天平勝宝三年（751）、雀部朝臣真人が大納言の巨勢朝臣奈弖麻呂に次の通り奏言した。巨勢男人はもと雀部男人であるのを、大臣に任ぜられた時、誤って巨勢男人と記したものである。もともと巨勢男柄宿禰の第一男の星川建日子が雀部朝臣の祖、第三男の乎利宿禰が巨勢朝臣の祖で、天武朝の八色姓制定の時、雀部朝臣姓を賜わったのであるから、雀部、巨勢は同祖であるが、姓を分って後に、大臣に任ぜられた故に、旧に復して男人を雀部大臣とせられんことを請う旨がみえ、巨勢朝臣奈弖麻呂もまたこれを証したので、治部省に下知して改正せしめられたとある。
　　しかしこれは八色姓制定時の氏姓整理を継体朝まで遡及させろとの、現代の感覚でいえば、いささか強引な要求である。巨勢男人には男子の出生が伝えられていないことも、このような混乱が生じた要因の一つとなったと考えられる。
　　この奏言がなされるまでの認識はあくまでも巨勢男人であって、雀部男人ではなかったわけだが、それでもなお巨勢朝臣奈弖麻呂がこれを許したのは、氏姓制度を重んじる奈良時代ならではの価値観によるものとみられる。したがって実態としては巨勢男人でよいと考えられる。
(2) 大和の前方後円墳では平群町所在の、烏土塚古墳（伊達ほか 1972）と三里古墳（河上 1975）は刳抜式家形石棺ではなく、二上山白色凝灰岩製の組合式石棺を初葬棺に採用する。地域特性とみて良いであろう。なお、続くツボリ山古墳（久野 1972）では南葛城型刳抜式石棺が、西宮古墳（梅原末治 1935）では播磨型刳抜式石棺が採用される。
　　大阪府域の前方後円墳では高槻市南塚古墳が初葬棺・追葬棺共に二上山白色凝灰岩製の組合式石棺を採用している（和田 1976）。また、前方後円墳ではないが、大形の横穴式石室で知られる池田市鉢塚古墳（梅原 1935）も二上山白色凝灰岩製の組合式石棺である。
　　なお、今城塚古墳の場合には、3種の石材による3棺の刳抜式家形石棺の存在を想定するべきことは既に述べた。大阪府域の前方後円墳で家形石棺を採用するのは現在のところ今城塚古墳と南塚古墳のみである。このほかには古市古墳群の後期に下るいくつかの陵墓で、刳抜式家形石棺の採用が推定される。
　　以上のことからすると、前方後円墳や大形方墳・大形円墳といった盟主墳のみならず、時には群集墳中の円墳においてさえも刳抜式石棺を採用し得る、大和や磯長谷の後期古墳がいかに突出した存在であるかが分かる。
(3) なお、新宮山古墳（奈良県教委 1980）は巨勢谷に面する位置の巨勢山古墳群内にあるため、巨勢氏の盟主の墓と捉えられてきたが、初葬棺が緑泥片岩製箱形石棺、追葬

第 3 章　河内政権肯定論と大和に対する経営戦略　165

棺が竜山石製刳抜式家形石棺と、二上山白色凝灰岩製石棺の採用をことごとく排除しているといえる。したがってその被葬者像としては、上記した巨勢山古墳群の性格に基づき、集められた一集団のうちのリーダー格の人物を想定すべきと考える。

参照・引用文献

相原嘉之 2008「V　総括　1. 終末期古墳の石室構造の比較」『特別史跡　キトラ古墳発掘調査報告』　文化庁・奈良文化財研究所・橿原考古学研究所・明日香村教育委員会

上田宏範・北野耕平・伊達宗泰・森　浩一 1962『大和二塚古墳』(『奈良県史跡名勝天然記念物調査報告』第 21 冊)

梅原末治 1935『近畿地方古墳墓の調査』一　日本古文化研究所

太田宏明 2003「畿内型石室の変遷と伝播」『日本考古学』第 15 号　のち 2011『畿内政権と横穴式石室』　学生社　所収

河上邦彦 1975『平群三里古墳』(『奈良県史跡名勝天然記念物調査報告』第 33 冊)

河上邦彦編 1984『市尾墓山古墳』(『高取町文化財調査報告』第 5 冊)

河上邦彦 1987『史跡　牧野古墳』(『広陵町文化財調査報告』第 1 冊)

河上邦彦編 1992「大和巨勢谷の横穴式石室の検討」『有坂隆道先生古稀記念　日本文化史論集』　のち 1995『後・終末期古墳の研究』　雄山閣　所収

久野邦雄 1972「ツボリ山古墳」『奈良県史跡名勝天然記念物調査報告』第 27 冊

小島俊次・北野耕平「北葛城郡当麻町平林古墳」『奈良県史跡名勝天然記念物調査抄報』第 8 冊

御所市教育委員会 2002『巨勢山古墳群確認調査現地説明会資料』

御所市教育委員会編 2003『古代葛城とヤマト政権』　学生社

十文字健 2007『ドンド垣内古墳群発掘調査報告書』(『奈良県文化財調査報告書』第 119 集)

白石太一郎 1973「大型古墳と群集墳」『考古学論攷』第 2 冊　奈良県立橿原考古学研究所　のち 2000『古墳と古墳群の研究』　塙書房　所収

高槻市教育委員会編 2008『継体天皇の時代』　吉川弘文館

伊達宗泰・岡幸三郎・菅谷文則 1972『烏土塚古墳』(『奈良県史跡名勝天然記念物調査報告』第 27 冊)

田中一廣 1984「巨勢山古墳群調査概要Ⅱ」『奈良県遺跡調査概要 1983 年度（第 2 分冊）』

塚口義信 1984「葛城県と蘇我氏(上)(下)」『続日本紀研究』第 231 号・第 232 号

土橋理子・廣岡孝信・山田隆文・奥田　尚 2003『天理市ハミ塚古墳発掘調査報告書』(『奈良県文化財調査報告書』第 102 集)

奈良県教育委員会 1980『奈良県指定文化財　昭和 54 年度版』

濱田耕作 1937『大和島庄石舞臺の巨石古墳』(『京都帝國大學文學部考古學研究報告』第 14 冊)

坂　靖 1996「第 3 節　ハカナベ古墳の意義」『南郷遺跡群』Ⅰ(『奈良県史跡名勝天然記念物調査報告』第 69 冊)

藤田和尊 2003「大形群集墳の性格」『古代近畿と物流の考古学』 学生社
藤田和尊 2006『古墳時代の王権と軍事』 学生社
山田隆文 2003「第7章考察第1節　家形石棺について」『天理市ハミ塚古墳発掘調査報告書』(『奈良県文化財調査報告書』第102集)
和田晴吾 1976「畿内の家形石棺」『史林』第59巻第3号

第4章
中期畿内政権の地方に対する経営戦略

第1節　中期畿内政権の九州地方経営戦略

1．はじめに

　中央政権にとって周縁地域をどのように管理・経営するか、は最も重要な課題の一つである。古墳時代中期においては、その甲冑保有形態の検討から、牽制策と懐柔策を使い分けることが盛んに行われ、時に派遣将軍による直接経営（月岡パターン）あるいはその跡を継いだ在地勢力への梃入れ（鶴山パターン）がなされたことを述べてきた（藤田1988）。

　本節では九州地方を取り上げ、より具体的に、どのような地域に対していかなる管理・経営戦略が選択され、結果、その地域にいかなる変化が生じたのか、あるいは生じなかったのかについて素描を試みたい。

　なお、表題には九州地方と掲げてはいるものの、方法の制約上、対象は中期型甲冑出土古墳またはそれに準じる資料が一定程度まとまって存在する地域に限られる。したがって本節は九州地方の首長墓系列全体を対象として論じようとするものではないこと、そして主眼とするのはあくまでも、古墳時代中期の九州地方にどのような管理・経営戦略が採用されたかを検討しようとするものであることを最初に断っておく。

2．副葬品を再装備する日向の新興勢力

　具体的な検討に入る前に、以下に記すような特異な状況について、なぜそれが生じるのかについて論じておく。それは、日向地方の5世紀代の中小首長の墳墓とみられる、地下式横穴墳もしくはそれと古墳群を同じくする封土墳においては、甲冑セットにおいて、ほかの地域には見られない特殊な組み合わせ

の、新旧を取り混ぜた甲冑セットが目立つことである。つまり、かつて設定した、1領の短甲・1セットの甲冑セットが副葬される場合を類型化（藤田1988・2006）した第Ⅰ類型（●○型）～第Ⅶ類型（××型）（図47）には当てはまらない、特異なセット関係が見られる、ということである。

まず、塚原地下式横穴A号墳［45］（＝図44および表15の番号に対応。以下同じ。）で出土している長方板革綴衝角付冑は、福井県天神山7号墳（樟本1990）にお

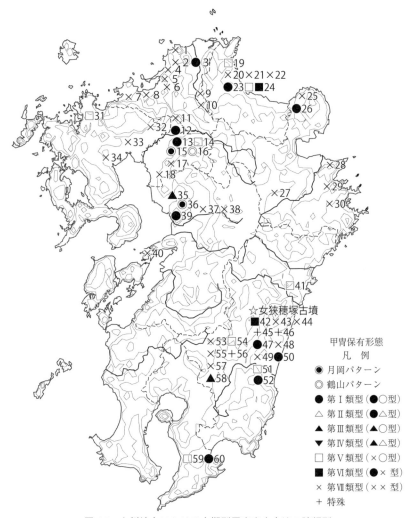

図44　九州地方における中期型甲冑出土古墳の諸類型

第4章　中期畿内政権の地方に対する経営戦略　169

いて唯一の類例が知られ、Ⅰb頸甲・長方板革綴短甲と共伴している。長方板革綴という共通の地板形式からも同型式の短甲と親和性が高いと言えることから、藤田1・2期（藤田1984、以下同様）のものと限定しうる。ゆえに塚原地下式横穴A号墳［45］においても天神山7号墳と同様にⅠb頸甲が伴うのであるが、不思議なことに短甲は藤田3・4期の三角板革綴短甲が伴っている。つまり短甲の型式のみが他に比して新しい（図48）。ただし、頸甲は左肩部を鋲で補修していることは注意を要する。また、日向・六野原6号墳［46］では藤田7・8期の横矧板鋲留短甲に藤田3・4期のⅡ-c頸甲と三角板革綴衝角付冑が伴う。ここでも短甲の型式が他の2者に比して新しい（図49）。それも極端に新

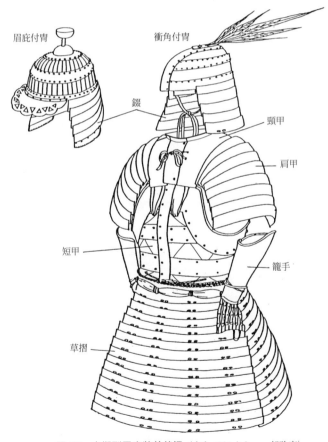

図45　中期型甲冑装着状況（末永1934から、一部改変）

第1節　中期畿内政権の九州地方経営戦略

表15　九州地方における

筑　前

番号	古墳名	所在地	主体部	築造期	主要遺物(数)	類型	頸甲(数)	=線	短甲(数)	−線	冑(数)
1	田島高宮古墳	宗像市田島	箱形石棺	3	獣形鏡、刀剣、斧、銅鏃、柳葉系鉄鏃、玉、蕨手刀子	VII	−	×	三角革(1)	×	−
2	井出ノ上古墳 (二号主体)	福津市宮司	箱形石棺	6	刀、剣、鉾、刀子、柳葉系鉄鏃、U字形鍬鋤先、手斧、鑿、鎌	VII	−	×	三角革(1)	×	−
3	永浦4号墳	古賀市鹿部	箱形石棺	4	刀、剣、金環、鑿、土師器壺	I	II-b(1)	●	三角革(1)	○	横矧眉*(1)
4	上野古墳	宗像郡玄海町	竪穴系横口石室	7〜8	刀、鉄鏃、須恵器	VII	−	×	横矧板(1)	×	−
5	鋤崎古墳 (3号棺)	福岡市西区今宿	横穴式石室	2	四獣形鏡、刀、刀子、鉾、斧、鎌	VII	−	×	長方革(1)	×	−
6	老司古墳 (2号石室)	福岡市老司	竪穴系横口石室	4	獣文鏡、剣、鉄鏃、鉸具	VII	−	×	三角革(1)	×	−
7	高上山古墳	糸島郡前原町	竪穴系横口石室	7〜8	刀、剣、鉄鏃、鹿角装刀子、鹿角装刀	VII	−	×	横矧板(1)	×	−
8	片山9号墳	遠賀郡岡垣町	竪穴系横口石室	7〜8	刀子	VII	−	×	横矧板(1)	×	−
9	セスドノ古墳	田川市伊田東町	竪穴系横口石室	7〜8	珠文鏡、鹿角装刀、長頸鏃、垂飾付耳飾、馬具	VII	−	×	横矧板(1)	×	−
10	漆生古墳	嘉麻市漆生		7〜8	四獣形鏡(2)、刀、玉、貝輪、鈴鏡、金環	VII	−	×	横矧板(1)	×	−

筑　後

番号	古墳名	所在地	主体部	築造期	主要遺物(数)	類型	頸甲(数)	=線	短甲(数)	−線	冑(数)
11	宝満宮古墳	朝倉市杷木町		7〜8	刀、斧	VII	−	×	横矧板(1)	×	−
12	小田茶臼塚古墳	甘木市福田	横穴式石室	7	刀子、鉾、長頸鏃、四環鈴、素環鏡板付轡、須恵器	I	III-d(1)	●	横矧板(1)	○	横鋲衝(1)
13	堤当正寺古墳	甘木市堤	竪穴式石室	4〜5	胡籙、砥石	I	II-b1(1)	●	三角革(1)	×	小鋲眉(1)
14	外野古墳	うきは市田主丸町		7〜8		V	−	×	横矧板(1)	×	横鋲衝(1)
15	月岡古墳	うきは市吉井町	横穴式石室	6	珠文鏡(1)、獣形鏡(2)、三角縁二神二獣鏡(1)、刀剣、長頸鏃、長身細根柳葉式鉄鏃、金銅装鞍、鉄製馬具具、木芯鉄板張輪鐙、三環鈴、胡籙	I V VII	III-b 2(2) III-c (2以上) II-c(1) その他	● ● ● ●	三角鋲(2) 革鋲併用(2) 三角革(4)	○	小鋲眉(8)
16	塚堂古墳 (前方部石室)	うきは市浮羽町	横穴式石室	7	刀、鉾、刀子、長頸鏃、神獣鏡、鉸具、滑石製品、貝鋼、砥石、滑石製臼玉、ガラス製蜻玉	I V VII	III-(d)(1) − −	● × ×	横矧板(1) 三角革(1) 三角革(3)	○	横鋲衝(2)?
17	花瞠古墳	小郡市小郡	竪穴式石室	6	刀、鎌、U字形鍬鋤先、長頸鏃、鉄鏃	VII	−	×	三角革(1)	×	−
18	真淨寺2号墳	八女市本村	竪穴系横口石室	7〜8		VII	−	×	横矧板(2)	×	−

豊　前

番号	古墳名	所在地	主体部	築造期	主要遺物(数)	類型	頸甲(数)	=線	短甲(数)	−線	冑(数)
19	猪熊1号墳	京都郡苅田町	竪穴系横口石室	8	刀子、鉄鏃	V	−	×	横矧板(1)	○	横鋲衝(1)
20	かって塚古墳	嘉麻市口春	竪穴系横口石室	8	方格規矩鏡、刀、剣、長頸鏃	VII	−	×	横矧板(1)	×	−
21	長迫古墳	京都郡犀川町	竪穴系横口石室	7〜8	刀子	VII	−	×	横矧板(1)	×	−
22	竹並古墳	行橋市泉		3〜5	刀、鉾、刀子	VII	−	×	三角革(1)	×	−
23	稲童8号墳	行橋市泉	竪穴系横口石室	7〜8	四獣鏡、四神四獣鏡、刀、剣、長頸鏃、木芯鉄板張輪鐙鞍、轡	I	小札頸甲	●	横矧板(1)	×	横鋲衝(1)
24	稲童21号墳	行橋市泉	竪穴系横口石室	8	鹿角装刀、刀、剣、手斧、U字形鍬鋤先、斧、環鈴、鈇、鉄鏃、轡、金銅製三輪玉、勾玉、管玉、須恵器	VI V	III-b 1(1) −	● ×	三角革(1) 横矧板(1)	× ○	− 横鋲眉(1)

豊　後

番号	古墳名	所在地	主体部	築造期	主要遺物(数)	類型	頸甲(数)	=線	短甲(数)	−線	冑(数)
25	岬1号墳	豊後高田市香々地	竪穴式石室	6	有稜箆被式鉄鏃、U字形鍬鋤先、曲刃鎌、剣	VII	−	×	長方革(1)	×	−
26	葛原古墳	宇佐市葛原	竪穴系横口石室	4	神獣鏡、剣、鉄鏃、硬玉製勾玉、碧玉製管玉	I	(II-c)(1)	●	三角革(1)	○	小鋲眉(1)
27	扇森山横穴	竹田市玉来	横穴	7	刀、長頸鏃	VII	−	×	横矧板(1)	×	−
28	御陵古墳	大分市木ノ上	箱形石棺	3	刀、剣、鉈、平根系鉄鏃、柳葉系鉄鏃、碧玉製管玉	VII	−	×	三角革(1)	×	−
29	臼塚古墳	臼杵市稲田	舟形石棺	4	位至三公双鳳鏡、変形獣帯鏡、刀、剣、鉄鏃、玉	VII	−	×	三角革(1)	×	−
30	宝剣山古墳	佐伯市向城町	箱形石棺	5	TK73〜TK216須恵器、刀、剣、鉄鏃	VII	−	×	三角革(1)	×	−

第4章 中期畿内政権の地方に対する経営戦略

中期型甲冑出土古墳（太字ゴシックは前方後円墳）

肥 前

番号	古墳名	所在地	主体部	築造期	主要遺物（数）	類型	頭甲（数）	＝線	短甲（数）	－線	冑（数）
31	丸山古墳	小城市三日月町	横穴式石室	5	硬玉製勾玉、鉄鉾、刀子、ミニチュア鉄斧	Ⅴ	－	×	長方鋲(1)	○	小鋲眉(1) 三鋲眉(1)
32	東屋大塚古墳	三養基郡みやき町	横穴式石室	7～8	TK23須恵器	Ⅶ	－	×	横矧鋲(1)	×	－
33	一の谷古墳	杵島郡白石町	横穴式石室	7～8	刀、剣、鉄鏃	Ⅶ	－	×	横矧鋲(1)	○	－
34	神集島学校東2号墳	唐津市神集島	竪穴系横口石室	8	刀、剣、長頸鏃	Ⅶ	－	×	三角鋲(1)	○	－

肥 後

番号	古墳名	所在地	主体部	築造期	主要遺物（数）	類型	頭甲（数）	＝線	短甲（数）	－線	冑（数）
35	**江田船山古墳**	玉名郡和水町	横口式家形石棺	7	神人車馬画像鏡、画文帯神獣鏡、刀、剣、金銅製冠、金銅製冠帽(1)、金銅製沓、金銅垂飾付耳飾、長頸鏃、素環鏡板付轡(2)、輪鐙、帯金具、玉、陶質土器、須恵器	Ⅲ	Ⅱ-b(1)	▲	横矧鋲(1) 横矧革(1)	○	横鋲衝(1)
36	まろ塚古墳	熊本市植木町	不明	7～8	鉄鏃	Ⅰ	Ⅱ-b(1) Ⅲ-b2(1) Ⅲ-d(1)	●	横矧鋲(1)	○	小鋲衝(1) 小鋲眉(2)
37	丸尾将軍塚古墳 （丸山6号墳）	熊本市城南町	横穴式石室	4	剣、刀子、鉾、鉄鋤先、有棘笵被式鉄鏃、柳葉系鉄鏃	Ⅶ	－	×	長方鋲(1)	○	－
38	小坂大塚古墳	上益城郡御船町	横穴式石室	5	変形獣首鏡、刀、剣、刀子、有棘笵被式鉄鏃、柳葉系鉄鏃	Ⅶ	－	×	横矧革(1)	○	－
39	伝佐山古墳 （繁根木古墳）	玉名郡繁根木	横穴式石室	7	刀、環頭大刀、鑣、貝輪	Ⅰ	Ⅲ-(d)(1)	●	横矧鋲(1)	○	小鋲眉(1)
40	カミノハナ3号墳	上天草市松島町	横穴式石室	7	TK23須恵器、刀、長頸鏃、碧玉製勾玉、ガラス勾玉	Ⅶ	－	×	－	－	－

日 向

番号	古墳名	所在地	主体部	築造期	主要遺物（数）	類型	頭甲（数）	＝線	短甲（数）	－線	冑（数）
41	**浄土寺山古墳**	延岡市大貫	粘土槨	7～8	刀、剣、鉾、長頸鏃、斧、堅櫛	Ⅴ	－	×	横矧鋲(1)	○	三革衝(1)
42	西都原170号墳 （旧111号）	西都市西都町	木棺直葬？	4？	刀、剣、鉄鏃	Ⅵ or Ⅰ	(Ⅱ-c)(1)	●	三角鋲(1)	？	？
43	西都原207号墳 （旧200号）	西都市西都町	木棺直葬？	7～8	剣	Ⅶ	－	×	横矧鋲(1)	○	－
44	西都原вый式横穴4号	西都市西都町	地下式横穴	7～8	珠文鏡、刀、長頸鏃、玉	Ⅶ	－	×	横矧鋲(2) 横矧革(1)	○	－
45	塚原地下式横穴A号	東諸県郡国富町	地下式横穴	4	刀、剣、刀子、鉄鋤先、斧	特殊	Ⅰ-b(1) (鋲補修)	▲	三角革(1)	△	長革衝(1)
46	六野原6号墳	東諸県郡国富町	粘土槨	7～8	鏡、刀、剣、鉾、斧、柳葉系鉄鏃、硬玉製勾玉、碧玉製管玉	特殊	Ⅱ-c(1)	●	横矧鋲(1)	△	三革衝(1)
47	小木原地下式横穴1号	東諸県郡国富町	地下式横穴	7～8	刀、剣	Ⅰ	Ⅲ-d(1)	●	横矧鋲(1)	○	横鋲衝(1)
48	小木原地下式横穴3号	東諸県郡国富町	地下式横穴	7～8	刀、剣、鉾、長頸鏃、f字形鏡板付轡、馬鐸	Ⅶ	－	×	横矧鋲(1)	○	－
49	六野原地下式横穴1号	東諸県郡国富町	地下式横穴	7～8	刀、斧、長頸鏃、鑣	Ⅶ	－	×	横矧鋲(1)	○	－
50	六野原地下式横穴8号	東諸県郡国富町	地下式横穴	6～7	珠文鏡、刀、剣、斧、鉄鏃、U字形鋤先	Ⅰ	Ⅱ-c(1)	●	三角革(1)	○	小鋲眉(1)
51	六野原地下式横穴10号	東諸県郡国富町	地下式横穴	7～8	獣形鏡、轡、剣、刀、鉄鏃、U字形鋤先	Ⅴ	－	×	横矧鋲(1)	○	小鋲眉(1)
52	下北方地下式横穴5号	宮崎市下北方町	地下式横穴	7～8	獣形鏡、変形эти鏡、鞍橋、輪鐙、素環鏡板付轡、心葉形杏葉、馬鐸、三環鈴、剣、刀、斧、長頸鏃、手斧、斧、鑣、玉	Ⅰ	Ⅱ-c(1)	●	三角革(1) 横矧革(1)	○	小鋲眉(1)
53	島内地下式横穴3号	えびの市真幸	地下式横穴	7～8	剣、斧、刀子、鉈、長頸鏃	Ⅶ	－	×	三・鋲鋲(1)	○	－
54	島内地下式横穴21号	えびの市真幸	地下式横穴	7～8	剣、斧、鉈、刀子、長頸鏃	Ⅶ	－	×	横矧鋲(1)	○	横鋲衝(1)
55	島内地下式横穴62号	えびの市真幸	地下式横穴	7～8	長頸鏃	Ⅶ	－	×	横矧鋲(1)	○	－
56	島内地下式横穴76号	えびの市真幸	地下式横穴	7～8	刀、鉄鏃	特殊	－	×	横矧鋲(1)	△	三革衝(1)
57	島内地下式横穴81号	えびの市真幸	地下式横穴	7～8	刀、刀子、長頸鏃	Ⅶ	－	×	横矧鋲(1)	○	－
58	島内地下式横穴139号	えびの市真幸	地下式横穴	7～8	盤龍鏡、素環鏡板付轡、鈴杏葉、雲珠、円頭大刀、刀、剣、鉄鏃、刀子、鑿、鉄鉗	Ⅲ	Ⅲ-c(1)	▲	横矧鋲(1)	○	横鋲衝(1)

大 隅

番号	古墳名	所在地	主体部	築造期	主要遺物（数）	類型	頭甲（数）	＝線	短甲（数）	－線	冑（数）
59	蔵川地下式横穴	鹿屋市蔵川	地下式横穴	7～8	土師器	Ⅴ	－	×	横矧鋲(1)	○	小鋲眉(1)
60	岡崎15号墳	鹿屋市串良町	箱形石棺	1～2	刀、剣、刀子、硬玉製勾玉、緑色凝灰岩製管玉	Ⅰ	(Ⅰ-b)(1)	●	長方革(1)	○	革綴衝(1)

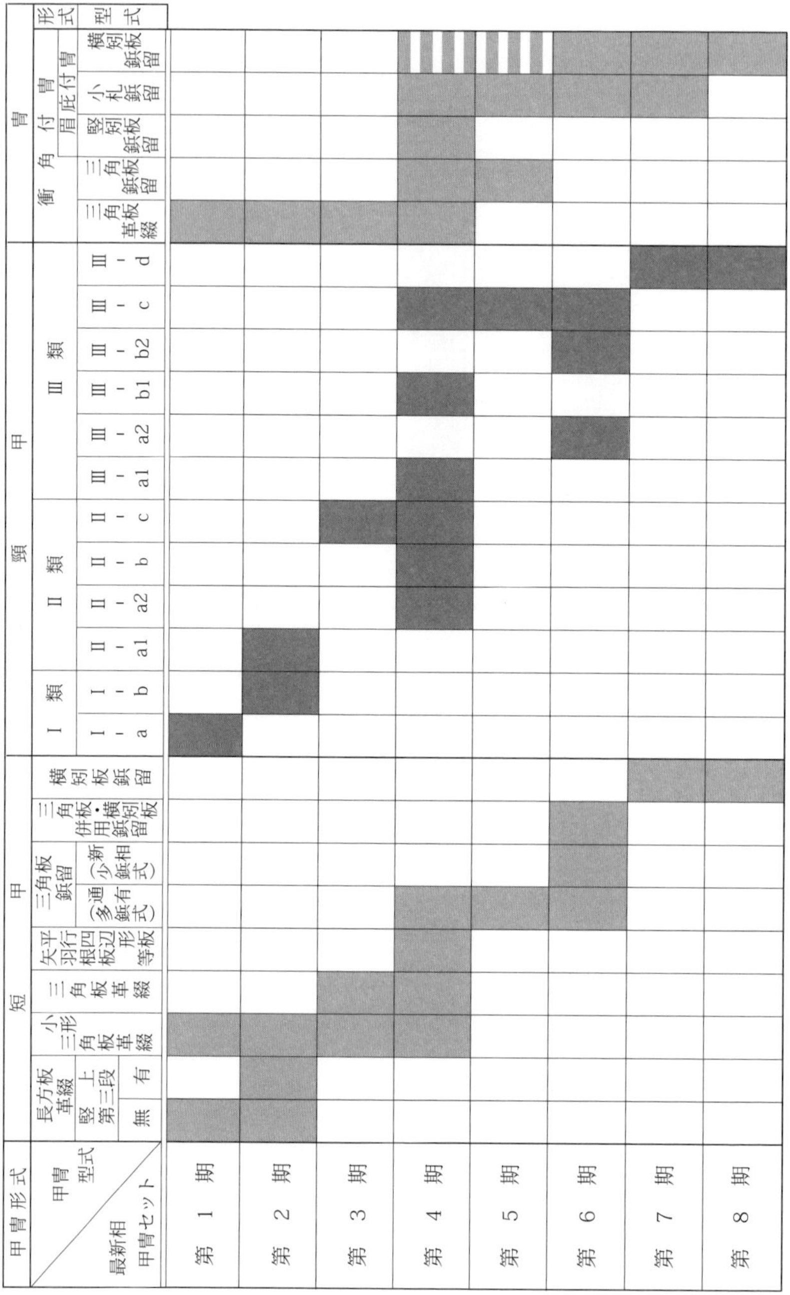

図46　中期型甲冑の編年（藤田 1984・2006）

第 4 章　中期畿内政権の地方に対する経営戦略　173

類型	模式図	類別の基準および特徴
第Ⅰ類型 (●○型)	短甲 ● 頸甲 冑　　○	短甲を基準とした場合に最新相甲冑セットに頸甲・冑の2者が共に合致するもの。1セットとしては最も優秀なセット関係である。 中期全般を通じて畿内を中心に分布し、また、畿内では中小規模墳でもこの類型を採ることの出来るものが目立つ。
第Ⅱ類型 (●△型)	短甲 ● 頸甲 冑　　△	短甲を基準とした場合、頸甲は最新相甲冑セットに合致するが、冑については前2者の製作期より新しいもの。 それ以前にも甲冑をセットで副葬する古墳が知られ、なおかつ後葉に入って甲冑が集中的にもたらされる地域の中小規模墳に特徴的に見られる。
第Ⅲ類型 (▲○型)	短甲 ▲ 頸甲 冑　　○	短甲を基準とした場合、冑との関係は最新相甲冑セットに合致するが、頸甲については前2者の製作期より古いもの。 朝鮮半島では唯一、中期型甲冑3点セットを有する高霊池山洞 32 号墳はこの類型に属する。日本で確認できるのは金銅製山形冠を有する2基の古墳のみである。
第Ⅳ類型 (▲△型)	短甲 ▲ 頸甲 冑　　△	短甲を基準とした場合、頸甲・冑ともに最新相甲冑セットに合致しない。ただし、頸甲と冑の関係は最新相甲冑セットに合致しており、短甲のみ古層を示すもので補われる。鋲留式の冑と鋲留式の頸甲に三角板革綴短甲が組み合わさる。 中葉の畿内所在の中小規模墳に限って認められる。
第Ⅴ類型 (×○型)	短甲 頸甲 × 冑　　○	短甲・頸甲・冑の3点セットのうち、頸甲を当初より欠いて副葬するもの。短甲と冑の関係（──線）は同時期の製品として○で示す。頸甲は存在せず、基準とすべき短甲との関係（══線）を有さないので×で示す。 後葉の地方所在の中小規模墳に特徴的に見られる。
第Ⅵ類型 (●×型)	短甲 ● 頸甲 冑　　×	短甲・頸甲・冑の3点セットのうち、冑を当初より欠いて副葬するもの。短甲と頸甲の関係（══線）は最新相甲冑セットのそれを保っており、●で示される。 前葉の地方所在の中小規模墳に特徴的に見られるが、前葉の大和でも数例見られる。
第Ⅶ類型 (××型)	短甲 頸甲 × 冑　　×	短甲のみ副葬したと考え得るもので、他との関係を有さないので全て×で示される。甲冑出土古墳では最も多く見られる類型。 中小規模墳に多く見られるが、地方では相当規模の前方後円墳でもこの類型に止まっているものも見られる。

図 47　甲冑出土古墳の諸類型（藤田 1988・2006）（1領または1セット副葬の場合）

しいと言うべきである。
　この特異な、冑と頸甲が古く、短甲が新しいという甲冑セットの組み合わせは、冑と頸甲が配布された時点では、もっとも主要な防具である短甲は配布されなかったという、誠に不自然な組み合わせであることを意味するが、果たしてそのようなことがあり得るのだろうか。極端に異なる時期の組み合わせと言

えば、島内地下式横穴76号墳 [56] の横矧板鋲留短甲と三角板革綴衝角付冑も同様である。

これらの現象が生じる要因として、旧稿（藤田2006、p.130～132）のように、伝世の可能性を持ち出すのは確かに容易い。だがずっと引っかかっていたのは、本来一括して副葬されるべき中期型甲冑が、なぜ日向地域においてのみ、一部装備の伝世が生じうるのか、ということであった。

とはいえ、それぞれの調査はかなり古く、詳細が明らかではないところもあるので、ひとまずは資料の混在も疑って、それ以上追求せずに保留しておいた。しかし近年、良好な状態で同様の資料が発掘調査で検出されることになった。

島内地下式横穴139号墳 [58] では横矧板鋲留短甲、横矧板鋲留衝角付冑に対して、1段階古いⅢ-c頸甲の組み合わせとなっており、これは第Ⅲ類型（▲○型）の甲冑保有形態となる（図50）。後述の伝統的盟主墳である江田船山古墳 [35] などとは性格の異なる本墳が、第Ⅲ類型（▲○型）の甲冑保有形態となることについては、現在のところ日向地域においてのみ認められるので、上記したような、ひとまず保留しておいた、ほかの地域には見られない特殊な組み合わせの新旧取り混ぜた甲冑セットという脈絡の中で理解すべきものと改めて考えるに至ったのである。

各地の首長が甲冑を得る機会としては「首長に立った事を契機として、上番するなどして畿内政権と関係を取り持ち、その代償として与えられたのがこれらの甲冑であった（藤田2006、p.28）」ことが一般的であったと見られることから、個々の首長とその墓に副葬されるべき甲冑の関係性は強固であるため、大量埋納

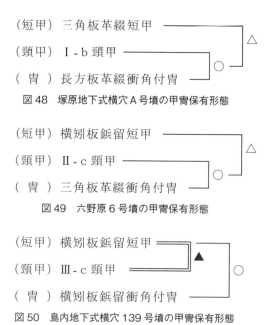

（短甲）三角板革綴短甲
（頸甲）Ⅰ-b頸甲
（冑）長方板革綴衝角付冑
図48　塚原地下式横穴A号墳の甲冑保有形態

（短甲）横矧板鋲留短甲
（頸甲）Ⅱ-c頸甲
（冑）三角板革綴衝角付冑
図49　六野原6号墳の甲冑保有形態

（短甲）横矧板鋲留短甲
（頸甲）Ⅲ-c頸甲
（冑）横矧板鋲留衝角付冑
図50　島内地下式横穴139号墳の甲冑保有形態

墳の場合を除けば、そもそも中期型甲冑には伝世という現象は生じにくい、という特性を持っている。

　そして六野原6号墳［46］を例に挙げるならば、藤田7期または8期において、甲冑はセットではなく、横矧板鋲留短甲が単独でしか配布されないことをまるで予見したように、Ⅱ-ｃ頸甲と三角板革綴衝角付冑が伝世されたように見えるのも不自然である。「中期全般を通じて甲冑は、中期畿内政権が甲冑副葬墳の被葬者個々に対して一セットもしくは一領のみの私有、そして古墳への副葬行為を許して下賜したものであり、原則として、その背景に配下等に貸与し得る甲冑の集積は存在しない。（藤田2006、p.280）」から、その出所には特殊なものを想定するほかない。

　日向地域においてのみ見られるこの現象を理解する鍵は、まさに日向という地域属性である。地下式横穴墓には追葬が普遍的になされる。これは墓を再度開くことに抵抗が無いこと、かつてその墓に誰が葬られたのか認識されていたこと、その墓の入り口が正確に把握されていたことを意味する。

　つまり日向地域においてのみ認められる、伝世したかに見える甲冑は、かつての首長が葬られた地下式横穴墓に副葬されていた甲冑セットの一部を、そのときの武装状態に応じて不足するものだけを取り出してきて再利用した、と考えるのが最も合理的である。

　以上によりそれぞれの首長が本来配布された甲冑は、六野原6号墳［46］は横矧板鋲留短甲のみ単独の第Ⅶ類型（××型）、塚原地下式横穴Ａ号墳［45］も三角板革綴短甲のみの第Ⅶ類型（××型）、島内地下式横穴139号墳［58］は横矧板鋲留短甲と横矧板鋲留衝角付冑の第Ⅴ類型（×○型）と復元できる。塚原地下式横穴Ａ号墳［45］のⅠ-ｂ頸甲の肩部が鋲で補修されていることも、かつて地下式横穴墓にあったものを取り出して破損部を補修した上で再利用したと考えれば納得が行く。

　そして、かつての首長が葬られた地下式横穴墓つまり「元の古墳」に副葬されていた甲冑セットのみをこの3基の古墳から復元して抽出すると、塚原地下式横穴Ａ号墳［45］では長方板革綴衝角付冑とⅠ-ｂ頸甲、六野原6号墳［46］では三角板革綴衝角付冑とⅡ-ｃ頸甲、島内地下式横穴139号墳［58］ではⅢ-ｃ頸甲と復元できる。

塚原地下式横穴Ａ号墳［45］で「元の古墳」にあったと復元した長方板革綴衝角付冑とⅠ-ｂ頸甲の組み合わせについては、冑と頸甲が副葬されながらも短甲は副葬されない、という甲冑保有形態は存在しないことから、「元の古墳」は長方板革綴短甲を伴った、第Ⅰ類型（●○型）の甲冑保有形態の古墳であったはずである。また六野原6号墳［46］で復元した三角板革綴衝角付冑とⅡ-ｃ頸甲の組み合わせの「元の古墳」も、同様の理由で三角板革綴短甲を伴った第Ⅰ類型（●○型）の甲冑保有形態の古墳であったはずである。

　島内地下式横穴139号墳［58］で「元の古墳」から持ち出したと復元したⅢ-ｃ頸甲であるが、短甲と頸甲のみが組み合わさる第Ⅵ類型（●×型）は、Ⅲ-ｃ頸甲の登場する藤田4期にはなくなっており、中期型甲冑3点セットのうちのいずれかを欠く場合には頸甲を欠く第Ⅴ類型（×○型）となっている。したがって島内地下式横穴139号墳［58］の場合も、かつての首長が葬られた地下式横穴墓、「元の古墳」に副葬されていた甲冑セットも、Ⅲ-ｃ頸甲の時期であれば、頸甲が伴う唯一の甲冑保有形態としての、第Ⅰ類型（●○型）と復元できる。

　つまりこれら塚原地下式横穴Ａ号墳［45］、六野原6号墳［46］、島内地下式横穴139号墳［58］の3基の古墳の「元の古墳」の甲冑セットは、いずれも優秀な第Ⅰ類型（●○型）の甲冑保有形態であったと復元できるのである。

　そして、島内地下式横穴76号墳［56］で横矧板鋲留短甲に三角板革綴衝角付冑が伴うことも同様に、副葬品であった三角板革綴衝角付冑を再装備した、とすれば納得できるのである。

3. 派遣将軍による直接経営

　これより九州地方管理・経営戦略の検討の本題に入る。筑後川中流域の月岡古墳［15］は月岡パターンの甲冑大量埋納墳である。従来からの本墳の甲冑保有形態についての評価（藤田1988）に若干の補足を加えつつまとめると次の通りである。本墳の場合には、短甲と頸甲については、1．三角板革綴短甲と推定Ⅱ-ｃ頸甲という中期前葉（藤田3期）の組み合わせから、2．三角板革綴・鋲留併用短甲とⅢ-ｃ頸甲の中期中葉の前半（藤田4期）の組み合わせ、さらには3．三角板鋲留短甲とⅢ-ｂ2頸甲という中葉の後半（藤田6期）の組み合わ

せまでの時間幅を有している。

　こうしたあり方はそれぞれの時期の冑を含め、継続的に時期を違えた第Ⅰ類型（●○型）の甲冑保有形態が被葬者もしくは先代の首長など、被葬者の周囲にもたらされた(1)ことを示している。しかしながら月岡古墳周辺には先行する中期古墳は存在しないので、これら時期を違えた第Ⅰ類型（●○型）の甲冑セットをこの地で継続的に入手する機会はないし、地方においてこれほど継続的に第Ⅰ類型（●○型）がもたらされ、しかもそれが副葬されずに余剰分として伝世される、などということもあり得ない。

　一方で畿内中枢部には墓山パターンと呼んだ甲冑保有形態があり、月岡パターンと同様、時期を違えた第Ⅰ類型（●○型）の甲冑セットを継続的に保有する。また、三角板革綴襟付短甲の保有(2)も特徴の１つといって良い。違いは墓山パターンの各古墳は畿内中枢部に所在する中小規模墳であることであり、この甲冑保有形態の優秀さは畿内中枢部ならではといえる。

　このように甲冑を入手する機会という視座で見るならば、月岡パターンの甲冑保有形態を採る被葬者は、元々は畿内中枢部にあって、墓山パターンの甲冑保有形態を採り得た人物、と考えざるを得ないのである。月岡パターンの各古墳の被葬者を畿内中枢部からの派遣将軍とみなす所以である。そして月岡パターンの古墳はいずれも、各地域を代表する大形前方後円墳で竪穴式石室に長持形石棺を納めている。さらに月岡古墳を除きいずれにも陪冢が伴うことが判明している。このことから月岡古墳にも陪冢が伴った可能性は高い（本書第２章第２節）。

　一方、月岡古墳では冑としては小札鋲留眉庇付冑のみを８鉢を有し、この点ではきわめて時期の上での一括性が高い。時期を違えた第Ⅰ類型（●○型）を大量に保有する一方で、月岡古墳の小札鋲留眉庇付冑のように特定の時期の甲冑を大量に保有することも月岡パターンの特徴の一つである。これらは派遣将軍として任地に赴くに当たり、政権から一括して供給されたものとみなしうる。

　吉井グループにおいて月岡古墳に継続する盟主墳は塚堂古墳［16］で、前方部石室の場合は鶴山パターンの甲冑保有形態を採るほか、後円部、前方部共に横穴式石室を内部主体とするなど在地化が進んではいるが、無論、他に比して十分に優秀な甲冑保有形態で、月岡古墳の場合と同様、在地での武器武具集中

管理体制の存在を想定できる（藤田1988・2006）。また吉井グループではこの後、日岡古墳、重定古墳と後期まで盟主墳が継続することが知られている。

　吉井グループ近傍の甘木グループの堤当正寺古墳［13］は竪穴式石室を内部主体とする前方後円墳で、藤田4期の第Ⅰ類型（●○型）の甲冑保有形態が知られる。築造期については発掘調査が棺外の一部にとどまるために判断できる材料が少ない。甲冑相は月岡古墳［15］の藤田4期のそれと重なるので、堤当正寺古墳の築造期が月岡古墳の藤田6期まで下ってくれば、これを月岡古墳から再配分されたものと評価できる可能性はあるが、通常の理解では月岡古墳に先行し、藤田5期までに築造された古墳とみるべきであろう。これに続く小田茶臼塚古墳［12］は藤田7期の帆立貝式古墳で、塚堂古墳［16］に併行する。横穴式石室を内部主体に採用しており、本墳にも第Ⅰ類型（●○型）の甲冑保有形態が知られる。

　前方後円墳や帆立貝式古墳で第Ⅰ類型（●○型）の甲冑保有形態を採りうる古墳は九州地方では例外的存在である。堤当正寺古墳［13］が月岡古墳［15］に先行するとするならば、月岡古墳の被葬者が筑後の地に入るにあたっての橋頭堡となった、などの特別な事績により、前方後円墳でありながら第Ⅰ類型（●○型）の甲冑保有形態を採り得たと考えられ、それゆえに甲冑セットを、しかも棺外に副葬するなどという畿内中枢部以外では稀な事象が生じ得たものと考えられる。続く小田茶臼塚古墳［12］が堤当正寺古墳の墳形設計企画を引き継ぎつつ帆立貝式古墳となっている（松尾2000）ことは、吉井グループとの間に明確な主従関係が生じたことによるものとみられ、その第Ⅰ類型（●○型）の甲冑セットも吉井グループからもたらされた、などの事情によるのであろう。このように、甘木グループは吉井グループとの間に形成された特殊な関係によって、第Ⅰ類型（●○型）の優秀な甲冑保有形態を採り得た在地首長層と捉えるのが妥当である。

　肥後ではまろ塚古墳［36］において、Ⅱ-b頸甲、Ⅲ-b2頸甲、Ⅲ-d頸甲と製作時期の異なる頸甲の存在が明らかになった。それぞれ藤田4期、藤田6期、藤田7期に製作されたものである。短甲はⅢ-d頸甲とセットになるべき横矧板鋲留短甲が1領知られるにすぎないが、報告（橋本2013）でも述べるように、本来はそれぞれの頸甲に対応する型式の短甲があったとみるべきである。一方

で冑は小札鋲留眉庇付冑2鉢、小札鋲留衝角付冑1鉢が知られ、時期の上での一括性が高い。このようなありかたは、まさに月岡パターンの甲冑保有形態に通有のものである。甲冑の数は現状では3セット以上としか知られないが、更に多量の甲冑を有した可能性が高いので、ここに、まろ塚古墳の甲冑保有形態は、本来は月岡パターンであったと認定するものである。

日向では女狭穂塚古墳（石川1992）の存在が注目される。そして陪冢を伴う大形前方後円墳であることから、長持形石棺を竪穴式石室に納めているとみなしうるとともに、その石室には月岡パターンの甲冑保有形態で多量の甲冑副葬がみられる（本書第2章第2節）と推測できる。なお、女狭穂塚古墳は、現状では、九州地方で陪冢を伴う唯一の古墳である。

4. 牽制・懐柔された在地勢力

上記の直接経営と評価したもの、および、そのひとつである吉井グループの橋頭堡となり、あるいはそのもとに懐柔された在地首長と評価した甘木グループを除けば、九州地方の前方後円墳および帆立貝式古墳には第Ⅰ類型（●○型）の甲冑保有形態はみられない[3]。

そうした状況の中で竪穴系横口式石室、横穴式石室、箱形石棺、地下式横穴といった在地色豊かな内部主体を採用する古墳に1セットとしてはもっとも優秀な第Ⅰ類型（●○型）の甲冑保有形態で供給がなされていることは注目するべきである。しかもいずれも中小規模の古墳であることは、前方後円墳の甲冑保有形態が優秀とはいえないのに対して対称的であり、懐柔の事例として理解しやすい。

豊前では稲童8号墳[23]、筑前では豊前寄りの永浦4号墳[3]、豊後でも豊前寄りの葛原古墳[26]、肥後では伝佐山古墳[39]、日向では小木原地下式横穴1号[47]、六野原地下式横穴8号墳[50]、下北方地下式横穴5号墳[52]、大隅では岡崎15号墳[60]が第Ⅰ類型（●○型）の事例として知られる。なお、日向の西都原古墳群の場合には第Ⅰ類型（●○型）こそ現状では知られないものの、西都原地下式横穴4号墳[44]で3領の短甲が出土するなど、甲冑の集中度は高い。また、既に述べたとおり、塚原地下式横穴A号墳[45]、六野原6号墳[46]、島内地下式横穴139号墳[58]の甲冑セットの一部を構成した「元の

古墳」の甲冑保有形態は第Ⅰ類型（●○型）であったと復元した。

　一方で、牽制されるべき対象はまさに伝統勢力であり、大形前方後円墳の被葬者である。筑前の鋤崎古墳［5］、老司古墳［6］、豊後の御陵古墳［28］、臼塚古墳［29］では第Ⅶ類型（××型）で、短甲のみの副葬しか知られない。

　とりわけ老司古墳や鋤崎古墳の場合には、転換期に相当したためか、それぞれの古墳の中心的な被葬者自身も中期型甲冑の所有に消極的であったことが判り、興味深い。老司古墳の中心主体である3号石室からは舶載品とみるべき特殊な構造の籠手や肩甲のほか、草摺と三尾鉄が単体で出土しているが、甲冑出土古墳として通常見られるべき短甲は、副次的な埋葬施設である2号石室に副葬されていた。また、鋤崎古墳の場合には短甲は追葬棺に伴う遺物であった。このことから、未だ十分には「まつろわぬ者」に対して、中期畿内政権は甲冑をセットでは与えず、一方で、かれら前期以来の在地首長も中期型甲冑に重きを置かないと言った、双方の根底にある対立した意識が見えてくる（藤田1993）。

　なお、御陵古墳［28］、臼塚古墳［29］の場合、乱掘の影響も懸念されようが、臼塚古墳に伴う甲冑形の石人（菊田1985）は共に短甲のみを表現するものであり、しかもその写実度も――Ｃと劣ったものである（藤田2002）ことから、この地域の大形前方後円墳でも第Ⅶ類型（××型）の甲冑保有形態でしかなかったとみなすものである。

　阿蘇溶結凝灰岩製の九州系家形石棺を採用する、肥後の江田船山古墳［35］では第Ⅲ類型（▲○型）の甲冑保有形態が知られ、これは頸甲を古い型式で補って甲冑3点セットを構成するものである。第Ⅲ類型（▲○型）は江田船山古墳のほか越前の二本松山古墳（斎藤1979）、加賀の和田山5号墳A槨（吉岡・川村ほか1997）と各地方の大形前方後円墳に特徴的に認められ、うち江田船山古墳と二本松山古墳では朝鮮半島に通有の山形冠を有する。また朝鮮半島では稀な甲冑3点セットを有する高霊池山洞32号墳（金1981）も第Ⅲ類型（▲○型）である。

　頸甲を有さない第Ⅴ類型（×○型）も各地方の大形前方後円墳に認められる甲冑保有形態であるが、江田船山古墳などの第Ⅲ類型（▲○型）と共にそれぞれの古墳には朝鮮半島系の遺物が副葬される場合が多い。つまりこれらの大首

長の比較的多くは、独自で半島との接点を有していた可能性が高く、中期畿内政権にとっては警戒するべき勢力であったともいえる。そうした大首長たちに対して、中期畿内政権は優秀とはいえない甲冑保有形態で供給することで、牽制の意志を示しているのである。なお、江田船山古墳では有銘の鉄刀が知られるが、やはり有銘鉄剣の知られる埼玉稲荷山古墳（斎藤・柳田・栗原ほか1980）の甲冑保有形態も第Ⅴ類型（×○型）と劣ったものとなっている。この点では有銘刀剣は懐柔の道具として用いられたといえる。

　肥後の八女グループおよび周辺の盟主墳では、阿蘇溶結凝灰岩製の舟形石棺採用の石神山古墳の甲冑形石人（小田編1985）の写実度はA―A、同じく阿蘇溶結凝灰岩製の九州系家形石棺採用の石人山古墳の甲冑形石人（小田編1985）の写実度は――Aと共に優秀である（藤田2002）が、それゆえに石神山古墳のそれには頸甲の表現がなく、石人山古墳のそれには短甲のみで冑、頸甲の表現はみられないことは明白である。

　なお、石人山古墳の甲冑形石人の頭部については何らかのものを被った状態を写している可能性はあるが、少なくとも衝角付冑や眉庇付冑ではない。この点で参考になるのは岩戸山古墳の甲冑形石人で、冑は朝鮮半島に通有の竪矧板冑を写したもの（福尾1989）となっている。以上から、この地域の大首長にもフルセットで、ましてや第Ⅰ類型（●○型）の甲冑セットが供給されることはなかった、とみてよい。

　また、日向の延岡グループの盟主墳である浄土寺山古墳［41］は粘土槨を主体部に採用する前方後円墳で、第Ⅴ類型（×○型）の甲冑保有形態となっている。

5. 派遣将軍と緩衝地帯の配備

　牽制されるべき九州地方の伝統的大首長に対して、派遣将軍による直接経営の地域と懐柔された地域、つまり緩衝地帯はどのように配備されたのだろうか（図51、表16）。

　まず筑後では、派遣将軍の月岡古墳［15］とその跡を継いだ塚堂古墳［16］の属する吉井グループ（A）は、伝統的首長層の八女グループ（f）の近傍に中期中葉にいたって突如配備され、その後、在地化を進行させつつも、重圧をかけ続けていたことが分かる。また、甘木グループ（d）の小田茶臼塚古墳［12］

182　第1節　中期畿内政権の九州地方経営戦略

については、筑前の勢力を意識しつつ、吉井グループによって形成された緩衝地帯と位置づけうる。

　また肥後では、まろ塚古墳［36］が中期後葉に築造される（B）が、近傍では併行期に江田船山古墳［35］が築造（g）されており、やはり伝統的首長層に対して派遣将軍を送り込み、直接経営により管理を強化している。

　日向の場合には西都原古墳群そのものが伝統的首長層であったが、その中

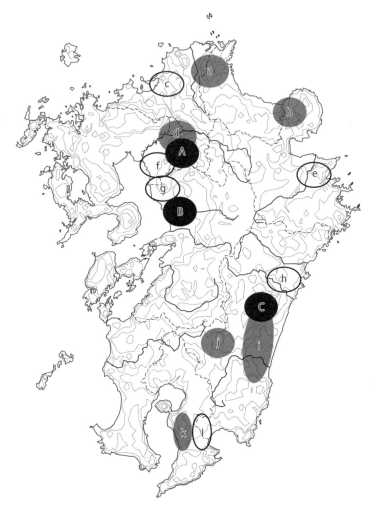

図51　九州地方における地域属性分布

に中期前葉にいたって女狭穂塚古墳の被葬者という派遣将軍を送り込み、直接経営によって在地勢力をそのまま懐柔し、緩衝地帯へと作り替える(C)ことに成功している。緩衝地帯(i)はさらに南部の東諸県郡国富町を経て宮崎市の下北方地下式横穴5号墳[52]まで及んでいる。これには女狭穂塚古墳の被葬者によるもののみならず、中期畿内政権からの直接的な配布によるものも含まれる。既に述べた、日向特有の甲冑保有形態となっている塚原地下式横穴A号墳[45]や六野原6号墳[46]には女狭穂塚古墳とほぼ併行する時期の甲冑が含まれ、その「元の古墳」の甲冑保有形態は第Ⅰ類型(●○型)と復元できたから、南部はこの2古墳が所在する国富町あたりまで女狭穂塚古墳の被葬者の直接の影響下にあったと考えて良い。したがって女狭穂塚古墳の被葬者は、北は延岡グループ(h)を含め南は国富町あたりまでという広範囲の、中期前葉の伝統的首長層に対する管理、監督の役を担ったとみられる。

これほどの成功を収めることのできた背景には女狭穂塚古墳の場合、中期畿内政権にとって九州地方で最初の直接経営であったがゆえに後方支援もより手

表16 九州地方における地域属性表

属性	地域	グループ名	代表的な古墳
直接経営	A	吉井グループ	月岡古墳、塚堂古墳
	B	熊本グループ	まろ塚古墳
	C	西都原グループ	女狭穂塚古墳、西都原170号墳(陪冢)
緩衝地帯	a	豊前北グループ	稲童8号墳、永浦4号墳
	b	豊後北グループ	葛原古墳
	d	甘木グループ	小田茶臼塚古墳など
	i	日向グループ	西都原古墳群の地下式横穴、小木原地下式横穴1号、六野原6号墳の「元の古墳」、六野原地下式横穴8号、下北方地下式横穴5号、塚原地下式横穴A号墳の「元の古墳」
	j	えびのグループ	島内地下式横穴群・島内地下式横穴139号墳の「元の古墳」
	k	串良グループ	岡崎15号墳
牽制される伝統的首長層	c	筑前グループ	鋤崎古墳、老司古墳
	e	豊後グループ	御陵古墳、臼塚古墳
	f	八女グループ(周辺含む)	石神山古墳、石人山古墳
	g	清原グループ	江田船山古墳
	h	延岡グループほか日向の伝統的首長層	浄土寺山古墳 など
	l	唐仁グループ	唐仁大塚古墳

厚かった、などといった事情があったかもしれない。女狭穂塚古墳の後においても、次にはこの地域に対する、中期畿内政権による直接の第Ⅰ類型（●○型）の甲冑セットの直接配布は中期後葉まで継続しており、長期にわたる広範な緩衝地帯の形成に成功している。

　また、鋤崎古墳[5]、老司古墳[6]などによって構成される筑前グループ (c) や、御陵古墳[28]、臼塚古墳[29]などによって構成される豊後グループ (e) などの伝統的首長層がひしめく間隙を縫うように、豊前北グループ (a) や豊後北グループ (b) の緩衝地帯が配備されていることも注目される。中小の首長を懐柔し伝統的大首長層を牽制することは、その成果の大小はともかく、有効な手段である。

　串良グループ (k) については、岡崎15号墳[60]は帆立貝式古墳ともいわれるものの、その突出部は小さく、これを造り出し付き円墳とみれば第Ⅰ類型（●○型）の甲冑保有形態であることも納得できる。そして近傍の盟主墳、唐仁大塚古墳では長方形板革綴短甲のみを第Ⅶ類型（××型）で副葬するらしい（橋本2006）という対称的な事柄からも、唐仁グループ (l) と串良グループ (k) のあり方は、九州地方に通有の牽制・懐柔のあり方と評価できる。

　えびのグループ (j) については、甲冑の集中度が高く、また島内地下式横穴139号墳[58]についても既に述べたとおり「元の古墳」の甲冑保有形態を第Ⅰ類型（●○型）と復元できるので、日向グループ (i) の延長上にやや遅れて出現した緩衝地帯と評価する。

6. 経営戦略の諸相

　九州地方に対する最初の派遣将軍である、中期前葉の日向、女狭穂塚古墳の被葬者の場合には、伝統的首長層の内部に入り込み懐柔し、緩衝地帯へと作り替えることに成功した。その成果を受けて、この地域への中期畿内政権からの直接的な第Ⅰ類型（●○型）の優秀な甲冑保有形態での甲冑配布は中期後葉まで絶えることなく継続し、緩衝地帯はより広範なものとなっている。

　このように九州地方に対する直接経営勢力の配備は、伝統的首長層の拠点近くに打ち込まれた「くさび」ともいえるが、一方でそれを排除できるほど強力なものでもない。中期中葉の月岡古墳[15]の被葬者は、女狭穂塚古墳の被葬

者の成功例の踏襲を目論んで送り込まれた派遣将軍といえようが、直接的な影響力を拡大し緩衝地帯とし得たのは、おそらく甘木グループ (d) あたりまでと、日向ほどには広範には及ばなかったとみられる。後葉のまろ塚古墳 [36] とその周辺の状況についてはさらに不明な点が多いが、いずれにせよ派遣将軍の配備には、伝統的首長層の勢力が拡大し過ぎるのを監視し抑制することなどが最低限の成果として求められたとみられる。

　こうした地域に継続して次の派遣将軍を送り込む、ということはなされておらず、塚堂古墳 [16] にみられるごとく、次代を担う首長が在地化してゆくことについては寛容である。おそらく血縁関係によって、与えられた任務、そこには武器武具集中管理が含まれる、が後代に引き継がれていくことを期待したことによるのであろう。

　また、伝統的首長層に対しては牽制するために、かれらには優秀とはいえない甲冑セットを供給する一方で、その拠点から離れた中小の首長に対して第Ⅰ類型（●○型）の優秀な甲冑セットを与え、懐柔するという中期畿内政権に普遍の政策は、九州地方でも首尾一貫して行われている。

　以上のように、中期畿内政権が九州地方に対して採用した管理・経営戦略には少なくとも次の4種類の手法がある。それは、①派遣将軍およびその子孫による直接経営を通じた、伝統的首長層の監視と勢力拡大の抑制、②直接経営の成果による緩衝地帯の拡大、③懐柔策に基づき、中小の首長に対して中期畿内政権から直接なされた、第Ⅰ類型（●○型）の優秀な甲冑セット配布による緩衝地帯の拡大、④牽制策に基づき、伝統的首長層に対して中期畿内政権から直接なされた、優秀とはいえない甲冑セットもしくは短甲単独での配布、である。

※　本節の初出文献は2019「中期畿内政権の九州地方経営戦略」平成28年度～30年度科学研究費助成事業　基盤研究（B）（研究代表者：田中晋作）『古墳時代中期の政権構造に関する基礎的研究―古市古墳群高塚山古墳出土資料の調査―（付帯研究編）』である。

補註

(1) 甲冑1セット埋納の事例において、第Ⅵ類型（●×型）は中期前葉の長方板革綴短甲とⅠ-b頸甲の組み合わせにおいて特徴的に出現し、中期中葉には残らないので、中葉以降においてそれが数度にわたって重複して生じる可能性は皆無といってよい。従って、これら月岡古墳の甲冑セットは、元は第Ⅰ類型（●○型）であったといえる。
(2) 月岡古墳では埴輪に襟付短甲を写したものが知られている（福尾1982）。
(3) 大隅の岡崎15号墳［60］については造出付円墳の範疇で捉えうる。

参照・引用文献

石川悦雄 1992「女狭穂塚古墳」『前方後円墳集成　九州編』　山川出版社
小田富士雄編 1985『石人・石馬』　学生社
菊田　徹 1985「海辺の古墳」『エトノス』第29号　新日本教育出版
金鍾　徹 1981『高霊池山洞古墳群』（『啓明大學校博物館遺蹟調査報告』第1輯）
樟本立美 1990「天神山古墳群」『福井市史　資料編1 考古』
斎藤　忠・柳田敏司・栗原文蔵ほか 1980『埼玉稲荷山古墳』　埼玉県教育委員会
斎藤　優 1979『改訂　松岡古墳群』　松岡町教育委員会
末永雅雄 1934『日本上代の甲冑』岡書院
福尾正彦 1982「筑後月岡古墳とその周辺」『森貞次郎先生古稀記念　古文化論叢』
福尾正彦 1989「岩戸山古墳出土の冑装着石人頭部に関する若干の考察」『古文化談叢』第21集
橋本達也 2006「唐人大塚古墳考」『鹿児島考古』第40号　鹿児島考古学会
橋本達也 2013「甲冑の組み合わせ」『マロ塚古墳出土品を中心にした古墳時代中期武器武具の研究』（『国立歴史博物館研究報告』第173集）
藤田和尊 1984「頸甲編年とその意義」『関西大学考古学研究紀要』4
藤田和尊 1988「古墳時代における武器・武具保有形態の変遷」『橿原考古学研究所論集』第8
藤田和尊 1993「甲冑の保有形態」『考古ジャーナル』No.366
藤田和尊 2002「甲冑と甲冑形埴輪」『古代武器研究』3
藤田和尊 2006『古墳時代の王権と軍事』　学生社
藤田和尊 2007「陪冢の展開」『考古学論究―小笠原好彦先生退任記念論集―』
松尾　宏 2000「6.1墳丘と築造企画」『堤当正寺古墳』（甘木市文化財調査報告書）第49集）
吉岡康暢・川村好光ほか 1997『加賀　能美古墳群』　寺井町教育委員会

表15　九州地方における中期型甲冑出土古墳　文献

1　島田寅次郎 1939「石器と土器・古墳と副葬品」『福岡県史跡名勝天然記念物調査報告書』第13集
2　橋口達也ほか 1991『宮司井出ノ上古墳』（『津屋崎町文化財調査報告』第7集）

3　甲斐孝司ほか 2004『永浦遺跡―第1次・2次調査―』(『古賀市文化財調査報告書』第 35 集)
4　小田富士雄・石松好雄 1964「九州古墳甲冑地名表」『九州考古学』23
5　柳沢一男・杉山富雄 1984『鋤崎古墳』(『福岡市埋蔵文化財調査報告書』第 112 集)
　　杉山富雄・柳沢一男ほか 2002『鋤崎古墳』(『福岡市埋蔵文化財調査報告書』第 730 集」)
6　渡辺芳郎・吉留秀敏ほか 1989『老司古墳』(『福岡市埋蔵文化財調査報告書』第 209 集)
7　小田富士雄・石松好雄 (前掲書 4 文献)
8　石山　勲ほか 1970「片山古墳群」『福岡県文化財調査報告書』46
9　小田富士雄・石松好雄 (前掲書 4 文献)
10　柴田喜八「筑前漆生の古墳群」『考古学雑誌』第 17 巻第 2 号　1927 年
11　島田寅次郎 (前掲書 1 文献)
12　柳田康雄・石山　勲ほか 1979『小田茶臼塚古墳』(『甘木市文化財調査報告』第 4 集)
13　松尾　宏ほか 2000『堤当正寺古墳』(甘木市文化財調査報告書』第 49 集)
14　小田富士雄・石松好雄 (前掲書 4 文献)
15　末永雅雄 1934『日本上代の甲冑』岡書院
　　吉井町教育委員会 1989『月岡古墳』
　　児玉真一ほか 2005『若宮古墳群Ⅲ―月岡古墳―』(『吉井町文化財調査報告書』第 19 集」)
16　宮崎勇蔵 1935「筑後国浮羽郡千年村徳丸塚堂古墳」『福岡県史跡名勝天然記念物調査報告書』第 10 集
17　小田富士雄・石松好雄 (前掲書 4 文献)
18　小田富士雄・石松好雄 (前掲書 4 文献)
19　山中英彦ほか 1967『猪熊古墳群』　猪熊古墳群発掘調査団
20　児島隆人 1967「福岡県かって塚古墳調査報告」『考古学雑誌』第 52 巻第 3 号
21　小田富士雄・石松好雄 (前掲書 4 文献)
22　小田富士雄・石松好雄 (前掲書 4 文献)
23　蔵内古文化研究所 1964『福岡県行橋市稲童古墳群第一次調査抄報』
　　山中英彦・小田富士雄・石山　勲・宇野慎敏ほか 2005『稲童古墳群』(『行橋市文化財調査報告書』第 32 集)
24　蔵内古文化研究所 1965『福岡県行橋市稲童古墳群第二次調査抄報』
　　山中英彦・小田富士雄・石山　勲・宇野慎敏ほか 2005『稲童古墳群』(『行橋市文化財調査報告書』第 32 集)
25　小田富士雄・石松好雄 (前掲書 4 文献)
26　賀川光夫 1953「大分県に於ける三つの竪穴式石槨を有する古墳」『西日本史学』15
　　小倉正五・佐藤良二郎 1989「葛原古墳再考」『古文化談叢』第 20 集

27　出土遺物は竹田市歴史民俗資料館で実見することができた。
28　小田富士雄 1972「御陵古墳緊急発掘調査」『大分県文化財調査報告』第 24 集
29　小田富士雄・石松好雄（前掲書 4 文献）
30　高橋　徹・清水宗昭・村上久和 1980『宝剣山古墳』　佐伯市教育委員会
31　末永雅雄 1934『日本上代の甲冑』　岡書院
　　佐賀県教育委員会 1964『佐賀県の遺跡』（『佐賀県文化財調査報告』第 13 集）
　　蒲原宏行 1984「一　円山古墳」『織島西分遺跡群』Ⅰ（『三日月町文化財調査報告書』
　　第 3 集）
32　小田富士雄・石松好雄（前掲書 4 文献）
33　佐賀県教育委員会 1964『佐賀県の遺跡』（『佐賀県文化財調査報告』第 13 集）
34　唐津湾周辺遺跡調査委員会 1982『末廬国』　六興出版
35　梅原末治 1922「江田郡江田村　江田船山古墳」（『熊本県史跡名勝天然記念物調査報告』第 1 冊）
36　杉井　健・上野祥史編 2013『マロ塚古墳出土品を中心にした古墳時代中期武器武具の研究』（『国立歴史博物館研究報告』第 173 集）
37　城南町史編纂委員会 1964『城南町史』
　　松本健郎 1983「第三節　塚原古墳群をめぐる二・三の問題」『上の原遺跡』Ⅰ（『熊本県文化財調査報告』）
38　梅原末治・古賀徳義・下林繁夫 1924「熊本県下にて発掘せられたる主要なる古墳の調査（第一回）」（『熊本県史 跡名勝天然記念物調査報告』第 2 冊）
39　梅原末治・古賀徳義・下林繁夫（前掲書 38 文献）
40　熊本大学考古学研究室 1982『カミノハナ古墳群』2（『研究室活動報告』14）
41　鳥居龍蔵 1935「浄土寺山古墳」『上代の日向延岡』
42　関保之助 1915「第百十一号墳」『西都原古墳調査報告』
　　田中稔隆 1986『西都原古墳群研究資料』、宮崎大学教育学部・考古学資料室
　　田中（1986）の図 32 は三角板鋲留短甲である。
43　柴田常恵 1915「第二百号墳」『西都原古墳調査報告』
44　宮崎考古学会・鹿児島県考古学会 1986「地下式横穴墓から見た古墳時代」
45　宮崎県総合博物館 1983『宮崎県総合博物館収蔵資料目録―考古・歴史時代編―』
46　瀬之口伝九郎 1944「六野原古墳調査報告」（『宮崎県史跡名勝天然記念物調査報告』第 13 集）
47　田中　茂 1974「えびの市小木原地下式横穴 3 号出土品について」『宮崎県総合博物館研究紀要』2
48　田中　茂（前掲書 47 文献）
49　瀬之口伝九郎（前掲書 46 文献）
50　瀬之口伝九郎（前掲書 46 文献）
51　瀬之口伝九郎（前掲書 46 文献）

52 石川恒太郎・田中　茂・茂山　護・野間重孝 1977『下北方地下式横穴第 5 号』(『宮崎市文化財調査報告書』第 3 集)
53 栗原文蔵 1967「えびの市真幸・島之内地下式横穴」『宮崎県文化財調査報告書』第 12 集
54 中野和浩 2001『島内地下式横穴墓群』(『えびの市埋蔵文化財調査報告書』第 29 集)
55 中野和浩（前掲書 54 文献）
56 中野和浩（前掲書 54 文献）
57 中野和浩（前掲書 54 文献）
58 橋本達也・中野和浩 2018『島内 139 号地下式横穴墓』I（『えびの市埋蔵文化財調査報告書』第 55 集）
59 寺師見国 1957「鹿児島県下の地下式土壙」『鹿児島県文化財調査報告書』第 4 集
60 橋本達也・藤井大祐・甲斐康大ほか 2008『大隅串良　岡崎古墳群の研究』(『鹿児島大学総合博物館研究報告』No.3)

第2節　中期畿内政権の東国に対する経営戦略

1. 派遣将軍とその系譜

　東国で陪冢を伴う古墳は上野・太田天神山古墳（図52）（金澤ほか1999）のみである。本墳の被葬者像については第2章第2節で既に述べたとおり、中央からの派遣将軍とみられる。墳長210ｍと東国最大の古墳でもある本墳には長持形石棺の存在も知られている。また墳頂部の白色礫の存在から長持形石棺は竪穴式石室に納められていたと推定され、東国では圧倒的に中央の様相に近い古墳である。甲冑保有形態は月岡パターンであったと推測される。なお、他も同様であるが、派遣将軍は一代限りで継続しない。

　本墳に後続する古墳としては鶴山古墳[20]が注目される。墳長102ｍの前方後円墳で中心主体の竪穴式石室は、縦長の面を持つ石を並べて構築した地方色豊かなものである。甲冑の大量副葬が認められ、その甲冑保有形態は鶴山パターンと呼んだものである。2領の横矧板鋲留短甲に2個体の頸甲と2鉢の冑がセットとなり、加えてやや古い型式の短甲も有するものである（図53）。鶴山古墳の場合の古い型式の短甲は長方板

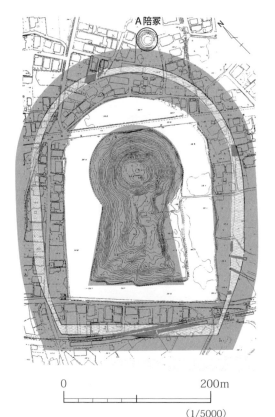

図52　上野・太田天神山古墳とＡ陪冢
（1/5000）

革綴短甲で、この時期まで残存するのは異例であるが、これは太田天神山古墳の存在を介せば納得がいく。

つまり、かつて筑後において指摘した派遣将軍としての月岡古墳被葬者とその後を引き継いで在地で甲冑集中管理体制を継承した塚堂古墳の

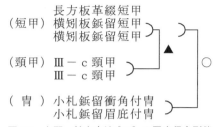

図53 上野・鶴山古墳 [20] の甲冑保有形態

被葬者という関係が、東国でも上野において、派遣将軍としての太田天神山古墳の被葬者とその後を引き継いで在地で甲冑集中管理体制を継承した鶴山古墳の被葬者関係として存在していたのである。なお、『前方後円墳集成 東北・関東編』による上野の古墳編年（橋本・加部1994）によると、7期においては鶴山古墳の墳長104ｍは上野最大で、続く8期の鳥崇神社古墳は墳長70ｍと規模を縮小させながらも併行期においてはやはり上毛野では最大ということであるから、太田天神山古墳から続く太田市域の首長墓系列は、5世紀代においては常に上野をリードしていたといって良いであろう。

2. 東国の甲冑出土古墳とその周辺

遠江から甲信越、そして関東地方を対象として若干の考察を試みることにする。なお、本節においても方法の制約上、対象は中期型甲冑出土古墳が一定程度まとまって存在する地域に限られる。したがって本節は東国の首長墓系列全体を対象として論じようとするものではないこと、そして主眼とするのはあくまでも、古墳時代中期の東国にどのような管理・経営戦略が採用されたかを検討しようとするものである。また、東国の甲冑出土古墳は前節で扱った九州地方ほど多くはなく、密度も高くないため、それぞれの地域同士の関わりまで言及することは難しい。したがって、個々の甲冑出土古墳の評価程度に止まらざるを得ないが、それでも他と同様に、盛んに牽制・懐柔策がなされたことはいえるだろう。

［ ］内番号は各古墳固有のものとし、図54と表17に対応させている。

遠江・三方原学園内古墳群の千人塚古墳 [10] は中葉（第4期）築造の直径49ｍの円墳だが、やはり第Ⅰ類型（●○型）の優秀な甲冑保有形態となってい

192　第2節　中期畿内政権の東国に対する経営戦略

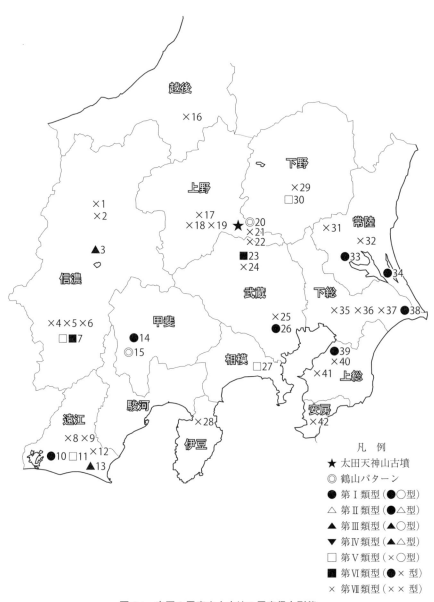

図54　東国の甲冑出土古墳の甲冑保有形態

第4章　中期畿内政権の地方に対する経営戦略　193

表17　東国の中期型甲冑出土古墳とその甲冑保有形態（太字ゴシックは前方後円墳）

番号	古墳名	所在地	主体部	築造期	主要遺物（数）	類型	頚甲（数）	二線	短甲（数）	一線	冑（数）
					信　濃						
1	林畔1号墳	中野市長丘	粘土床	7	剣、鏃、馬具、土師器	Ⅶ	-	×	三角鋲(1)	×	-
2	鎧塚古墳	須坂市高甫		7〜8	鏡、石釧、鉄鏃、刀子、鉾、貝釧、玉	Ⅶ	-	×	横矧鋲(1)	×	-
3	桜ヶ丘古墳	松本市浅間	礫床	7	刀、剣、矛、長頭鏃、冠、鉾、玉	Ⅲ特殊	Ⅱ-b(1)	▲	長方板(1)	○	三革衝(1)
4	高松3号墳	飯田市三穂	竪穴式石室	7〜8	刀、須恵器	Ⅶ	-	×	横矧鋲(1)	×	-
5	畦地1号墳	飯田市座光寺	横穴式石室	7〜8	刀、剣、鉄鏃、馬具、垂飾付耳飾、土師器	Ⅶ	-	×	三角鋲(1) 横矧鋲(1)	×	-
6	畦地2号墳	飯田市座光寺		6		Ⅶ	-	●	三角鋲(1)	×	-
7	溝口の塚古墳	飯田市上郷	竪穴式石室	8	刀、鉾、長頭鏃	Ⅵ Ⅴ	Ⅱ-c(1)	-	三角・横(1) 横矧鋲(1)	○	横矧衝(1)
					遠　江						
8	文殊堂11号墳	周智郡森町	木棺直葬	7	刀、剣、斧、長頭鏃	Ⅶ	-	×	三革(1) 三角・横(1)	-	-
9	林2号墳	周智郡森町	木棺直葬	6〜7	刀、剣、鉄鏃	Ⅶ	-	×	三角鋲(1)	-	-
10	千人塚古墳（第2主体）	浜松市西町玉田町	木棺直葬	4	刀、有環鐙柱式鉄鏃	Ⅰ	(Ⅱ-c)(1)	●	三角鋲(1)	○	三革衛(1)
11	安久路2号墳	磐田市西貝塚	木棺直葬	4〜5	刀、剣、鐓、刀子、f字鏡板付轡	Ⅴ	-	-	長方板(1)	×	三革衛(1)
12	石ノ形古墳（西主体部）	袋井市国本	木棺直葬	8	乳文鏡、刀、剣、鐓、斧、鎌、刀子、鉄製有内鏡板付轡	Ⅶ	-	×	横矧鋲(1)	×	-
13	五ヶ山B2号墳	磐田郡浅羽町（袋井市）	木棺直葬	4	刀刃鎌、鉾、斧、鐓、鑿、錐、刀子、鏃子	Ⅲ	Ⅰ-b(1)	▲	三角鋲(1)	○	三革衝(1) （特殊）
					甲　斐						
14	甲斐銚塚古墳	東八代郡中道町（甲府市）	竪穴式石室	7	剣、鉾、長頭鏃、木心板張輪鐙、三環鈴、鐙	Ⅰ	(Ⅲ-d)(1)	●	横矧鋲(1)	(○)	冑
15	豊富王塚古墳	東八代郡豊富村（中央市）	合掌式石室	7	刀、剣、鉾、鐓、長頭鏃	Ⅰ	(Ⅲ-d)(1)	●	横矧鋲(2) 挂甲	○	横矧衝(1) 横矧冑(1)

番号	古墳名	所在地	主体部	築造期	主要遺物(数)	錞型	頸甲(数)	二線	短甲(数)	一線	冑(数)
					越　後						
16	女塚古墳	南魚沼郡六日町(南魚沼市)	竪穴式石室	7	鏡、刀、剣、長頭鏃、三環鈴、玉	VII	—	×	三角鋲(1)　横矧鋲(1)	×	—
					上　野						
17	若田大塚古墳	高崎市若田町	竪穴式石室	7~8	鉾	VII	—	×	横矧鋲(1)	×	—
18	長瀞西古墳	高崎市若田町	竪穴式石室	7	鏡、鉾、石製模造品、長頭鏃、柳葉系鉄鏃	VII	—	×	三角革(1)	×	—
19	赤堀茶臼山古墳	佐波郡赤堀村(伊勢崎市)	礫槨	5	神獣鏡、内行花文鏡、刀、剣、鉾、有棘窩被付鉄鏃、石製刀子	VII	—	×	三角革(1)	×	—
20	鶴山古墳	太田市鳥山八幡	竪穴式石室	7	刀、針、長頸鏃、斧、鉇、鐙、刀子、曲刃鎌、鉾、盾、石製模造品、金銅製三輪玉、月日貝	III III III	III-c(1) III-c(1)	▲ ▲	横矧鋲(1) 横矧鋲(1) 長方革(1)	○ ○ ×	小鋲衝(1) 小鋲冒(1)
21	車塚古墳	太田市下小林		7~8	刀、鏃	VII	—	×	横矧鋲(1)	×	—
22	中原古墳(沢野72号墳)	太田市高林	粘土槨	7~8	刀、鉄鏃	VII	—	×	横矧鋲(1)	×	—
					武　蔵						
23	埼玉稲荷山古墳	行田市埼玉	礫槨	8	画文帯神獣鏡、刀、剣、長頭鏃、馬具、斧、鉗子、鉇	VI	小札頸甲	●	挂甲	×	—
24	四十塚古墳	大里郡岡部町(深谷市)	礫槨	8	長頭鏃、楕円鏡板付轡、五鈴付鏡板付轡、斧	VII	—	×	横矧鋲(1)	×	—
25	御嶽山古墳	世田谷区等々力	粘土槨	7	刀、剣、鉾、胡籙、長頸鏃、七鈴鏡	VII	—	×	三角鋲(1)	×	—
26	野毛大塚古墳(第1主体部)	世田谷区野毛	粘土槨	2	内向花文鏡、刀、剣、鉇、柳葉系鉄鏃、銅釧、滑石製勾玉、石製模造品、堅櫛、盾	I	I-b(1)	●	長方革(1)	○	三革衝(1)
					相　模						
27	朝光寺原1号墳	横浜市緑区鴨ヶ尾	木棺直葬	7	刀、剣、鉾、鉄鎌、玉類	V	—	×	三角鋲(1)	○	小鋲冒
					伊　豆						
28	多田大塚C4号	田方郡韮山町(伊豆の国市)	竪穴式石室	7	四獣形鏡、刀、f字鏡板付轡、長頭鏃	VII	—	×	横矧鋲(1)	×	—

第4章　中期畿内政権の地方に対する経営戦略

番号	古墳名	所在地	主体部	築造時期	主要遺物（数）	類型	頸甲（数）	二線	短甲（数）	一線	冑（数）
					下野						
29	牛塚古墳	宇都宮市新富町	竪穴式石室	6〜8	鏡、刀、馬具、鈴鋼	Ⅶ	—	×	三角鋲(1)	×	—
30	佐野八幡山古墳	佐野市堀米	竪穴式石室	4	刀、鉄鏃、玉	Ⅴ	—	×	小形三角革(1)	○	三革衝(1)
					常陸						
31	上野古墳	真壁郡関城町（筑西市）	箱形石棺	7〜8	鈴鏡、刀、剣、鉄鏃、馬具、籠手、鐙当	Ⅶ	—	×	横矧鋲(1)	×	—
32	舟塚山17号墳(旧8号墳)	石岡市北根本	木棺直葬	8	盾	Ⅶ	—	×	横矧鋲(1)	×	—
33	武具八幡古墳	新治郡新治村（土浦市）		7	長頭鏃	Ⅰ	Ⅲ-d (2)	●	横矧鋲(1) 挂甲(1)	○	小鋲衝(1) 小鋲冑(1)
34	三昧塚古墳	行方郡玉造町（行方市）	箱形石棺	8	変形四神四獣鏡、変形乳文鏡、冠、垂飾付耳飾、刀、剣、馬具、長頭鏃	Ⅶ	—	×	横矧鋲(1)	×	—
			埋葬施設	8	f字鏡板付轡、斧、刀子	Ⅰ	特殊型(1)	●	挂甲(1)	○	横衝(1)
					下総						
35	金塚古墳	我孫子市根戸	木棺直葬	7〜8	石枕、鉄鏃	Ⅶ	—	×	横矧鋲(1)	×	—
36	花野井大塚古墳	柏市田中	木棺直葬	7〜8	刀、剣、胡籙、長頭鏃	Ⅶ	—	×	横矧鋲(1)	×	—
37	鳥山2号墳	山武郡芝山町	木棺直葬	7〜8	剣、長頭鏃、TK23須恵器	Ⅶ	—	×	横矧鋲(1)	×	—
38	布野台A区埋葬施設	香取郡小見川町（香取市）	木棺直葬	8	刀、剣、鉾、長頭鏃、胡籙、轡	Ⅰ	Ⅲ-d (1)	●	横矧鋲(1)	○	小鋲衝(1)
					上総						
39	姉ヶ崎二子塚古墳	市原市姉ヶ崎町	木棺直葬	6〜8	石枕、鉄鏃、馬具、鉾、銀製腰佩、玉	Ⅰ	(Ⅲ-c)(1)	●	(横矧)革(1)	○	小鋲衝(1)
40	東間部多1号墳	市原市広蛇谷	木棺直葬	8	刀、刀子、長頭鏃、TK47須恵器	Ⅶ	—	×	横矧鋲(1)	×	—
41	八重原1号墳	君津市三直	木棺直葬	7〜8	刀、鉾、ミニチュア工具、鉄鏃	Ⅶ	—	×	横矧鋲(1) 三角鋲(1)	×	—
					安房						
42	大寺山第1洞穴	館山市沼	舟形木棺	7	TK216須恵器、TK23須恵器	Ⅴ Ⅶ	— —	— —	三角革(1) 横矧鋲(1)	○ ×	三革衝(1) —

る（藤田1999）。三方原学園内古墳群形成の端緒となった古墳として評価（鈴木1998）されている。

　また、武蔵・野毛古墳群に属する野毛大塚古墳［26］第1主体部は前葉（第2期）築造の墳長85ｍの帆立貝式古墳で、第Ⅰ類型（●○型）の優秀な甲冑保有形態となっている。先行する可能性のある古墳としては墳長30ｍの前方後円墳である上野毛稲荷塚古墳の存在が指摘されている（寺田・橋本ほか1999）が、いずれにせよ野毛古墳群は中期に新興する勢力と見られる。

　この両墳の場合は、前葉から中葉にかけて行われた中期畿内政権の牽制・懐柔策のうち、新興の中小規模の首長に優秀な甲冑セットを与える、懐柔策の事例である。周辺の古墳の動向に関する情報は少ないが、常陸・武具八幡古墳［33］や下総・布野台Ａ区埋納施設［38］の本来の主体部の被葬者も同様に評価して良いであろう。また、下野・佐野八幡山古墳［30］の第Ⅴ類型（×○型）もこの時期としては異例のため、本来は頸甲も有する第Ⅰ類型（●○型）であった可能性が高いと考えている。

　一方、甲冑保有形態により牽制された様相を見せるのは信濃・溝口の塚古墳［7］と武蔵・埼玉稲荷山古墳［23］のいずれも前方後円墳である。

　まず、溝口の塚古墳［7］は墳長50ｍで竪穴式石室を内部主体とする。遺存状態良好な人骨から被葬者は1名であったことが判明しているが、甲冑は2セットある。足下には三角板鋲留短甲が立位で置かれ、内部に横矧板鋲留衝角付冑が納められた。Ⅱ－ｃ頸甲も周辺から出土していることから、元は短甲上に置かれていたものと見られる。また、頭の上の位置には横矧板鋲留短甲が立位で単独で置かれた。この出土状況は当初の組み合わせを反映しておらず、元は三角板鋲留短甲とⅡ－ｃ頸甲の第Ⅵ類型（●×型）の組み合わせと、横矧板鋲留短甲と横矧板鋲留衝角付冑の第Ⅴ類型（×○型）の組み合わせであったと考えられる。第Ⅵ類型（●×型）は前葉から中葉以前によくみられる牽制のための組み合わせで、前期以来の伝統的首長で、中小規模墳に特徴的にみられる。またもう一つのセットの第Ⅴ類型（×○型）は後葉に多くみられる牽制のための組み合わせである。地方所在の前方後円墳に特徴的にみられること本墳と同様で、前節でも述べたとおり、日向・浄土寺山古墳、紀伊・大谷古墳、加賀・狐山古墳において同様に第Ⅴ類型（×○型）がみられる。

埼玉稲荷山古墳［23］は墳長120mで礫槨を内部主体とし辛亥銘鉄剣の出土で著名であるが、甲冑保有形態は第Ⅵ類型（●×型）に留まり、挂甲と小札頸甲はあるが冑を有していない。本墳は埼玉古墳群形成の端緒になった古墳とされる。既に述べたとおり、他の第Ⅵ類型（●×型）の古墳は前葉ないし中葉の伝統的中小規模首長であったから、後葉築造の新興勢力としての前方後円墳で挂甲を有する本墳はそれらとは多くの点で異なる。中期畿内政権としては警戒するべき勢力の台頭であったとみられ、それが甲冑保有形態による牽制と辛亥銘鉄剣の内容にみられる懐柔に顕れていると考える。

甲斐茶塚古墳［14］は報告書では前方後円墳とされたが、現在は直径26mの円墳と認識が変わったようである。前期古墳の甲斐銚子塚古墳、大丸山古墳、丸山塚古墳で構成される東山古墳群の近傍にあるが、もちろん時期の上でも全く断絶している。甲斐・茶塚古墳［14］が第Ⅰ類型（●〇型）の優秀な甲冑保有形態を取り得た背景には、近傍の曾根丘陵上に鶴山パターンの甲冑保有形態の豊富王塚古墳［15］があることが大きく影響しているとみられる。

豊富王塚古墳［15］が鶴山パターンの甲冑保有形態であることについては、筑後の月岡古墳と塚堂古墳、上野の太田天神山古墳と鶴山古墳の関係と同様に、おそらく先行する古墳のうちに、陪冢を有し、竪穴式石室、長持形石棺、月岡パターンの甲冑保有形態古墳も存在すると思われる。甲府市（旧 東八代郡中道町）下向山の天神山古墳などの今後の調査に期待したい。

前方後円墳で第Ⅰ類型（●〇型）という、ある意味当然ともいえる有り方を示すのは常陸・三昧塚古墳［34］と上総・姉ヶ崎二子塚古墳［39］である。状況として共通するのは、前期以来の首長墓系列は断絶し、中期に入って特定勢力の新興はあっても、その勢力も継続しないようになったなかで選択された有力首長層であったということであろう。政情としては一時的にせよ、安定期を迎えたと評価して良い。

常陸・三昧塚古墳［34］が所在する霞ヶ浦周辺地域の動向については、後葉（第7期）築造の武具八幡古墳［33］は直径15mの円墳とされるが、第Ⅰ類型（●〇型）の優秀な甲冑セットを2組有するから、中期畿内政権の懐柔策によって台頭した勢力とみられる。末葉（第8期）の三昧塚古墳［34］の時期には既述の通り安定期を迎えている。一方で、懐柔策があったということは、その反面

として、牽制される前方後円墳の首長墓系列が存在したということである。

舟塚山古墳（山内・瓦吹・山下 1972）（諸星・黒澤 1977）（黒澤・諸星 1978）は墳長186mと関東では太田天神山古墳に次ぐ規模の前方後円墳として注目されてきたが、周囲の円墳は陪冢とは認めがたいことは既に述べた（第2章第2節）。

府中愛宕塚古墳の編年的位置づけには諸説あるようだが、谷中俊雄は中期前葉の舟塚山古墳、中期中葉の府中愛宕塚古墳（墳長96m）と続く前方後円墳の首長墓系譜の断絶の後に、円墳で横矧板鋲留短甲を第Ⅶ類型（××型）で有する舟塚山17号墳（32）が続くことを想定する（谷中 2018）。

谷中の想定通りであれば、舟塚山古墳から府中愛宕塚古墳へと大きく規模を縮小しており、続く円墳の舟塚山17号墳（32）の甲冑保有形態が第Ⅶ類型（××型）であることなども勘案すると、この舟塚山古墳群が牽制の対象になった可能性は高いように思われる。

関東第2の規模の墳丘を築き、周囲にいかにも陪塚のようにも見える配下の円墳を配した舟塚山古墳の被葬者は、実は中期畿内政権からは疎んじられていた、というのはいかにもあり得るべきことである。また、佐々木憲一が述べるように、舟塚山古墳群と玉里古墳群の首長墓系譜は別（佐々木 2018）だとすれば、玉里権現山古墳（小林・新井ほか 2000）はそれに替わって登場する新たな首長墓系譜の嚆矢ということになろうか。今後の調査に期待したい。

※　本節は「甲冑出土古墳からみた5世紀の東国」佐々木憲一編『霞ヶ浦の前方後円墳―古墳文化における中央と周縁―』 2018年明治大学考古学研究室　六一書房を元にし、加除した。

参照・引用文献
金澤　誠ほか 1999『天神山古墳外堀発掘調査報告書』　太田市教育委員会
黒澤彰哉・諸星政得 1978『舟塚山古墳群（10号・12号）発掘調査報告書』2　石岡市教育委員会
小林三郎・新井　悟ほか 2000『玉里村権現山古墳発掘調査報告書』玉里村教育委員会
佐々木憲一 2018「第8章　総括　霞ヶ浦沿岸地域における首長墓系譜の併存」佐々木憲一編『霞ヶ浦の前方後円墳』明治大学考古学研究室　六一書房
佐藤政則・鹿志村育男 1994「常陸」『前方後円墳集成　関東編』　山川出版社
鈴木　敏 1998『千人塚古墳　千人塚平・宇藤坂古墳群』　浜松市教育委員会

谷中俊雄 2018「第5節　大井戸古墳の墳丘について」佐々木憲一編『霞ヶ浦の前方後円墳』明治大学考古学研究室　六一書房
寺田良喜・橋本達也ほか 1999『野毛大塚古墳』　世田谷区教育委員会
橋本博文・加部二生 1994「上野」『前方後円墳集成　関東編』　山川出版社
藤田和尊 1999「遠江における甲冑出土古墳の様相と意義—中期畿内政権の地方経営—」『石ノ形古墳』　袋井市教育委員会
諸星政得・黒澤彰哉 1977『舟塚山周辺古墳群発掘調査報告書』1　石岡市教育委員会
山内昭二・瓦吹　堅・山下房子 1972『舟塚山古墳周濠調査報告書』石岡市教育委員会

表17　東国の中期型甲冑出土古墳とその甲冑保有形態　文献

1　小野勝年 1948「長野県下高井郡長丘村田麦林畔古墳」『考古学雑誌』第 35 巻第 3 号
2　鳥居龍蔵 1924『下伊那の先史及び原始時代』　古今書院
3　大場磐雄 1966『信濃浅間古墳』　本郷村
　　滝沢　誠 1988「長野県松本市桜ヶ丘古墳の再調査」『信濃』第 40 巻第 4 号
4　鳥居龍蔵（前掲書 2 文献）
5　鳥居龍蔵（前掲書 2 文献）
6　鳥居龍蔵（前掲書 2 文献）
7　佐一木嘉和・澁谷恵美子ほか 2001『溝口の塚古墳』　飯田市教育委員会
8　大谷宏治 2000「文殊堂古墳群」『研究所報』No.84　静岡県埋蔵文化財調査研究所
9　田村隆太郎 2001「棺の外に副葬された短甲」『研究所報』No.90　静岡県埋蔵文化財調査研究所
10　鈴木敏則 1998『千人塚古墳　千人塚平・宇藤坂古墳群』浜松市教育委員会
11　磐田市 1992『磐田市史』資料編 1
12　白澤　崇ほか 1999『石ノ形古墳』　袋井市教育委員会
13　鈴木一有ほか 1999『五ヶ山B二号墳』　浅羽町教育委員会
14　山梨県教育委員会 1979『甲斐茶塚古墳』（『風土記の丘埋蔵文化財調査報告書』第1集）
15　仁科義男 1931「大塚古墳」『山梨県史跡天然記念物調査報告』5
16　斎藤秀平 1932「南魚沼郡余川群集墳」『新潟県史跡名勝天然記念物調査報告書』第3集
17　東京国立博物館 1983『東京国立博物館図版目録　古墳遺物編（関東Ⅱ）』
18　後藤守一 1937「上野国碓氷郡八幡村大字剣崎字長瀞西古墳」『古墳発掘品調査報告書』（『帝室博物館学報』第 9 冊）
19　後藤守一 1932『上野国佐波郡赤堀村今井茶臼山古墳』（『帝室博物館学報』第 6）
20　尾崎喜左雄 1950「群馬県太田市鶴山古墳」『日本考古学年報』第1
　　右島和夫 1986〜1996「鶴山古墳出土遺物の基礎調査」Ⅰ〜Ⅵ『群馬県立博物館調査報告書』第 2 号〜第 7 号

21 東京国立博物館(前掲書17文献)
22 橋本博文 1979「上野東部における首長墓の変遷」『考古学研究』第26巻第2号
23 斎藤　忠・柳田敏司・栗原文蔵ほか 1980『埼玉稲荷山古墳』　埼玉県教育委員会
24 駒宮史朗・坂本和俊・古谷毅ほか 2005『四十塚古墳の研究』(『岡部町史資料調査報告書』第2集)
25 田中新史 1978「御嶽山古墳出土の短甲」『考古学雑誌』第64巻第1号
26 寺田良喜・橋本達也ほか 1999『野毛大塚古墳』　世田谷区教育委員会
27 横浜市歴史博物館 2004　特別展図録『ヤマトとアヅマ』
28 静　岡　県 1992『静岡県史』資料編3考古3
29 村井嵓雄 1983「甲冑」『考古遺跡・遺物地名表―原始・古代―』　柏書房
30 横浜市歴史博物館(前掲書27文献)
31 松尾昌彦・滝沢　誠 1988「上野古墳出土遺物の再検討」『石城町史　別冊資料編　関城町の遺跡』
32 山内昭二ほか 1972『舟塚山古墳周濠調査報告書』　石岡市教育委員会
33 武者塚古墳調査団 1986『武者塚古墳―武者塚古墳・同2号墳・武具八幡古墳の調査―』　新治村教育委員会
34 斎藤　忠・大塚初重 1960『三昧塚古墳』　茨城県教育委員会
35 東京大学文学部考古学研究室 1969『我孫子古墳群』　我孫子町教育委員会
36 横浜市歴史博物館(前掲書27文献)
37 日吉倉遺跡調査団 1975『遺跡　日吉倉』(『芝山はにわ博物館研究報告』Ⅱ)
38 横浜市歴史博物館(前掲書27文献)
39 村井嵓雄(前掲書29文献)
40 上総国分寺台遺跡調査団 1974『東間部多古墳群』(『上総国分寺台遺跡調査報告』Ⅰ)　早稲田大学出版部
41 横浜市歴史博物館(前掲書27文献)
42 岡本東三ほか 1996『大寺山洞穴第3・4次発掘調査概報』　千葉大学考古学研究室

終　章
5世紀代における倭国軍の編成について

1．はじめに

　好太王碑文の辛卯歳（391）の渡海を皮切りに、倭国軍の朝鮮半島への軍事侵攻が始まる。この4世紀末から5世紀代の朝鮮出兵のための軍隊については、甲冑出土の中小規模墳が中期の後葉になると増加することから、それらが倭国軍の兵士を構成したと見なす見解をしばしば見かける。

　野上丈助は「今後慎重な検討を経たいと考えるが」と断った上で、中期後葉には「朝鮮侵略への九州諸豪族の比重がさらに高まっていったことの反映」とした（野上1968）。川西宏幸は関東地方を含めた東国にまでその動員が広まった可能性（川西1983）を述べ、滝沢誠はさらにこれを大きく進めて、「全国的な動員および明確な階層秩序や直接指揮の達成がなされた（滝沢1994）」とまで言う。ここまでくれば明らかに国造軍を意識したものであろう。

　では実際に、倭国軍の朝鮮半島への軍事侵攻に、地方の甲冑出土古墳被葬者らの動員はあったのだろうか。まず、国造に擬せられる可能性のある、各地域の前方後円墳の甲冑保有形態（藤田1988・2006）を検討することにしたい。

2．地方の前方後円墳の甲冑保有形態

　地方において最も優秀な甲冑保有形態は月岡パターンである（表19）。「第2章第2節　地方における陪冢の展開」で詳論したとおり、大形の前方後円墳で整った周濠と周堤を伴い、周堤に接する位置には陪冢がある。その中心主体には長持形石棺を竪穴式石室に納め、先述の通り月岡パターンの甲冑保有形態で、新旧取り混ぜた各時期の優秀な組み合わせで5～8セットと大量の甲冑セットを副葬する。

　月岡パターンは畿内の特定の中小規模墳に見られる墓山パターンと甲冑セットのあり方そのものは同様なので、上記のように地方において陪冢を伴い、竪

穴式石室、長持形石棺の古墳は派遣将軍の墓とみなし得ることを述べてきた。派遣将軍は一代限りで、おそらくは血縁関係により、在地主導型武器・武具集中管理体制を引き継ぐのが鶴山パターンの甲冑保有形態を採る古墳である。

鶴山パターンは短甲3領、冑2鉢、頸甲1個体を副葬するのを標準とする。陪冢は伴わないが、墳丘は不明の津頭西古墳[5]を除き、やはり大形の前方後円墳で、筑後・塚堂古墳[4]は横穴式石室、讃岐・津頭西古墳[5]は河原石積みの竪穴式石室、甲斐・豊富大塚古墳[6]は合掌式石室、上野・鶴山古

表18 地方における前方後円墳の甲冑保有形態 1
月岡パターン・鶴山パターン・第I類型（●○型）

番号	古墳名	所在地	墳長(m)	主体部	築造期	類型	頸甲(数)	=線	短甲(数)	一線	冑(数)
				月岡パターン							
1	月岡古墳	福岡県うきは市吉井町	80	竪穴式石室	6	I I I I	Ⅲ-b2(2) Ⅲ-c (2以上) Ⅱ-(c)(1) その他	● ● ● ●	三角鋲(2) 革鋲併用(2) 三角革(4)	○	小鋲眉(8)
2	雲部車塚古墳	兵庫県篠山市東本荘町	139	竪穴式石室	7	I	Ⅱ-b(1) ？	●	横矧鋲(1) 横矧鋲(1) その他(3)	○ ○ ○	三鋲衝(1) 小鋲衝(1) その他(2)
3	久津川車塚古墳	京都府城陽市平川	180	長持形石棺直葬	4	I	Ⅱ-b(1) Ⅲ-b1(1) Ⅱ(1)		三角革(5)	○ ○ ○ ○	三革衝(1) 細鋲衝(1) 小鋲衝(1) その他(1)
				鶴山パターン							
4	塚堂古墳 (前方部石室)	福岡県うきは市浮羽町	90	横穴式石室	7	I V Ⅶ	Ⅲ-(d)(1) － －	● × ×	横矧鋲(1) 横矧鋲(1) 三角革(1)	○	横鋲衝(2)?
5	津頭西古墳	香川県綾歌郡綾南町	？	竪穴式石室	8	I V Ⅶ	Ⅲ-d(1) － －	● × ×	横矧鋲(1) 横矧鋲(1) 横矧鋲(1)	○ ○ ×	横鋲衝(1) 小鋲眉(1) －
6	豊富大塚古墳	山梨県中央市大鳥居	64	合掌式石室	7	I	(Ⅲ-d)(1)	●	横矧鋲(2) 挂甲		横鋲衝(1) 横鋲眉(1)
7	鶴山古墳	群馬県太田市鳥山八幡	102	竪穴式石室	7	Ⅲ Ⅲ Ⅲ	Ⅲ-c(1) Ⅲ-c(1) －	▲ ▲ ×	横矧鋲(1) 横矧鋲(1) 長方革(1)	○ ○ ×	小鋲衝(1) 小鋲眉(1)
				第I類型（●○型）							
8	堤当正寺古墳	福岡県甘木市堤	70	竪穴式石室	4～5	I	Ⅱ-b1(1)	●	三角革(1)	○	小鋲衝(1)
9	小田茶臼塚古墳	福岡県甘木市福田	55	横穴式石室	7	I	Ⅲ-d(1)	●	横矧鋲(1)	○	横鋲衝(1)
10	随庵古墳	岡山県総社市西阿曽	40	竪穴式石室	6	I	Ⅲ-d(1)	●	三角革(1)	○	横鋲衝(1)
11	カンス塚古墳	兵庫県加西市平荘町	40	竪穴式石室	7	I	Ⅲ-d(1)	●	横矧鋲(1)	○	？
12	巡礼塚古墳	京都府京都市右京区	50	－	7～8	I	(有り)	●	横矧鋲(1)	○ ○	小鋲衝(1) 小鋲眉(1)
13	向出山1号墳 (第1号石室)	福井県敦賀市吉岡町	75	竪穴式石室	6	I	Ⅲ-c(1) (金銅装)	●	挂甲(1)	○	小鋲眉(2)
	向出山1号墳 (第2号石室)			竪穴式石室	7～8	I	Ⅲ-c(1)	●	三角鋲(1)		横鋲衝(1)
14	西塚古墳	福井県三方上中郡若狭町	74	竪穴式石室	7	I	Ⅲ-d(1)	●	横矧鋲(1)	○ ○	小鋲衝(1) 小鋲眉(1)
15	野毛大塚古墳 (第1主体部)	東京都世田谷区野毛	82	粘土槨	2	I	I-b(1)	●	長方革(1)	○	三革衝(1)
16	姉ヶ崎二子塚古墳	千葉県市原市姉ヶ崎町	110	木棺直葬	6～8	I	(Ⅲ-c)(1)	●	(横矧)革(1)	○	小鋲衝(1)
17	三昧塚古墳	茨城県行方市沖洲町	82	箱形石棺 埋納施設	8 8	Ⅶ I	－ 特殊(1)	×	横矧鋲(1) 挂甲(1)	×	横鋲衝(1)

※太字ゴシックは前方後円墳、明朝は帆立貝式古墳

墳［7］は縦長の一枚石を並べた竪穴式石室と、いずれも在地色豊かな埋葬主体であり、在地化している状況が窺える（藤田1988・2006）。ここまでは派遣将軍とその在地での継承者であるから、中期畿内政権との関係の深さは言わずもがなである。

次の第Ⅰ類型（●○型）1セット副葬の古墳には、このうち最古の武蔵・野毛大塚古墳［15］をはじめ、帆立貝式古墳が目立つ。これは懐柔策によって取り込まれたのが新興の中小首長であった九州地方の状況（第4章第1節）の異なった形での表出である。

また、前方後円墳で第Ⅰ類型（●○型）の甲冑保有形態の場合には、東国、特に関東地方の状況（第4章第2節）で明らかにしたとおり、牽制・懐柔策がもはや不要となった結果、安定期に到達したためと評価できる。とりわけ山城の場合は、中期中葉の派遣将軍としての久津川車塚古墳［3］の被葬者の活動が奏効して安定期となり、巡礼塚古墳［12］において第Ⅰ類型（●○型）の出現を見たと言うことができる。

一方、表20に掲げたのは、甲冑保有形態において何らかの規制のかかった前方後円墳である。第Ⅰ類型（●○型）では帆立貝式古墳が目立った状況とは異なり、地域を代表する前方後円墳が目立つ。その多くは前期以来の伝統的大首長である。

第Ⅲ類型（▲○型）は頸甲を古い型式で補うものである。肥後・江田船山古墳［18］は金銅製山形冠、金銅製冠帽、垂飾付耳飾を、越前・二本松山古墳［19］も山形冠を含む金銅製冠2を有する。同様のことは第Ⅴ類型（×○型）の頸甲を有さない前方後円墳にも言え、日向・浄土寺山古墳［21］では眉庇付冑に金銅製の立飾が伴い、紀伊・大谷古墳［22］には垂飾付耳飾や馬甲・馬冑が、加賀・狐山古墳［23］には帯金具が副葬されている。

これら舶載品とみられる遺物はそれぞれの首長の単独行動の交渉により入手したものと見られることから、中期畿内政権にとって警戒するべき対象であり、甲冑保有形態による牽制の対象になったこともうなずける（藤田1988）。そういう意味では能登・和田山5号墳［20］A槨の金銅製空玉も舶載品とみなすべきかもしれない。

信濃・溝口の塚古墳［24］は中期中葉までの牽制に用いられる甲冑保有形態

の第Ⅵ類型（●×型）と、中期後葉に牽制に用いられる甲冑保有形態の第Ⅴ類型（×○型）が同時に副葬された稀有な例である。

　武蔵・埼玉稲荷山古墳［25］も冑を有さない第Ⅵ類型（●×型）となっている。江田船山古墳［18］の鉄刀には典奏人、埼玉稲荷山古墳［25］の鉄剣には杖刀人の象嵌があることは著名だが、いずれの甲冑保有形態も優秀とは言えないことからすると、懐柔のために賜与されたと見られるこれらの象嵌刀剣にある「人制」も多分に名分的存在にすぎなかった（藤田1988・2006）といえる。

　第Ⅶ類型（××型）の甲冑保有形態の前方後円墳のうちには九州地方の甲冑出土古墳の検討（第4章第1節）で取り上げた筑前・老司古墳［28］や筑前・鋤崎古墳［29］も含まれている。老司古墳の中心主体である3号石室からは舶載

表19　地方における前方後円墳の甲冑保有形態　2
第Ⅲ類型（▲○型）・第Ⅴ類型（×○型）・第Ⅵ類型（●×型）・第Ⅶ類型（××型）

番号	古墳名	所在地	墳長(m)	主体部	築造期	類型	頸甲(数)	=線	短甲(数)	一線	冑(数)
				第Ⅲ類型（▲○型）							
18	江田船山古墳	熊本県玉名郡和水町	47	横口式家形石棺	7	Ⅲ	Ⅱ-b (1)	▲	横矧鋲(1) 横矧革(1)	○	横鋲衝(1)
19	二本松山古墳	福井県吉田永平寺町	89	舟形石棺直葬	8	Ⅲ	Ⅰ-b (1) (鋲留式)	▲	三角鋲(1)	○	小鋲冑(1)
20	和田山5号墳（A槨）	石川県能美市寺井町	55	粘土槨	6	Ⅲ	Ⅰ-b (1)	▲	三角鋲(1)	○	竪鋲冑(1)
	和田山5号墳（B槨）			粘土槨	6	Ⅶ	-	×	三角鋲(1)	-	-
				第Ⅴ類型（×○型）							
21	浄土寺山古墳	宮崎県延岡市大貫	49	粘土槨	7〜8	Ⅴ	-	×	横矧鋲(1)	○	三革冑(1)
22	大谷古墳	和歌山県和歌山市楠見	67	家形石棺直葬	7	Ⅴ	-	×	横矧鋲(1)	○	横矧衝(1)
23	加賀狐山古墳	石川県加賀市二子塚町	56	箱形石棺	7〜8	Ⅴ	-	×	横矧鋲(1)	○	横鋲衝(1)
				第Ⅵ類型（●×型）							
24	溝口の塚古墳	長野県飯田市上郷	48	竪穴式石室	8	Ⅵ	Ⅱ-c (1)	●	三角鋲(1)	×	-
						Ⅴ	-	×	横矧鋲(1)	○	横鋲衝(1)
25	埼玉稲荷山古墳	埼玉県行田市埼玉	120	粘土槨	8	Ⅵ	小札頸甲	●	挂甲	×	-
				第Ⅶ類型（××型）							
26	御陵古墳	大分県大分市木ノ上	75	箱形石棺	3	Ⅶ	-	×	三角革(1)	×	-
27	臼塚古墳	大分県臼杵市稲田	87	舟形石棺	3	Ⅶ	-	×	三角革(1)	×	-
28	老司古墳（2号石室）	福岡県福岡市老司	75	竪穴系横口式石室	4	Ⅶ	-	×	三角革(1)	×	-
29	鋤崎古墳（3号棺）	福岡県福岡市西区今宿	62	横穴式石室	2	Ⅶ	-	×	三角革(1)	×	-
30	古郡家1号墳	鳥取県鳥取市古郡家	93	箱形石棺	2	Ⅶ	-	×	長方革(1)	×	-
31	三玉大塚古墳	広島県三次市吉舎町	41	竪穴式石室	8	Ⅶ	-	×	横矧鋲(1)	×	-
32	石山古墳（東槨）	三重県上野市才良	120	粘土槨	1	Ⅶ	-	×	長方革(1)	×	-
33	供養塚古墳	滋賀県近江八幡市千僧供町	53	竪穴式石室	7〜8	Ⅶ	-	×	横矧鋲(1)	×	-
34	虎姫北山古墳	滋賀県東浅井郡虎姫町	43	木棺直葬	4	Ⅶ	-	×	特殊	×	-
35	中八幡古墳	岐阜県揖斐郡池田町	43		6	Ⅶ	-	×	三角革(1)	×	-
36	向山1号墳	福井県三方上中郡若狭町	49	横穴式石室	6	Ⅶ Ⅶ	-	×	小形三革(1) 三角革(1)	×	-
				埋納施設	6	Ⅶ	-	×	長方革(1)	×	-
37	中原古墳（沢野72号墳）	群馬県太田市高林	56	粘土槨	7〜8	Ⅶ	-	×	横矧鋲(1)	×	-
38	赤堀茶臼山古墳	群馬県伊勢崎市赤堀今井町	62	礫槨	5	Ⅶ	-	×	三角革(1)	×	-
39	雀宮牛塚古墳	栃木県宇都宮市新富町	57	竪穴式石室	6〜8	Ⅶ	-	×	三角鋲(1)	×	-
40	上野古墳	茨城県筑西市上野	70	箱形石棺		Ⅶ					

※太字ゴシックは前方後円墳、明朝は帆立貝式古墳

品と見るべき籠手が出土していることは既述の通りである。

　短甲のみを副葬する第Ⅶ類型（××型）の甲冑保有形態の前方後円墳には地域を代表するものが多く含まれていることは表20の他の古墳と同様で、しかも前期からの伝統勢力が大半を占めることから、牽制される対象となっていることが分かる。なお、第Ⅶ類型（××型）の帆立貝式古墳については牽制策云々よりも、その程度の扱いに止まった中規模首長と評価するべきであろう。

　以上のように、各地の前方後円墳にそれぞれの甲冑保有形態が採られているのには明瞭な理由がある。そして明らかなことは、地方では大形前方後円墳だからといって甲冑保有形態が優れているとは限らないことで、牽制の対象となった場合には第Ⅶ類型（××型）の甲冑保有形態のものさえ多くみられた。

　「甲冑集中管理体制（ここでは月岡パターン・鶴山パターン＝筆者補註）が想定できるもの以外については、古墳に副葬された中期型甲冑は、被葬者が生前所有した甲冑の全てである、というのが実態に近い(1)（藤田1995）。」

　であれば、冑や頸甲さえ有さず、短甲単独の武装で対外戦闘に臨む、などということがあり得るわけがない。ましてそれは牽制策の結果なのである。これが5世紀代の大形前方後円墳の実態なのであり、国造に擬せられるとすればこの階層なのだから、この時期には国造は未成立というほか無い。

　文献史学の成果を確認しておくと、大川原竜一は、ウジ名・カバネと国造が関連するとし、カバネを伏した人物呼称が6世紀中葉には成立していたと考えることから、ミヤケとの関連から導き出した6世紀前半の国造制成立を裏付け（大川原2009）ている。つまり継体二十一年紀六月甲午条に始まる磐井の乱、安閑元年紀閏十二月是月条の武蔵国造の乱を画期とし、ミヤケの設置によって国造の奉仕が可能となる、とする。

　堀川徹はミヤケ等は国造制の成立基準とはなり得ないとしながらも、国造制は制度的・共同体的領域制の概念で捉えられるとし、継体二十二年紀十一月甲午条から西国には6世紀前半、崇峻二年紀秋七月壬辰朔日条から東国には6世紀末頃に国造制が成立したとする（堀川2013）。

　このように文献史学では、6世紀前半の磐井の乱以降に国造制が成立するとの見解が有力となっていることからも、5世紀の倭国軍に国造軍を想定するのは無理があることがわかる。

そして、その磐井の乱の平定には、継体二十一年紀六月甲午条によれば大連の物部麁鹿火が当たったわけであるし、好太王碑文に関連する可能性のある対外記事、神功摂政紀五年条「葛城襲津彦が蹈鞴津から上陸し草羅城を抜いて捕虜を連れ帰った」こと、四十九年条「倭国派遣の将軍、荒田別・鹿我別らに兵の増強が進言され、百済の将軍木羅斤資・沙沙奴跪・沙白・蓋盧らに合流して新羅軍を破った」こと、六十二年条「葛城襲津彦を遣わして新羅を撃たせた。」こと、応神紀十四年条「天皇は襲津彦を加羅に遣わして百済の民を連れ帰るように命令する」こと、十六年八月条「平群木菟宿禰・的戸田宿禰に加羅に赴いて襲津彦を助けるように命じ、襲津彦はやっと弓月氏の民を連れて帰国した。」こと、のいずれもが中央豪族の事績として記されていることは重要である。

3. 軍事動員された兵士

　では野上に始まり、川西や滝沢が対象を拡大させつつ想定したように、甲冑を出土する中小規模墳がこうした軍事動員の対象になったのか否かについて考えてみる。そのためには地方に所在する中期の群集墳で多くの甲冑出土古墳が知られるものが望ましい。日向の地下式横穴墳を例にとって考察しよう。個々の古墳の番号については表20に続けるものとする。

　表21には複数の甲冑の出土が知られる地下式横穴墓群を示した。一見して明らかなとおり、第Ⅰ類型（●〇型）は六野原地下式横穴8号[48]のみで、3点セットを有するものを加えても島内地下式横穴139号[46]の1基のみであり、他はせいぜい頸甲を欠く第Ⅴ類型（×〇型）か、大勢としては短甲のみ単独副葬の第Ⅶ類型（××型）となっている。さきの前方後円墳の場合と同様に、これで対外戦闘に臨む、などということはあり得ない。[2]

　地下式横穴墳を例に挙げたが、大和の新沢千塚古墳群でさえ第Ⅰ類型（●〇型）がやや増える程度であり、他のどの中期群集墳を見ても同様の状況に変わりはない。つまり甲冑出土の中小規模墳もまた、対外戦闘に動員されたとはみなしがたいのである。

　対外戦闘に動員される場面があったとして、その兵士は果たして古墳を築造し得るほど上位の階層にあったのか否かの検証が為されていない。畿内中枢における陪冢被葬者を体現者とする野中パターンの採用は、古墳さえも築くこと

のなかったであろう人々に対しても恒常的な武器・武具の供給を保障したとみられることにも注意が必要である（藤田1988）、としたのはまさにそれを意識したものである。

　つまり、古墳さえも築くことのなかった人々こそが対外戦闘に動員された、とみるのが最も矛盾がない。甲冑は第Ⅰ類型（●○型）かつフルセットで貸与され、帰還時には返却されたのであろう。地方の武器生産能力は皆無かもしくは低かったとみられるのに加え、軍隊の武器には斉一性が必要なので、刀剣や鏃、弓や矢箭も貸与され、軍事訓練も実施されたに相違ない。

　中央豪族は、こうした兵士を引き連れて対外戦闘に臨んだとみられる。そして、中央から地方に再配分された物のひとつが甲冑をはじめとする武器・武具であれば、地方から中央にはこうした兵士たちが供給された可能性も考えられる。これに中期畿内政権が盛んに行った、牽制・懐柔策がどのように絡むか、については憶測が過ぎるので控えておくが、今後意識しておきたい課題である。

　最後に後期についてわずかながら触れておく。尼子奈美枝が、各古墳の副葬品の馬具組成に金銅装馬具をどの程度含むか、あるいは含まないかにより、A類、B1類、B2類、C類にランク分けし、それを横穴式石室の規模と対比、検討すると共に、旧国単位でその構成を比較し、旧国間の格差を抽出することに成功（尼子2003）していることが注意される。

　これは甲冑の組み合わせにより地方の首長層の位置付けを表象した中期畿内

表20　日向の地下式横穴の甲冑保有形態

（同一古墳群の封土墳含む）

番号	古墳名	所在地	主体部	築造期	類型	頸甲(数)	=線	短甲(数)	−線	冑(数)
41	島内地下式横穴3号	えびの市真幸	地下式横穴	7～8	Ⅶ	−	×	三・横矧(1)	×	−
42	島内地下式横穴21号	えびの市真幸	地下式横穴	7～8	Ⅴ	−	×	横矧鋲(1)	○	横鋲衝(1)
43	島内地下式横穴62号	えびの市真幸	地下式横穴	7～8	Ⅶ	−	×	横矧鋲(1)	×	−
44	島内地下式横穴76号	えびの市真幸	地下式横穴	7～8	Ⅶ特殊	−	× ×	横矧鋲(1) −	× ×	− 三革衝(1)
45	島内地下式横穴81号	えびの市真幸	地下式横穴	7～8	Ⅶ	−	×	横矧鋲(1)	×	−
46	島内地下式横穴139号	えびの市真幸	地下式横穴	7～8	Ⅲ	Ⅲ-c(1)	▲	横矧鋲(1)	○	横鋲衝(1)
47	六野原地下式横穴1号	東諸県郡国富町	地下式横穴	7～8	Ⅶ	−	×	横矧鋲(1)	×	−
48	六野原地下式横穴8号	東諸県郡国富町	地下式横穴	6～7	Ⅰ	Ⅱ-c(1)	●	三角革(1)	○	小鋲眉
49	六野原地下式横穴10号	東諸県郡国富町	地下式横穴	7～8	Ⅴ	−	×	横矧鋲(1)	○	小鋲眉
50	西都原207号墳（旧200号）	西都市西都町	木棺直葬?	7～8	Ⅶ	−	×	横矧鋲(1)	×	−
51	西都原地下式横穴4号	西都市西都町	地下式横穴	7～8	Ⅶ	−	×	横矧鋲(2) 横矧革(1)	×	−

政権の手法を踏襲し、表象のための道具を馬具セットへと転換したものとみることができる。では、その旧国間の格差が牽制・懐柔策たり得たかといえば、その側面も皆無ではなかろうが、実効性はさほど望めそうにない。

しかしながら、実は尼子の言う古墳時代後期の各地域の古墳間および旧国間の位置づけの表象こそが、その成立の時期からしても、考古学と国造制の接点となり得るのかもしれない、との見通しを述べて擱筆する。

※　本章は書き下ろしである。

補註

(1) 筆者の「古墳に副葬された中期型甲冑は、被葬者が生前所有した甲冑の全てである、というのが実態に近い」は松木武彦の批判（松木1995）に対する回答（藤田1995）の一部であるが、近年、松木と同様の内容の批判が藤原哲からなされた（藤原2018）。それは筆者の論が「副葬武器が被葬者の武装状態を反映しているという無批判な前提」に依り立っているというもので、既に藤田1995でその批判にも十分な回答をし得ていると考えるが、藤原の批判は最近刊の著作に掲げられたものでもあるので触れておく。

まず藤田1995を再掲する。

「後葉に入ると（中略）原則として畿内色濃厚な竪穴式石室・粘土槨を採用する盟主的古墳（前方後円墳以外のもの含む＝筆者補註）が第Ⅰ類型（●○型）の甲冑保有形態となり、在地色豊かな石棺を採用するものは盟主的古墳といえども第Ⅰ類型（●○型）では甲冑を保有できないという、いわば本来あるべき姿に変化するのである。

後葉段階においてはこのように、甲冑保有形態の差が内部主体の違いにそのまま現れていることからみて、第Ⅰ類型（●○型）の甲冑保有形態を採れるか否かの違いは、中期畿内政権との政治的距離をそのまま反映していると考えられ、これを換言するならば、地方の盟主的古墳における内部主体の違いに反映されるとみられる、中期畿内政権との政治的距離は、第Ⅰ類型（●○型）の甲冑セットを１組所有できるか否かという違いに、ほぼ集約、完結されてしまうとみなされるのである。

さきに紀伊・大谷古墳を例示し、自らさえも甲冑３点セットを持ち得ず、第Ⅰ類型（●○型）の甲冑保有形態を採り得ないものの背景に、配下に貸与するに足る甲冑の集積を想定することはできないと述べたが、以上のように、竪穴式石室などを採用する盟主的古墳との甲冑保有形態の差異は、第Ⅰ類型（●○型）の甲冑保有形態を採りうるか否かに集約、完結されてしまうとみられるので、地方において中期畿内政権とより近い関係にあったとみられる、竪穴式石室などを採用する盟主的古墳の背景にさえも、配下に貸与する甲冑を想定するのは困難であることが判明する。

終章　5世紀代における倭国軍の編成について　209

　つまり多くの場合、中期全般を通じて甲冑は、中期畿内政権が甲冑副葬墳の被葬者個々に対して1セットもしくは1領のみの私有、そして古墳への副葬行為を許して下賜したものであり、原則として、その背景に配下等に貸与しうる甲冑は存在しない。(後略)
　要するに、未調査ゆえに認知できないものを含めて、甲冑集中管理体制を想定できるもの以外については、古墳に副葬された中期型甲冑は、被葬者が生前所有した甲冑の全てである、というのが実態に近い。次代の首長らは新たに中期畿内政権との関係を取り結ばなければ甲冑を得ることはできなかったとみられる。この甲冑下賜に象徴される行為を通じて、中期畿内政権は政治的秩序を保とうとしたのである。」

(以上引用終了)

　上記の藤田1995では、墳形を問わず後葉の第Ⅰ類型(●○型)の甲冑保有形態の古墳は竪穴式石室が大勢を占めることを述べており、本章では甲冑を出土した前方後円墳を対象としているので例示した古墳は異なるが、もちろん本章表19および表20からも同様の指摘ができる。
　すなわちここでは、様々な事象が矛盾無く説明できることが根拠になるだろう。第Ⅰ類型(●○型)に帆立貝式古墳が多いこと、前方後円墳の場合には安定期に入っているとみられることのほか、第Ⅲ類型(▲○型)～第Ⅶ類型(××型)の古墳において、舶載品とみられる遺物はそれぞれの首長の単独行動の交渉により入手したものと見られることなど、理由があってそのようになっていることの叙述である。
　藤原は筆者の論を「副葬武器が被葬者の武装状態を反映しているという無批判な前提」によるというが、上記の通り、1セット副葬もしくは短甲単独副葬の古墳については「背景に配下等に貸与しうる甲冑は存在せず、古墳に副葬された中期型甲冑は、被葬者が生前所有した甲冑の全てである、というのが実態に近い。」ことを証明しているのであるから、その批判はあたらない。
　そして、畿内の中小規模墳に対してそれぞれに評価を行った1セットもしくは短甲1領副葬の第Ⅰ類型(●○型)～第Ⅶ類型(××型)、および前方後円墳の場合には心合寺山古墳やベンショ塚古墳といった副次的埋葬施設への第Ⅴ類型(×○型)での甲冑副葬などへの言及については、確かに副葬された甲冑以外の存在が背景にあることを想定していない。なぜなら、それぞれの古墳や埋葬施設の状況を甲冑保有形態によって整合性をもって説明できるからである。
　しかし、野中パターンをはじめ月岡・墓山・鶴山パターンについて論じた甲冑大量埋納墳の場合にはいうまでもないが、畿内中枢部の上記以外の古墳の場合にはその背景に副葬された以外の甲冑の存在を想定して論を進めていることは、藤田1988(藤田2006所収)の論旨から明らかであろうと思う。
　また、この補註冒頭の藤田1995引用部分の論拠とした藤田1995の表1においてもわざわざ「畿内ならびに甲冑大量副葬墳を除く」としていることにも注意されたい。
(2)　ただし、西都原170号墳は女狭穂塚古墳の陪冢であり、第Ⅰ類型(●○型)の可能

性があることは第2章第2節で既述の通りである。

参照・引用文献

尼子奈美枝 2003「古墳時代後期における中央周縁関係に関する予察」『ヒストリア』第183号　大阪歴史学会

大川原竜一 2009「国造制の成立とその歴史的背景」『駿台史学』137

川西広幸 1983「中期畿内政権論」『考古学雑誌』第69号第2号

滝沢　誠 1994「甲冑出土古墳からみた古墳時代前・中期の軍事編成」『日本と世界の考古学』　雄山閣

野上丈助 1968「古墳時代における甲冑の変遷とその技術史的意義」『考古学研究』第14巻第4号

藤田和尊 1988「古墳時代における武器・武具保有形態の変遷」『橿原考古学研究所論集』第8

藤田和尊 1995「古墳時代中期における軍事組織の実態」『考古学研究』第41巻第4号

藤田和尊 2006『古墳時代の王権と軍事』　学生社

藤原　哲 2018『日本列島における戦争と国家の起源』　同成社

堀川　徹 2013「国造制の成立に関する基礎的考察」『国造制の研究―史料編・論考編―』八木書店

松木武彦 1995「考古資料による軍事組織研究の現状と展望」『展望　考古学―考古学研究会40年記念論集―』

表19　地方における前方後円墳の甲冑保有形態　1　文献

1　末永雅雄 1934『日本上代の甲冑』　岡書院
　　吉井町教育委員会 1989『月岡古墳』
　　児玉真一ほか 2005『若宮古墳群Ⅲ―月岡古墳―』(『吉井町文化財調査報告書』第19集』)

2　末永雅雄 1934『日本上代の甲冑』　岡書院
　　阪口英毅ほか編 2010『雲部車塚古墳の研究(兵庫県立考古博物館研究紀要　第3号)』兵庫県立考古博物館

3　梅原末治 1930『久津川古墳研究』　岩波書店

4　宮崎勇蔵 1935「筑後国浮羽郡千年村徳丸塚堂古墳」『福岡県史跡名勝天然記念物調査報告書』第10集

5　末永雅雄 1934『日本上代の甲冑』　岡書院

6　仁科義男 1931「大塚古墳」『山梨県史跡天然記念物調査報告』5

7　右島和夫 1986～1996「鶴山古墳出土遺物の基礎調査」Ⅰ～Ⅵ『群馬県立博物館調査報告書』第2号～第7号

8　松尾　宏ほか 2000『堤当正寺古墳』(甘木市文化財調査報告書』第49集)

終 章　5世紀代における倭国軍の編成について　211

9　柳田康雄・石山　勲ほか 1979『小田茶臼塚古墳』(『甘木市文化財調査報告』第4集)
10　鎌木義昌・間壁忠彦・間壁葭子 1965『総社市随庵古墳』　総社市教育委員会
11　喜谷美宜 1985『加古川市カンス塚古墳発掘調査概要』　加古川市教育委員会
12　末永雅雄 1934『日本上代の甲冑』　岡書院
13　上中町教育委員会 1988『向山1号墳第2次調査現地説明会資料』
14　清喜裕二 1997「福井県西塚古墳出土品調査報告」『書陵部紀要』第49号　宮内庁書陵部
15　寺田良喜・橋本達也ほか 1999『野毛大塚古墳』　世田谷区教育委員会
16　村井嵩雄 1974「衝角付冑の系譜」『東京国立博物館紀要』第9号
17　斎藤　忠・大塚初重 1960『三昧塚古墳』　茨城県教育委員会

表20　地方における前方後円墳の甲冑保有形態　2　文献
18　梅原末治 1922『江田郡江田村　江田船山古墳』(『熊本県史跡名勝天然記念物調査報告』第1冊)
19　斎藤　優 1979『改訂　松岡古墳群』　松岡町教育委員会
20　吉岡康暢・川村好光ほか 1997『加賀 能美古墳群』　寺井町教育委員会
21　鳥居龍蔵 1935「浄土寺山古墳」『上代の日向延岡』
22　樋口隆康・西谷　正・小野山節 1959『和歌山市大谷　大谷古墳』　和歌山市教育委員会
23　後藤守一 1937「加賀国江沼郡勅便村字二子塚所在狐塚古墳」『古墳発掘品調査報告書』(『帝室博物館学報』第9冊)
24　佐一木嘉和・澁谷恵美子ほか 2001『溝口の塚古墳』　飯田市教育委員会
25　斎藤　忠・柳田敏司・栗原文蔵ほか 1980『埼玉稲荷山古墳』　埼玉県教育委員会
26　小田富士雄 1972「御陵古墳緊急発掘調査」『大分県文化財調査報告』第24集
27　小田富士雄・石松好雄 1964「九州古墳甲冑地名表」『九州考古学』23
28　渡辺芳郎・吉留秀敏ほか 1988『老司古墳』(『福岡市埋蔵文化財調査報告書』第209集)
29　柳沢一男・杉山富雄 1984『鋤崎古墳』(『福岡市埋蔵文化財調査報告書』第112集)
30　佐々木古文化研究室 1961～1962「美和古墳群」『ひすい』85～94
31　桑原隆博・嶋田滋ほか 1983『三玉大塚』　吉舎町教育委員会
32　京都大学文学部博物館 1993『紫金山古墳と石山古墳』　思文閣出版
33　末永雅雄 1934『日本上代の甲冑』岡書院
34　重田　勉 1998『滋賀文化財だより』No.250　滋賀文化財保護協会
35　横幕大祐・内山敏行・鈴木一有 2005『中八幡古墳資料調査報告書』　池田町教育委員会
36　高橋克壽・永江寿夫編 2015『若狭向山1号墳』　若狭町
37　橋本博文 1979「上野東部における首長墓の変遷」『考古学研究』第26巻第2号

38 後藤守一 1932『上野国佐波郡赤堀村今井茶臼山古墳』(『帝室博物館学報』第6)
39 村井嵩雄 1983「甲冑」『考古遺跡・遺物地名表―原始・古代―』柏書房
40 松尾昌彦・滝沢 誠 1988「上野古墳出土遺物の再検討」『石城町史 別冊資料編 関城町の遺跡』

表21 日向の地下式横穴墳の甲冑保有形態 文献

41～45 中野和浩 2001『島内地下式横穴墓群』(『えびの市埋蔵文化財調査報告書』第29集)
46 橋本達也・中野和浩 2018『島内139号地下式横穴墓』Ⅰ (『えびの市埋蔵文化財調査報告書』第55集)
47～50 瀬之口伝九郎 1944『六野原古墳調査報告』(『宮崎県史跡名勝天然記念物調査報告』第13集)
51 関保之助 1915「第百十一号墳」『西都原古墳調査報告』
52 柴田常恵 1915「第二百号墳」『西都原古墳調査報告』
53 宮崎考古学会・鹿児島県考古学会 1986『地下式横穴墓から見た古墳時代』

挿図出典

図 1　藤田作成
図 2　梅原末治 1921『佐味田及新山古墳研究』　岩波書店
図 3　伊達宗泰・小島俊次・森　浩一 1963『大和天神山古墳』(『奈良県史跡名勝天然記念物調査報告』第 22 冊)　を合成
　　　伊達宗泰 1999「大和天神山古墳の再測量」『青陵』第 102 号　を合成
図 4　藤田作成
図 5　藤田作成
図 6　末永雅雄 1974『古墳の航空大観』　学生社　を改変
　　　梅原末治 1921『佐味田及新山古墳研究』　岩波書店　を改変
図 7　末永雅雄 1974『古墳の航空大観』　学生社　を改変
　　　河上邦彦・卜部行弘・松本百合子 1986『佐味田宝塚古墳』(『河合町文化財調査報告書』第 1 集)　を改変
図 8　梅原末治 1921『佐味田及新山古墳研究』　岩波書店
図 9　梅原末治 1921『佐味田及新山古墳研究』　岩波書店
図 10　梅原末治 1955「向日町妙見山古墳」『京都府文化財調査報告』第 21 冊
図 11　仁科義男 1931「大丸山古墳」『山梨県史跡名勝天然記念物調査報告』第 5 輯
図 12　申　敬澈ほか 1983『東莱福泉洞古墳群』(『釜山大學校博物館遺蹟調査報告』第 5 輯)　を改変
図 13　山田幸広ほか 1997『西墓山古墳』(『藤井寺市文化財報告』第 16 集)　を改変
図 14　北野耕平 1976『河内野中古墳の研究』(『大阪大学文学部国史研究室研究報告』第 2 冊)　を改変
図 15　藤田作成
図 16　木許　守 1996「宮山古墳の墳丘とその系譜的位置」『橿原考古学研究所紀要 考古学論攷』第 20 冊　を改変
図 17　吉村公男 2003「馬見丘陵の古墳」『新近畿日本叢書 大和の考古学』第 2 巻 大和の古墳 Ⅰ　人文書院　を改変
図 18　天野末喜ほか 1989『岡古墳—古市古墳群の調査研究報告—』Ⅰ (『藤井寺市文化財報告』第 5 集)　を改変
図 19　末永雅雄 1974『古墳の航空大観』、学生社　を改変
図 20　石川悦雄 1992「女狭穂塚古墳」『前方後円墳集成　九州編』　山川出版　を改変
図 21　宇垣匡雅 2005『両宮山古墳』(『赤磐市文化財調査報告』第 1 集)　を改変
図 22　徳田誠志・有馬　伸 2006「雲部陵墓参考地墳塋裾護岸その他工事に伴う事前調査」『書陵部紀要』第 57 号　を改変
図 23　岸本直文ほか 2005「姫路市壇場山古墳の測量調査」『前方後円墳の築造企画からみた古墳時代の政治的変動の研究』　大阪市立大学　を改変
図 24　立花　聡 1990『玉丘古墳—史跡保存整備国庫補助事業に係る調査整備報告—』(『加西

市埋蔵文化財報告』4) を改変
図25　近藤義行・伊賀高弘 1986「久津川遺跡発掘調査概報」『城陽市埋蔵文化財調査報告書』第15集　を改変
図26　森　浩一・森川桜男ほか 1973「三重県わき塚古墳の調査」『古代学研究』第66号　を改変
図27　森川桜男ほか 1970『青蓮寺開拓建設事業地域遺跡地図』(『三重県埋蔵文化財調査報告』3)　を改変
図28　金澤　誠ほか 1999『天神山古墳外堀発掘調査報告書』　太田市教育委員会　を改変
図29　日高政晴 1993「56-3 西都原72号墳」『宮崎県史　資料編　考古2』　を改変
図30　蓑方政幾 1993「61　松本塚古墳」『宮崎県史 資料編 考古2』　を改変
図31　黒澤彰哉・諸星政得 1978『舟塚山古墳群(10号・12号)発掘調査報告書』2　石岡市教育委員会　を改変
図32　小林三郎・新井　悟ほか 2000『玉里村権現山古墳発掘調査報告書』　玉里村教育委員会　を改変
図33　若狭　徹・田辺芳昭・大塚美恵子ほか 2000『保渡田八幡塚古墳』(『群馬県埋蔵文化財調査報告』第57集)　を改変
図34　渡辺芳郎・吉留秀敏編 1989『老司古墳』(『福岡市埋蔵文化財調査報告書』第209集)　を改変
図35　柳沢一男・杉山富雄 1984『鋤崎古墳』(『福岡市埋蔵文化財調査報告書』第112集)　を改変
図36　藤田作成
図37　網干善教 1959『室大墓』(『奈良県史跡名勝天然記念物調査報告』第18冊)
図38　今尾文昭ほか『奈良県御所市掖上鑵子塚古墳測量調査報告』　南葛城地域の古墳文化研究会
図39　坂　靖 1996『南郷遺跡群』I (『奈良県史跡名勝天然記念物調査報告』第69冊)
図40　十文字健 2007『ドンド垣内古墳群発掘調査報告書』(『奈良県文化財調査報告書』第119集)
図41　御所市教育委員会編 2003『古代葛城とヤマト政権』　学生社
図42　河上邦彦 1992「大和巨勢谷の横穴式石室の検討」『有坂隆道先生古稀記念 日本文化史論集』のち 1995『後・終末期古墳の研究』　雄山閣　所収　を改変
図43　御所市教育委員会 2002『巨勢山古墳群確認調査現地説明会資料』
図44　藤田作成
図45　末永雅雄 1934『日本上代の甲冑』岡書院　を改変
図46　藤田和尊 1984「頸甲編年とその意義」『関西大学考古学研究紀要』4　のち藤田 2006『古墳時代の王権と軍事』　学生社　所収
図47　藤田和尊 1988「古墳時代における武器・武具保有形態の変遷」『橿原市考古学研究所論集』第8　のち藤田 2006『古墳時代の王権と軍事』　学生社　所収

図 48　藤田作成
図 49　藤田作成
図 50　藤田作成
図 51　藤田作成
図 52　金澤　誠ほか 1999『天神山古墳外堀発掘調査報告書』　太田市教育委員会　を改変
図 53　藤田作成
図 54　藤田作成

藤田和尊著『古墳時代政権の地方管理経営戦略』について
―解題にかえて―

山口大学人文学部教授 田 中 晋 作

はじめに

　本書は、2018年12月4日に急逝された藤田和尊氏が、御所市教育委員会の定年退職にあわせ準備が進められていた『還暦記念献呈論文集』への返礼のために用意されていたものである。2006年に学位論文の公刊として上梓された『古墳時代の王権と軍事』（以下：前著）に次ぐ2冊目の単著となる本書は、ことがおこったその時、すでに「あとがき」を残して校正段階にあった。拙文はこの「あとがき」部分を補うため、ご遺族の依頼を受けて作成した付載文である。

　本来ならば、著者が遺した最後の著書であることから、解題として作成することを考えたが、あえてその内容にも踏み込み、浅学を顧みず評者として紹介することにした。もとより、評者の力では、著者が本書で意図したすべての内容を正当に評することは叶うわけはなく、また、大きな誤りをおかしているのではとも危惧している。

　さて、本書は、前著に収載されなかった論攷、前著の内容を取り入れ発展させた論攷、さらに新たに書き下された論攷によって構成されている。まず、著者が本書で古墳時代前期から中期の「畿内政権」と称する政治体について概述したうえで、はじめたい。

　著者は、前期畿内政権である「大和の勢力」は、「大王家の勢力（＝大和盆地東南部の勢力）」と「馬見古墳群の勢力（＝原葛城氏）」という2系統から構成されていたと考えている。また、大和盆地東南部の勢力が後退する前期後半の「大和の勢力」は、「佐紀盾列古墳群（西群）の勢力」が担ったとする。ただし、「大王家の勢力」と「佐紀盾列古墳群（西群）の勢力」との関係、「佐紀盾列古墳群（西群）の勢力」と「馬見古墳群の勢力」との関係については、明確な言及がみられない。一方、「中期畿内政権（百舌鳥・古市古墳群の勢力）」は、前期畿内政権と系統が異なる勢力であるとして政権交替があったことを認め、その

交替にあたり「馬見古墳群の勢力」は「中期畿内政権」側につき、佐紀盾列古墳群の磐之媛陵古墳：中期後半（TK23型式期）以降をその確立期とする。なお、以下では、著者が本書で使用する用語を基本に記述を進める。

1. 第1章　鏡の副葬位置からみた前期古墳と葛城の勢力

本章は、前著には収載されなかった、著者の前半期を代表する論攷のひとつ「鏡の副葬位置からみた前期古墳」を核にしたものである。この論攷は、著者がその後に手がけることになる古墳時代前期、あるいは葛城の勢力に関する研究の端緒を開くもので、1988年に発表された「古墳時代における武器・武具保有形態の変遷」（『橿原考古学研究所論集』第8）をはじめ、1980年代半ばから矢継ぎ早に世に問うた甲冑を中心にした論攷の中にあって異質な内容をもつ。

さて、本章の内容は、前期古墳の鏡の副葬位置の分析を手がかりにして、既述したように、前期畿内政権である「大和の勢力」が、「大王家の勢力（＝大和盆地東南部の勢力）」と「馬見古墳群の勢力（＝原葛城氏）」という2系統から構成されていたとする考えを示したものである。

著者は、複数面の鏡が副葬されている古墳に、「頭部集中型」と「頭足分離型」とするふたつの異なる鏡の配置があることを見出し、近畿地方では、前者は淀川左岸（以南）域に、後者は淀川右岸（以北）にという明確な分布上の違いがあることを指摘する。さらに、その検討を日本列島全域に広げ、淀川以南、西・北九州地方及び瀬戸内地方を含め「西方頭部集中型分布圏」、淀川以北を「淀川右岸頭足分離型分布圏」とし、「頭部集中型」と「頭足分離型」が混在する地域に「南方錯綜型分布圏」・「東方錯綜型分布圏」・「北方錯綜型分布圏」を設定している。

このふたつの異なる鏡の配置という事象に注目したことについては、たとえば、福永伸哉氏が鏡副葬配置という題材に正面から取り組んだ意欲作であると評したように（福永2005）、また、岩本崇氏が被葬者間の関係を検討するうえでの有効な材料であることを示したというように（岩本2004）、それまでの鏡研究に新たな分析視点を導入した点でその意義は大きい。

著者は、このふたつの異なる鏡の配置は、その配布主体の違いに起因するものと考え、大和の鏡の「保有形態」が卓越していることを示した上で、前者は

大和盆地東南部（大和古墳群・柳本古墳群）およびこれを受け継いだ北部（佐紀盾列古墳群西群）の勢力から、後者は、前者から鏡の供給を受けた馬見古墳群の勢力から配布されたことによって現出したとの想定を示した。ただし、「頭足分離型」を生んだ鏡の配布主体者を馬見古墳群の勢力とするが、これは当該古墳群でみられる鏡の配置からではなく、新沢48号墳や同213号墳、新たに明らかになった鴨都波1号墳などの周辺情報を参照しながら、消去法によって導き出していることは留意しておく必要がある。

　この想定に対して、福永氏は「鏡の配布とその副葬は、基本的に時と性格を異にした別個の行為ではないだろうか」という指摘をしている（福永 2005）。著者は、この指摘に対して、「頭部集中型」の本貫地である大王家の勢力（大和盆地東南部・佐紀盾列古墳群の勢力）、「頭足分離型」の本貫地である馬見古墳群の勢力それぞれが各地へ下向することによって、鏡の副葬配置が異なる現象：宗教的因習を伝達したと考えるべきであろうとする。この記述は初出論文にはなく、注記にもあるように、上記の福永氏の指摘を受けて著者の立場を示したものである。主要な鏡の研究者が「参行型」を採る中にあって（川西 2004 他）、際立った違いである。このことに関して、著者は後述する甲冑の供給が中期後葉に中期畿内政権の基盤が固まる段階で、「下向型」から「上番型」への移行が果たされたとする。

　このように、本章の内容は、著者が「事」あるいは「事象」として見出した鏡の配置の違いに対して、これを政治的関係に起因するものとして著者が示した「理：ことわり」であり、まさにここにその独創性がある。

　しかし一方に、「鏡式に関する配慮を一切排除した」ためと推察するが、たとえば、①新山古墳と佐味田宝塚古墳の鏡を手がかりにして、前期畿内政権の遂行した新しい時期に属する地方経営のなかで、前者の被葬者が西方経営に、後者の被葬者が東方経営に関与した機会をもったとする川西宏幸氏の想定（川西 1988）、②三角縁神獣鏡や倭製鏡の中心的系列群をなす一群は大和盆地東南部の勢力が、「新式神獣鏡」は佐紀盾列古墳群の勢力によって配布されたとする福永伸哉氏の想定（福永 2005）、③奈良盆地を本拠とする「ヤマト政権」、あるいは「畿内王権」が配布したものとする辻田淳一郎氏や下垣仁志氏の想定（辻田 2007・下垣 2011）などには言及されていない。また、著者の想定は、当

時の大和盆地東南部および北部の勢力が、馬見古墳群の勢力が主導した異なる秩序の併存を容認することによって成り立っており、鏡によって生み出された格差に基づく政治秩序の存在を想定する辻田氏や下垣氏らの考えと対峙することになる（辻田2007・下垣2011他）。

2. 第2章　陪冢の展開

　本章の内容は、著者が早くから継続的に取り組んできた研究課題のひとつである。章末には、本章を構成する3つの論攷が示されている。しかし、その構想は、著者が関西大学文学部考古学研究室で本格的に考古学に取り組むことになった、1980年にはじまる古市古墳群盾塚古墳・鞍塚古墳・珠金塚古墳の再整理段階にまでさかのぼる。諸般の事情によって刊行が遅れたが、その報告書に収載された「甲冑相からの検討—陪冢と小形古墳—」にその原点がある（末永編1991）。本論攷では、この3古墳の甲冑保有形態が、著者が本来陪冢と考える古墳においてみられる類型と異なることから、この3古墳を陪冢から除くために、「陪冢の定義のうち計画性については、堤もしくは外堤にほぼ接する位置にあることを条件とするという様に、より厳しくすることが百舌鳥、古市、佐紀盾列古墳群においては妥当ではないかと思われるのである」として陪冢を規定している。

　さて、陪塚（冢）については、西川宏氏が示した主墳となる大型古墳に対する従属性、同時代性、計画性によって判断され、とくに、その被葬者を原初的官僚層としたことで古墳時代の政権構造を考える指標のひとつとしての役割を果たしてきた（西川1961）。この論攷を踏まえ、陪冢を「主墳の周堤に接する位置にある、ほぼ同時期の中小規模墳」として、とくにその計画性により厳密な条件を付加した著者の規定は、その後の研究において陪塚の精度を高める重要な提言となった。

　著者は、これによって百舌鳥・古市古墳群の勢力をはじめ、畿内に所在する有力勢力（山城地域を除く）のもとに、重要な職掌を陪冢被葬者が担う高度なシステムが存在し、その被葬者を原初的官僚とし、「大王墓をはじめとする大形墳に直属して陪冢に顕現するその機構を、陪冢制とする」ことを提唱する。とくに、畿内に所在する中期の大型古墳群で陪冢が顕著に認められることはき

わめて重要な現象で、評者を含め中期の大型古墳群で新たに加わる要素として注目されてきたことである（田中2001他）。

一方、今城塚古墳の出現を境にして、前期以来発展してきた畿内の大型古墳群の形成が終焉を迎え、これに伴って陪塚もその姿を消すことになる。著者は、この陪塚の消滅について、後期の政権に直属した原初的官僚層の墳墓が群集墳に置きかわり、今城塚古墳の被葬者が「中期の政権を支える骨格ともなっていた陪冢制、それを視覚できる象徴的存在としての陪冢、を否定することにより、自らの権勢を誇示したと考えられる」とする。しかし、後期の政権成立によって現出する古墳群の変化は、陪冢の消滅だけではなく、中・小型主墳の消滅を含めたそれまでの古墳群造営システムの根源的な変化としてみることもできる（田中2018）。このことを勘案すると、「今城塚古墳の被葬者によって、陪冢の築造が規制され、否定された後」に体裁を保つために古市古墳群で採用されたとする、「疑似陪冢岡古墳型」と「疑似陪冢鉢塚古墳型」の設定については、より丁寧な説明が必要であったと考える。

ところで、評者が著者の陪冢研究においてとくに重要と考えることは、第2節で示した「地方における陪冢の展開」の内容である。著者が、長持形石棺を納めた竪穴式石室をもつ有力前方後円墳：久津川車塚古墳・壇場山古墳・玉丘古墳・雲部車塚古墳・殿塚古墳・女狭穂塚古墳・両宮山古墳・太田天神山古墳を、さらに陪冢の存在という条件を付加することによって他の有力古墳と明確に弁別し、その被葬者に派遣将軍としての性格を与え、中期畿内政権の直接的な介入を想定していることである。もとよりその被葬者が、「畿内とその周辺部に本拠を置いていた墓山パターンの中小首長から選別され、各地方に赴任した」派遣将軍であるかどうかについては、後述するように、議論のあるところであろう。また、現時点で陪冢の存在が確認されていない月岡古墳については今後の調査の進展をみる必要があり、殿塚古墳・女狭穂塚古墳・両宮山古墳については埋葬施設の詳細が不明である。さらに、著者が派遣将軍とした古墳被葬者の甲冑保有形態が、久津川車塚古墳・雲部車塚古墳・月岡古墳の事例をもとに、他の古墳についても「月岡パターン」とみなして大過ないとする判断についても同様である。

しかし、著者が陪冢の判定により厳密な条件を付加したことで、中期畿内

政権の政治体としての成熟度を測る指標として陪冢が大きな役割を果たすことになり、また、後述するように、畿内政権の「地方経営」のあり方について、その対象とすべき古墳を陪冢の存在をもって抽出することができるようになったことは重要である。このように、著者の陪冢研究は、陪冢の研究を陪冢を使った研究へと飛躍させたことにおいてその意義がある。

3. 第3章　河内政権肯定論と大和に対する経営戦略・
    第4章　中期畿内政権の地方に対する経営戦略

　第3章および第4章は、本書の骨子をなすものである。第3章では、古墳時代前期から中期の畿内政権について論点を整理し、著者が拠るべき基本的な立場を明示する。これを踏まえ、中期の甲冑は畿内政権から一元的に供給されたとする北野耕平氏の想定を追認し（北野1969）、著者が設定した甲冑保有形態を基軸にして分析が進められている。これによって、河内政権論を肯定し、冒頭に示したように、前期と中期の畿内政権の連続性を否定し、これを系統の違いという表現をもって政権交替があったとする自説を展開する。

　まず、著者がその分析基準とする冑・頸甲・短甲から構成された中期型甲冑三点セットについてみておきたい。中期型甲冑三点セットの組み合わせによる編年の根幹は、甲冑を対象にして組み上げられてきた従来の編年に対して、付属具である頸甲を甲冑の上位に位置づけて組み立てるもので、ここに著者の新機軸がある（藤田2006）。これは、胸背部を防御する付属具：頸甲には、その装着によって腕の自由を束縛するという相反する作用があることに着目し、その機能の向上が「時代相」を直接反映するとの視点にもとづいたもので、もっとも基本となる頻度によるセリエーションの検討を経て成り立っているとする（藤田2012）。著者は、この中期型甲冑三点セットの組み合わせから抽出した最新相甲冑セットをもって中期を8期に区分し、その保有形態から7つの類型を設定する。さらに、甲冑の大量埋納墳を対象にして野中パターン・墓山パターン・月岡パターン・鶴山パターンを設定し、これを基軸にして武器・武具の集中管理体制の成立と地方への展開を説く（藤田2006）。

　ところで、これまで甲冑それぞれについて、また個々の付属具を含め、明らかになっている資料を対象に型式学的研究が積み重ねられてきた。これらは、

より妥当性の高い結果を導き出すために、研究者個々人が設定する基準、また明らかにしようとする課題や目的にもとづいて行われており、当然のこととして唯一正しい型式分類は成立するものではない。さらに、分けることは、対象とする考古資料の性格によっても対応が異なるが、研究者個々人が、分かれる、あるいは分けることができると考えることに加え、分ける必要があるかどうかというより高次の判断をへて進められており、その間に齟齬が生じることは必然のことであり（阪口2019他）、とくに高い水準にある甲冑の編年研究においては、単系論や多系論を採る研究者が出ることもまた必然であろう。

　さて、著者がいう「経営戦略」は、甲冑が畿内政権から供給された時期と甲冑保有形態の違いに見出される格差が牽制策、懐柔策の反映として現出するということに視点を置いて論じられるものである。

　まず、第3章で検討された大和に対する経営戦略では、中期畿内政権は旧来の前期の政権の息のかかった勢力には牽制策で、新興の勢力には懐柔策であたり、勢力の浸透を図ったとする。その過程を第2章で検討した陪冢に関する成果を援用して、大和西南部への介入を室宮山古墳の出現をもって考え、派遣将軍とする山城：久津川車塚古墳、伊賀：殿塚古墳、前期古墳の分布が希薄な地域にみられる中期に新興する中小規模墳：中期新興中小規模墳の分布とその甲冑保有形態の分析から、旧来の勢力とみなす佐紀盾列古墳群の勢力の包囲網が形成されたとする。また、王宮の所在地に言及し、その比定地の分布から旧来の勢力の動きを牽制する、いわば前線基地としての機能を多く有していたとして、包囲網の妥当性を主張している。とくに、中期新興中小規模墳の動きと連動させた中期の甲冑出土古墳の分布の推移は、評者を含めこれまでにも注目されてきたことで説得力に富む。

　しかし加えていえば、甲冑保有形態の違いから甲冑を保有する古墳被葬者間の格差を抽出する以外に、甲冑を保有しない古墳被葬者にも注目することによって、その格差をより鮮明化させることもできたのではと考える。また確かに、著者が格差として見出した甲冑保有形態の違いによって、中期畿内政権との政治的距離が測られるとする視点は支持できる。ただ一方で、たとえば、著者も注目する第Ⅶ類型（短甲のみ）をもつ中期新興勢力である後出古墳群についていえば、いずれ宇陀の地域においても第Ⅰ類型（最新衝冑・頸甲・短甲のセッ

ト）の甲冑保有形態も確認されるだろうという説明を加える必要が生じたように、第Ⅶ類型の甲冑保有形態をもつ古墳被葬者を一律に牽制すべき勢力とする判断には異論も出るであろう。

　第3章第3節では、葛城氏の盛衰と葛城県について、著者が佐紀盾列古墳群の勢力の包囲網の中核として位置づけた室宮山古墳以降の動静を手がかりに論を展開する。著者は、塚口義信氏の見解を踏まえ（塚口1984）、原葛城氏が中期畿内政権：百舌鳥・古市古墳群の勢力の側についたとの想定を示し、『記』『紀』の記事にあらわれる事象との整合を図っている。評者はこの内容に踏み込む力をもたないが、文献史料を積極的に取り入れようとする姿勢は著者の研究方法の特徴のひとつでもある。

　第4章では、中期畿内政権の地方に対する経営戦略として九州地方と東国地方の分析を行っている。九州地方で出土する甲冑については、早くに小田富士雄氏らによって冑が少ないが短甲の数がかなりの数に達することが指摘され（小田1979）、近年も多くの研究者によって分析が試みられている（橋本2007・西嶋2014他）。

　著者は、既述したように、甲冑保有形態の格差を手がかりにして、甲冑の受容者と畿内政権との政治的距離の区分を試みる。畿内政権からの派遣将軍によって在地勢力を懐柔し、伝統的首長層に対しては優秀とはいえない甲冑のセット、あるいは短甲のみを供給してこれらを牽制し、懐柔すべき勢力には第Ⅰ類型の優秀な甲冑のセットを供給したとする。著者が設定する月岡パターンおよび鶴山パターンから派遣将軍と在地化した後継による直接経営、懐柔された在地首長によって形成される緩衝地帯、さらに短甲のみの第Ⅶ類型、第Ⅲ類型や第Ⅴ類型の甲冑保有形態を牽制されるべき伝統勢力として区分し、中期畿内政権による九州地域の経営戦略を描出しようとする。具体的には月岡古墳・まろ塚古墳・女狭穂塚古墳を指標にして直接経営を、また第Ⅰ類型の甲冑保有形態に注目して6つの緩衝地帯を、さらに6つの牽制される伝統的首長層をあげている。

　この中で、月岡古墳にみられる月岡パターンと、鋤崎古墳や老司古墳、御陵古墳といった伝統勢力（伝統的首長層）にみられる短甲のみ（第Ⅶ類型）の配布という格差が現出した説明には説得力がある。とくに、著者が派遣将軍をその

被葬者と考えた古墳の存在は、第2章の陪冢に関する検討が加味されたことで、(著者が主張する)畿内政権の直接的な介入、あるいは強いつながりをもつことを示す上できわめて大きな効果をもっている。

　一方の第4章第2節で取り上げられた東国に関しても、同様の方法をもって分析を行っている。太田天神山古墳(推定月岡パターン)や鶴山古墳(鶴山パターン)を俎上に載せることから分析がはじまるが、著者が九州地方で描出したような明瞭な姿が浮かび上がってこない。このことは、資料的な制約とともに、畿内政権の九州地方と東国への対応、その背景にある畿内政権と両地方との関係の違いに起因しているのかもしれない。

　ところで、順序が逆転するが、九州地方の経営戦略に関する検討に入る前に示した、著者が設定する甲冑保有形態の類型に当てはまらない、著者が第Ⅰ類型をもたなければならないとする緩衝地帯でみられる「特殊」なセット関係に対する見解に注目したい。

　本文の内容と重複するが、以下であらためてみてみよう。対象として取り上げるのは、表12で「特殊」として表記された類型をもつ塚原地下式横穴A号墳(長方板革綴衝角付冑・Ⅰ-b頸甲・三角板革綴短甲)、六野原6号墳(三角板革綴衝角付冑・Ⅱ-c頸甲・横矧板鋲留短甲)・島内地下式横穴139号墳(横矧板鋲留衝角付冑・Ⅲ-c頸甲・横矧板鋲留短甲)での冑・頸甲・短甲の組み合わせである(同じく特殊とされる島内地下式横穴76号については、具体的な言及がないのでここでは対象にしない)。前二者は、著者が設定した甲冑保有形態から逸脱した類型を、後者は、緩衝地帯に存在する古墳でありながら、著者が牽制を必要とした江田船山古墳と同様の第Ⅲ類型の甲冑保有形態をもつ。

　このことについて、著者はつぎのような想定を示している。当該の被葬者は、三角板革綴短甲だけをもっていた塚原地下式横穴A号墳では長方板革綴衝角付冑とⅠ-b頸甲を、横矧板鋲留短甲だけをもっていた六野原6号墳では三角板革綴衝角付冑とⅡ-c頸甲を、さらに横矧板鋲留衝角付冑と横矧板鋲留短甲をもっていた島内地下式横穴139号墳ではⅢ-c頸甲を、以前の首長あるいは甲冑保有者が葬られた地下式横穴から取り出し、再利用したとする。

　つまり、本来の塚原地下式横穴A号墳は三角板革綴短甲だけの第Ⅶ類型、六野原6号墳は横矧板鋲留短甲だけのやはり第Ⅶ類型、島内地下式横穴139号墳

は横矧板鋲留衝角付冑と横矧板鋲留短甲をもつ第V類型になる。一方、不足した装備が持ち出された側では、（塚原地下式横穴A号墳）長方板革綴衝角付冑とⅠ-b頸甲が持ち出された地下式横穴では長方板革綴短甲との組合せが復元される第Ⅰ類型、（六野原6号墳）三角板革綴衝角付冑とⅡ-c頸甲が持ち出された地下式横穴では三角板革綴短甲との組み合わせが復元される第Ⅰ類型、そして、（島内地下式横穴139号墳）Ⅲ-c頸甲が持ち出された地下式横穴では第Ⅰ類型の甲冑が副葬されていたとする。

では、持ち出されたとする地下式横穴が見出される、あるいは存在するとすれば、副葬された甲冑のセットが1組であったと考えた場合、（塚原地下式横穴A号墳）長方板革綴衝角付冑とⅠ-b頸甲が持ち出された古墳では長方板革綴短甲だけが、（六野原6号墳）三角板革綴衝角付冑とⅡ-c頸甲が持ち出された古墳では三角板革綴短甲だけが、（島内地下式横穴139号墳）Ⅲ-c頸甲が持ち出された古墳では第Ⅰ類型の甲冑が残されていることになり、前二者が第Ⅶ類型、後者が第Ｖ類型の甲冑保有形態になっているはずである。著者の想定が正しいとしても、これを実証するには大きな困難が伴う。少なくとも、冑や頸甲を持ち出すために著者のいう第3ないしは第4期、あるいは第7ないしは第8期に埋葬施設が開けられた痕跡が確認され、残された上記の短甲、あるいは甲冑がみいだされる必要がある。

具体的な検討に入る前に示されたこの見解は、多くの読者に違和感を与えることであろう。副葬や埋納、あるいは廃棄といった最終段階で得られた資料を対象とする考古学にあって、この資料操作は禁じ手とすべきかもしれない。評者が「ない」を根拠に論を展開することにも通じる（田中2009他）。むしろ、たとえば、六野原6号墳については、前著に示された内容の方が評者にはより妥当に感じられる。このような説明を要する背景には、大量埋納墳を除いて中期型甲冑に伝世という現象が生じにくいと考える著者の前提があり、懐柔されるべき勢力としてあげられた当該地域ではあるはずがない甲冑保有形態に対して著者自身がもった疑義を解決する、まさに確信に近い想定ともとれる。

4. 終章　5世紀代における倭国軍の編成について

本章では、これまでの検討をとおして、中期にみられる日本列島各地の諸勢

力への甲冑の供給が、朝鮮半島を対象とした大規模な軍事活動への動員を目的とするという多くの研究者が提示してきた想定（川西2004他）に対する著者の反論が示されている。

　まず、著者が短甲単独の武装で対外戦闘に臨む、などということがあり得るわけがないと断言する。つづけて、対外戦闘に動員される場面があったとして、磐井の乱や対外戦を伝える史料が中央豪族の事績として記されていることを根拠に、その兵士は中央豪族に引き連れられた、第Ⅰ類型の装備を貸与された、古墳さえも築くことのなかった人々であったとする。さらに、兵士は、地方から中央に動員された可能性は考えるとするが、当該地域の甲冑をもつ中小規模墳の被葬者についても、同様にその対象になりえないという。著者は、供給された甲冑は、具体的な軍事活動に際して使用されることを目的としたものではなく、畿内政権との政治的距離を示す表象と結論づける。

　本章は、書き下ろしとされているが、2017年12月に開催された「第14回古代武器研究会」の総合討議で、この内容を予見させる発言がすでにある。本章の内容は、その際に十分意を尽くして示すことができなかった、著者が想定する中期畿内政権がもった軍事の実像であり、甲冑保有形態を取り上げる目的が畿内政権との政治的距離の抽出、つまり政治的な関係の解明にあることを示しているのであろう。

おわりに

　本書の構成からすると、拙文はあまりにも長く、またきわめて偏った内容に終始したことは評者自身がもっともよく認識するところである。これは、著者が甲冑保有形態をとおして描出しようとした古墳時代の時代像を、また、著者が目指した考古学や資料解釈に対する姿勢をできる限り本書から引き出すことに努めたことによる。著者が描出しようとした古墳時代の時代像の妥当性については、読者それぞれの判断に委ねることになるが、とくに、六野原6号墳等の記述を長々と引用した意図は、この見解の成否とは別に、著者が目指した考古学の姿をもっともよく表したものと判断してのことである。

　ところで、評者は著者が関西大学考古学研究室で考古学を志したころ、応神陵古墳後円部側の外壕外堤で採取した鉄片に、頸甲ではないかという意見を述

べて以来、もっとも長く、またもっとも近しい位置に身を置いてともに学んできた者のひとりである。最後になったが、見解の相違はあるとはいえ、著者の刺激的で、また頑なとも思える想定が、今後の調査によって事実としてひとつでも多く明らかになってくれることを望みたい。拙文の内容について、反論の機会が潰えている著者に許しを乞い筆をおく。

[引用文献]

岩本　崇 2004「副葬配置からみた三角縁神獣鏡と前期古墳」『古代』第116号

小田富士雄 1979『九州考古学研究　古墳時代篇』学生社（初出：小田富士雄・石松好雄 1964・65「九州古墳発見甲冑地名表」『九州考古学』23・24号）

川西宏幸 1988『古墳時代政治史序説』塙書房（初出 1981「前期畿内政権論」『史林』第64巻第5号）

川西宏幸 2004『同型鏡とワカタケル』同成社

北野耕平 1969「5世紀における甲冑出土古墳の諸問題」『考古学雑誌』第54巻第4号

阪口英毅 2019『古墳時代甲冑の技術と生産』同成社

下垣仁志 2011『古墳時代の王権構造』吉川弘文館

末永雅雄編 1991『盾塚　鞍塚　珠金塚古墳』由良大和古代文化研究協会

田中晋作 2001『百舌鳥・古市古墳群の研究』学生社

田中晋作 2009『筒形銅器と政権交替』学生社

田中晋作 2018「今城塚古墳と新興中小規模古墳の動静」『橿原考古学研究所論集』第17　八木書店

塚口義信 1984「葛城県と蘇我氏」『続日本紀研究』第231・232号

辻田淳一郎 2007『鏡と初期ヤマト政権』すいれん舎

西川　宏 1961「陪塚論序説」『考古学研究』第8巻第2号

西嶋剛広 2014「甲冑から見た九州と倭王権の地域間交流」『第17回　九州前方後円墳研究会 古墳時代の地域間交流2』九州前方後円墳研究会

橋本達也 2007「九州の中期甲冑」『第10回 九州前方後円墳研究会 九州島における中期古墳の再検討』九州前方後円墳研究会

福永伸哉 2005『三角縁神獣鏡の研究』大阪大学出版会（初出 1995「三角縁神獣鏡の副葬配置とその意義」『日本古代の葬制と社会関係の基礎的研究』大阪大学文学部）

藤田和尊 2006『古墳時代の王権と軍事』学生社

藤田和尊 2012「中期型甲冑におけるセット関係の認識」『菟原Ⅱ―森岡秀人さん還暦記念論文集』菟原刊行会

刊行によせて　―あとがきにかえて―

　本書の原稿は、夫である著者・藤田和尊によって2018年10月に学生社に入稿されたが、本人は刊行を見ることはなかった。同年12月4日に急逝したからである。

　2019年1月に還暦を迎え3月には定年退職する藤田のために、藤田よりも若い人達が、還暦記念論集を作ってお祝いしたい、とおっしゃってくださった。藤田はそれに対するお礼として本をまとめることを計画した。これが本書作成の契機である。お祝いの会は2019年5月5日に予定されたため、その日に合わせて、これまでに書き溜めた論文に加除し、書下ろしたものを追加してまとめようとしたのである。

　入稿までかなり難儀したようで、「締め切りを伸ばしてもらったけど、それでも間に合うかな。」と、何度かぼやいていた。入稿後も、「タイトルは仮題やし「あとがき」もまだ出来ていない。初校で手を入れるところもある。」と言っていたが、タイトルは仮題のまま、自身の手で「あとがき」を書き足すことも校正を行うことも、できなかった。もちろん本人は、このような事態になろうとは想像もしていなかったであろう。せめて、「あとがき」のかけらでも残っていないかと、パソコンの中をくまなく探したが、見つからなかった。

　突然生じたこの様な事態は、到底私一人で対処できるものではなく、私の窮状を察して声をかけてくださった、親しい考古学仲間や先輩方のご厚情のおかげで、何とか刊行に向けて作業を進めていくことになった。

　告別式の2日後に送られてきた初校は、渡邊邦雄さん、木許守さん、植田隆司さん、太田宏明さん、金澤雄太さん、それに私で校正を行うことになった。皆さん、公私ともに多忙を極める年末年始に、貴重な時間を割いて、200ページを超える原稿の校正を快く引き受けてくださった。

　2019年2月、皆で校正を持ち寄り、読み合わせを行ったのだが、その時には、藤田の急逝に最も驚愕し心を痛めたお一人である森岡秀人さんも参加してくださった。森岡さんは、当時中学生だった藤田を考古学の世界に導いてくださった方で、藤田の生涯にわたる考古学の師である。校正の読み合わせ作業は、

これを私たちがしなければならなくなった理不尽さや悲しさはもちろんあったが、一見藤田の原稿の間違い探しのような様相を呈し、にぎやかに進んだ。
　校正にも増して困惑したのが「あとがき」であった。著者による「あとがき」は不可能としても、「あとがき」にかわる何らかの文章を、誰かに書いていただくことはできないか。森岡さんにお願い方々ご相談すると、「藤田さんの研究方向に強い影響を与えた田中晋作さんにお願いするのが、本書の主旨を勘案しても相応しいのではないか」、との正鵠を射たご意見をいただいた。
　田中晋作さんは、突然の、しかも返答に苦慮するようなお願いに対し、しばらく逡巡した後、了承してくださった。ただ、「あとがき」のようなものではなく、「解説」に近いものになるだろう、とのことであった。
　田中さんは、お忙しい中、何度も原稿を読み返され、また、「藤田はここのとこ、どう考えとったんやろ？」、「辛口の批判になるところもあるが、いいか？」とお尋ねになりつつ、執筆してくださった。生きていればこそ議論も可能になるものを、対峙する相手のいない一方通行の批評では、お書きになっていてさぞや無念で辛く悔しい思いをされたことであろう。ご心中を深く拝察する。
　本書は、このような経緯を経て、無事刊行することができた。ただ、本来なら、本書を読んだ方々からいただくであろう辛辣なご批判やご意見に対して、議論を交わすことができなくなってしまったのは、本人にとって痛恨の極みであると強く思う。
　最後になるが、この場をお借りして、本書の刊行に際してお世話になった方々等に、改めてお礼を申し上げたい。
　校正に携わってくださった渡邊邦雄さん、木許守さん、植田隆司さん、太田宏明さん、金澤雄太さん、本書の「解題にかえて」をご執筆くださった田中晋作さん、本書の刊行に心を寄せ適切なアドバイスをしてくださった森岡秀人さん、本書装幀のカラー写真をご提供くださった梅原章一さん、突然の出来事にも関わらず、また何かと不慣れな私を本書の刊行まで導いてくださった学生社の児玉有平さん、そして藤田と関わってくださった多くの方々、皆様に心より深謝いたします。

　　　2019 年 6 月

尼子（藤田）奈美枝

[著者略歴]

藤田 和尊（ふじた　かずたか）

1959（S34）年1月	兵庫県芦屋市に生まれる。
1979（S54）年4月	関西大学文学部史学地理学科　入学
1984（S59）年3月	関西大学文学部史学地理学科　卒業
2003（H15）年3月	博士（文学）取得（関西大学）

1984（S59）年5月　御所市教育委員会社会教育課技術職員（文化財担当）
2004（H16）年4月　御所市教育委員会生涯学習課文化財係長
2009（H21）年4月　御所市教育委員会生涯学習課文化財課長補佐
2011（H23）年4月　御所市教育委員会文化財課長

2000（H12）年4月〜2002（H14）年3月　関西大学非常勤講師（全学部）考古学実習
2003（H15）年4月〜2005（H17）年3月　関西大学非常勤講師（全学部）考古学概説
2014（H26）年8月　滋賀県立大学　集中講義　地域考古学A

2018（H30）年12月4日　逝去

主な著書
『古墳時代の王権と軍事』2008年、『古代葛城とヤマト政権』（共著）2003年、『鴨都波古墳1号墳調査概報』（共著）2001年　以上学生社、「陪冢論」『講座　畿内の古代学　第Ⅱ巻　古墳時代の畿内』2018年　雄山閣など多数

2019年7月7日　初版発行

古墳時代政権の地方管理経営戦略

著　者　藤田和尊（ふじたかずたか）
発行者　宮田哲男

発行所　株式会社 学生社
〒102-0071　東京都千代田区富士見2-6-9
TEL 03-6261-1474／FAX 03-6261-1475
印刷・製本／株式会社ティーケー出版印刷

©Kazutaka Fujita 2019　　ISBN 978-4-311-80130-3　C3021
Printed in Japan　　　　　N.D.C.210 232p 22cm

法律で定められた場合を除き、本書からの無断のコピーを禁じます。